VERS UN NOUVEL ORDRE RÉGIONAL AU MOYEN-ORIENT ?

Collection *Comprendre le Moyen-Orient*
dirigée par Jean-Paul Chagnollaud

Dernières parutions

HAUTPOUL J.M., *Les dessous du Tchador. La vie quotidienne en Iran selon le rêve de Khomeyni*, 1994.
JMOR S., *L'origine de la question kurde*, 1994.
AL QASIMI, *Les relations entre Oman et la France*, 1995.
DAGHER C., *Proche-Orient : Ces hommes qui font la paix*, 1995.
LONGUENESSE E., *Santé, médecine et société dans le monde arabe*, 1995.
TRIBOU G., *L'entrepreneur musulman*, 1995.
KHOSROKHAVAR F., *L'islamisme et la mort. Le martyre révolutionnaire en Iran*, 1995.
ARBOIT G., *Le Saint-Siège et le nouvel ordre au Moyen-Orient. De la guerre du Golfe à la reconnaissance diplomatique d'Israël*, 1995.
ABDULKARIM A., *La diaspora libanaise en France. Processus migratoire et économie ethnique*, 1996.
SABOURI R., *Les révolutions iraniennes. Histoire et sociologie*, 1996.
GUINGAMP Pierre, *Hafez el Assad et le parti Baath en Syrie*, 1996.
KHOSROKHVAR Farhad, *Anthropologie de la révolution iranienne. Le rêve impossible*, 1997.
BILLION Didier, *La politique extérieure de la Turquie. Une longue quête d'identité*, 1997.
DEGEORGE Gérard, *Damas des origines aux mamluks*, 1997.
DAVIS TAÏEB Hannah, BEKKAR Rabia, DAVID Jean-Claude (ss la dir.), *Espaces publics, paroles publiques au Maghreb et au Machrek*, 1997.
BSERENI Alice, *Irak, le complot du silence*, 1997.
DE HAAN Jacob Israël, *Palestine 1921*, présentation, traduction du néerlandais et annotations de Nathan Weinstock, 1997.
GAMBLIN Sandrine (coordonné par), *Contours et détours du politique en Egypte*, 1997.
LUTHI Jean-Jacques, *L'Egypte des rois 1922-1953*, 1997.
CHIFFOLEAU Sylvia, *Médecines et médecins en Egypte. Construction d'une identité professionnelle et projet médical*, 1997.

© L'Harmattan, 1997
ISBN : 2-7384-6050-X

Robert ANCIAUX

VERS UN NOUVEL ORDRE RÉGIONAL

AU MOYEN-ORIENT ?

Éditions L'Harmattan
5-7, rue de l'École-Polytechnique
75005 Paris

L'Harmattan Inc.
55, rue Saint-Jacques
Montréal (Qc) – CANADA H2Y 1K9

A mon fils Frédéric

        A Barbara
        Mariantonietta
        Yolanda
        Simon
        Jacques
        Pietro
        Luis
        Argyrios
        Frank
        Diego
        Greg
        Steve
       et Ray

En souvenir de notre amitié et du travail accompli ensemble pour servir ce en quoi nous avons cru.

A mes amis palestiniens, et tout particulièrement à Adnan et à la famille Musallam.

A mes amis israéliens et juifs qui continuent à oeuvrer envers et contre tout à l'édification d'une paix juste et durable.

A Michael Goblet d'Alviella pour son soutien constant tout au long de mes travaux de recherches sur le terrain.

A Georges Delcoigne pour son amical soutien tout au long de la rédaction de cet ouvrage.

A Mirjam, Gaëlle, Alain et Olivier pour leurs aimables concours sans lequel le manuscrit n'aurait pu être publié à temps.

PREFACE

"L'AGE HEROIQUE"

Le livre qui suit contient avant tout un témoignage, celui de l'un des observateurs patentés de l'Union Européenne lors des élections présidentielles et législatives palestiniennes -les premières du genre dans l'histoire de la Palestine- à Gaza-Cisjordanie en janvier 1996. Il tente également, bien entendu, une analyse des négociations de paix entre Israël et les Palestiniens. De l'euphorie de l'automne 95 et du début 96, quand une souveraineté palestinienne était effectivement concédée sur les villes palestiniennes épargnées par la conquête / libération israélienne de 1948 mais soumises à l'occupation et à l'administration israéliennes, voire (pour Jérusalem-Est) à l'annexion, depuis juin 1967, l'auteur est passé à un pessimisme fondé.

Pourtant, la thèse dominante reste (et je suis enclin à la partager aujourd'hui comme en 1993[1]) que le processus de paix entre Israël et ses voisins arabes, y compris les Palestiniens dans toutes les fractions de leur diaspora comme dans leur socle permanent des "territoires" occupés, est un processus irréversible, qui ne peut donc qu'aboutir tôt ou tard. L'un des arguments de cette thèse consiste dans la multiplicité des domaines de la négociation, domaine politique, économique, humanitaire, et dans la multiplicité des parties prenantes (tous les Etats arabes voisins d'Israël, y compris le "non-Etat" OLP, et presque tous les autres, notamment les Etats du Golfe, Arabie Saoudite en tête, et toutes les grandes puissances mondiales également, Etats-Unis en tête). Un autre argument consiste en ce que les combattants seraient parvenus au stade de l'épuisement qu'expriment ces vers sinistrement cocasses d'une lutte fratricide de "L'Age héroïque" d'Henri Michaux (par lesquels je concluais en octobre 1973 mon étude sur Le Proche-Orient entre la guerre et la paix, Ed. de l'Epi) :

"Couchés corps à corps, pareillement exténués et accablés de souffrance, Poumapi et Barabo essayaient vainement de s'étrangler.

---

[1] CARRE, Olivier, *Le nationalisme arabe*, Petite Bibliothèque Payot, Paris, 1996, ch. 8 et 9.

"Le pouce de Poumapi était bien appliqué au cou, mais les forces pour serrer efficacement lui manquaient.

"Les mains de Barabo étaient encore assez nerveuses mais la prise était mauvaise, il serrait inutilement le cou de Poumapi.

"Devant ce comble de circonstances adverses, le coeur des deux frères faillit, ils se regardèrent quelques instants avec une grandissante indifférence puis, se retournant chacun de leur côté, s'évanouirent.

"La lutte était terminée..."

Il est vrai que le vers se termine par: "du moins pour aujourd'hui". Mais, dit-on, l'armement nucléaire irakien presque abouti dévoilé par la guerre du Golfe de 1991 et le renforcement très appréciable de l'armement syrien, face à l'arme nucléaire israélienne, rendraient suicidaire une nouvelle guerre. La lutte serait donc vraiment terminée, sauf au Liban Sud bien entendu...

Cette thèse est aisément contestable, toutefois, car dès 1991 à Madrid, et plus encore en 1993 à Washington, les analystes ne manquaient pas -non seulement dans l'intelligentsia arabe- pour prédire l'impasse actuelle. L'argument principal, que rappelle et développe ce livre, consiste dans l'inégalité fondamentale et colossale des deux parties, Israël et les Palestiniens, surtout quand les "frères arabes" signent la paix avec Israël sans attendre l'effectuation du règlement palestinien. Et en effet l'opposition entre les intérêts des Palestiniens, corps gênant pour tout le monde (Israéliens et Arabes pareillement), et les intérêts des Etats arabes (quels que soient leur régime et l'intensité de leur discours sur la "cause sacrée de la Palestine") est une vieille affaire, dès avant la création de l'Etat israélien. C'est à tel point que, dans un contexte quasiment permanent de "guerre froide" interarabe, chacun des conflits armés entre Israël et ses voisins de 1948 à 1982 (et même la guerre du Golfe de 1990-1991, lorsque Saddâm Hussein espéra provoquer une offensive israélienne qui frapperait durement les régimes syrien, jordanien, saoudien et l'OLP), doit toujours être vu aussi, et parfois surtout, comme un conflit interarabe utilisant l'armée israélienne et, immanquablement, à chaque fois, aux dépens des populations, notamment palestiniennes. Le cas est connu dans toute relation internationale tripartite. Ainsi la catastrophe militaire majeure de notre 20e siècle, "Age héroïque" s'il en fut, le bombardement nucléaire de villes japonaises en août 1945 par les

Etats-Unis à un moment où le Japon était vaincu et avait déjà accepté la capitulation, fut décidé non pas contre le Japon mais contre "l'allié" soviétique, à titre dissuasif dans une guerre froide déjà envisagée. Et tant pis pour les populations japonaises ! Les guerres froides entre deux adversaires majeurs sont surtout meurtrières pour les "tierces personnes". Ainsi le soutien arabe à l'Autorité palestinienne des territoires autonomes sera toujours dosé au compte-gouttes, sans faire contrepoids significativement à la maîtrise israélienne militaire et diplomatique. On a cru de bonne foi au facteur extérieur décisif et permanent, en l'occurrence les Etats-Unis vainqueurs absolus de la guerre froide et qui ont des moyens financiers de pression sur Israël considérables. Le livre indique incidemment combien ce facteur, indispensable sinon tout à fait décisif, a perdu de plus en plus de sa force au cours de l'administration Clinton.

Cependant, à mon sens, l'argument de l'inégalité des parties négociantes n'est pas dirimant. En effet, même en situations d'inégalité criante, comme c'est le cas dans tout processus de décolonisation soit extérieure (ainsi l'Algérie) soit intérieure (ainsi l'Afrique du Sud), le processus, grâce à des pressions internationales cumulatives et non concurrentes entre elles, peut aboutir. La décolonisation algérienne, longtemps ajournée puis bâclée par de Gaulle et ses interlocuteurs algériens (avides de pouvoir personnel absolu), était indispensable à l'essor européen de la France naguère vaincue et alliée de l'empire nazi, à une époque, aussi, où les colonies étaient déjà devenues une charge plutôt qu'une source de profits. La décolonisation intérieure de l'Afrique du Sud, elle, sous la pression économique forte, presque unanime, et constante des puissances mondiales, semble avoir été l'une des rares réussites de notre siècle. Il s'agit, semble-t-il, de retrouver confiance en soi, pour les Français dans les années 50 et 60, pour les Afrikaners récemment, pour les Israéliens aujourd'hui qui, surarmés et enfants gâtés des Etats-Unis, tremblent et crient à la Shoah devant des gamins palestiniens jeteurs de pierres comme le furent naguère les gamins noirs d'Afrique du Sud, et quémandent une aide américaine accrue contre le "terrorisme", refusant encore leur propre nécessaire indépendance économique et sécuritaire. Ainsi l'indépendance palestinienne serait le gage de l'indépendance israélienne, d'autant que l'occupation et l'administration des "territoires" palestiniens (en croissance démographique fabuleuse et en appauvrissement accentué depuis les Accords d'Oslo, à Gaza notamment) sont une charge et non un profit, charge encore accrue par les "implantations" juives et leurs accès. L'intérêt économique israélien de la normalisation avec les Palestiniens et les autres Arabes, en effet, ne paraît pas résider principalement dans l'ouverture des marchés arabes, qui sont limités, mais dans la pleine intégration au monde industrialisé, dans une position comparable à celle de l'Espagne comme intermédiaire entre les pays industrialisés et le Maroc, position qu'empêche la non normalisation entre Israël et les pays arabes, "territoires" compris[2]. Et, depuis la mise en route du règlement palestinien, la respectabilité israélienne (comme la palestinienne) disparaît dès qu'Israël ou l'Autorité palestinienne torpille ce règlement. Le modèle sud-africain, apparemment plus pertinent que l'algérien, suppose, dans le cas israélien, cette vision ample et à long terme qu'avaient Peres et Rabin et nombre de spécialistes israéliens et palestiniens de concert depuis déjà des années[3] **mais qui,** malheureusement, semble être abandonnée par l'actuel gouvernement israélien qui se rabat sur le modèle des "banthoustans", trois ou quatre petites zones de regroupement palestinien dans les interstices de colonies juives israéliennes sous-peuplées mais agrandies, multipliées, reliées entre elles (aux dépens de la continuité territoriale palestinienne pourtant reconnue dans son principe) et fortement protégées. Ces zones séparées (soit 40% en tout du territoire palestinien occupé depuis 1967, précise-t-on) sous souveraineté palestinienne limitée constitueraient le règlement israélo-palestinien global et définitif. Comme dit un dicton chinois, "l'expérience est le peigne d'un chauve", autrement dit l'expérience sud-africaine intégrale mettant fin à des siècles du monstrueux génocide raciste théorisé et pratiqué, du grand "crime contre l'humanité" commis sans discontinuer par les Blancs d'Europe occidentale et d'Amérique contre les Noirs, quels que soient les principes et déclarations de démocratie et de "droits universels de l'homme", est refusée par l'Israël de Nétanyahu. Ce livre estime que l'interruption de l'application des Accords israélo-palestiniens est

---

[2] BLIN, Louis et Philippe FARGUES, dir., *L'économie de la paix au Proche-Orient / The Economomy of Peace in the Middle East*, 2 t., Maisonneuve & Larose/CEDEJ, 1995, t.1, Introduction par Ph. Fargues, passim.
[3] HELLER, Mark et Sari NUSEIBEH, *Israéliens, Palestiniens: le partage de la terre*, trad., Balland, 1992.

imputable au pouvoir israélien et à lui seul (en dépit des actions violentes palestiniennes incontrôlées du premier trimestre 1996, sous Rabin), qui a su, en quelques mois, par incompétence estiment les plus indulgents, multiplier les provocations de manière à susciter des manifestations populaires d'envergure à Jérusalem-Est et à Ramallah et Hébron, et des réactions "terroristes" suicidaires de jeunes militants du Hamas ou du Jihâd islamique. C'est exactement l'évolution que les pessimistes prévoyaient en 1993: Israël n'appliquerait pas des accords que l'Autorité palestinienne serait déclarée incapable de faire respecter par tous les Palestiniens sans exception (et cela quelle que soit l'attitude incontrôlée de "terroristes" juifs extrémistes contre des Palestiniens des territoires), et, en conséquence, à terme, pour sa sécurité Israël renforcerait son occupation et son annexion de la Cisjordanie (Judée-Samarie) au lieu d'y mettre fin comme il s'y est engagé. L'assassinat de Rabin au moment même de l'euphorie palestinienne des villes évacuées rappelle l'assassinat sioniste extrémiste de Bernadotte en 1948 et ressemble à la tentative de putsch de l'O.A.S. à Paris contre le gouvernement de Gaulle au moment des accords d'Evian. La responsabilité politique et morale directe de cet assassinat est attribuée par de nombreux Israéliens à Nétanyahu lui-même, sur la base de films d'archive. Il y a deux Israël en Israël, et l'idée court d'une sécession des Juifs des colonies ou "implantations" de Cisjordanie-Gaza palestiniens et du Golan syrien.

Quoi qu'il en soit, un fait semble acquis, en effet, qu'il y a d'un côté un camp de la paix qui compte côte à côte des Israéliens (dont la forte minorité arabe israélienne) et des Palestiniens, et de l'autre un camp de la guerre et du terrorisme qui compte, face à face mais "objectivement" alliés contre le camp de la paix, les extrémistes israéliens et les extrémistes palestiniens. Mais la fraternité dans le désir de paix peut-elle aller jusqu'à la guerre civile entre Israéliens, entre Palestiniens ? Le Directeur de la radio juive parisienne plutôt progressiste, Radio-Chalom, a fait une déclaration solennelle selon laquelle Nétanyahu ayant choisi la fin du processus de paix avec les Palestiniens, Israël se retrouvant donc en état de menace de guerre, il décidait dorénavant de ne plus critiquer le gouvernement israélien mais de faire front pour la défense d'Israël. Etrange option, qui peut à la rigueur s'expliquer pour des Juifs français non israéliens, mais qui existe aussi en Israël comme en tout pays que ses dirigeants ont mis en situation de "patrie en danger". Ces dirigeants voient en effet l'état de belligérance comme l'état normal et sain d'Israël qui, selon une formule déjà ancienne, serait "en danger de paix".

Ce livre rappelle que le danger principal est pour les Palestiniens, dont la situation de vie quotidienne est bien pire qu'avant 1993, à Gaza en particulier, et dont la longue patience et une certaine espérance (indéfiniment contrariée), que le poète palestinien Mahmoud Darwîsh nomme "la condition d'attente" sans espoir, sont souvent étonnantes. Les Etats arabes, Nasser en tête, et l'OLP, Arafat à sa tête -souvent manipulé par les groupes intransigeants, FPLP et ses dissidences et FDLP- ont imposé au peuple palestinien de l'intérieur une occupation israélienne prolongée en recourant, les uns à une négociation tatillonne refusant "la paix contre les territoires", l'autre à une utopique Palestine intégrale pluri-confessionnelle, Israël reconquis et Gaza-Cisjordanie libérés par les armes palestiniennes dans une guérilla populaire soutenue par les Etats arabes. Pour amplifier, consciemment semble-t-il, les ambitions annexionnistes sécuritaires israéliennes en Cisjordanie et à Gaza, et sécuritaires au Liban du Sud, Arafat et ses compagnons ont choisi assez rapidement le terrorisme international, en particulier sur les lignes aériennes, recrutant même des mercenaires "révolutionnaires" japonais ou autres et transformant une portion du Liban en une base internationale d'entraînement de terroristes de tout poil. Quelle erreur! Comment mieux exclure toute compréhension de la part des populations israéliennes, même "de gauche"? Et le tatouage "terroriste international" reste imprimé à jamais sur eux. La corruption et l'incroyable outrecuidance de plusieurs fonctionnaires palestiniens à travers le monde, enfants gâtés de la "cause palestinienne" assez largement financée (Gérard Chaliand l'avait bien montré en 1969), "réfugiés" de luxe aimant à se consoler, dans les Hilton, Sheraton et Méridien, avec les "hôtesses" des lieux, mais aussi parfois violeurs de jeunes femmes dévouées à la cause ou au dialogue israélo-palestinien comme j'en ai reçu le témoignage de l'une de leurs victimes à Paris à la fin des années 80[4] tout cela est maintenant un peu mieux connu malgré la sacralité dont s'entourent toujours Arafat, l'OLP, "la cause". Et tant pis pour les "réfugiés" réels des camps et pour les braves gens des "territoires" occupés ou

---

[4] CARRE, Olivier, *Interrogation sur le viol en contexte musulman, en particulier palestinien*, The Maghreb Review, Londres, à paraître, 1998.

expropriés ou annexés ou faits "zones militaires fermées" ou tout simplement achetés, sans compter les maisons dynamitées par châtiment collectif, les prisonniers torturés, même enfants, par les services israéliens et les lois spéciales israéliennes applicables aux "territoires" etc. Bien sûr, il faut aussi compter les remarquables organisations de solidarité palestiniennes, modestes, dévouées, efficaces sur le terrain, avec le soutien, certes, des chefs petits et grands, mais aussi malgré eux souvent et dans le dédale de la bureaucratie et de la corruption. La forte dose de structure tribale (ou clanique) de la société palestinienne favorise les "recommandations" personnelles, les "protections" et clientèles. Les ressources anarchisantes foncièrement démocratiques des sociétés tribales n'ont malheureusement pas été mises à profit et, au contraire, sont exploitées (comme a su le faire et le théoriser Kadhafi en Libye, et, toutes choses égales par ailleurs, comme le fit génialement le Prophète Mahomet en Arabie centrale en son temps) par l'autoritarisme assez tatillon du "vieux" (Arafat) et de ses affidés. Pas plus dans le Fath et l'OLP que dans l'Autorité palestinienne des "territoires", la démocratie réelle (contrairement à un slogan ressassé), à la fois politique et d'expression et de revendication, n'est une valeur ni une pratique centrale. Les infractions graves de la police palestinienne aux droits de l'homme rivalisent avec celles de la police et de l'armée israéliennes dans les "territoires", selon les rapports d'Amnesty International de 1994-1997. Du moins les élections que relate ce livre paraissent avoir eu lieu, côté palestinien, de manière à peu près correcte (avec de graves infractions dans la campagne électorale toutefois) mais, depuis, la publicité des séances du Conseil Palestinien élu est entravée par des mesures policières à l'encontre de journalistes palestiniens.

Nous demeurons bien dans la primitivité de l'âge héroïque, et, comme le dit déjà depuis des années -en particulier lors de "la guerre des pierres"- Meron Benvenisti, sociologue israélien qui se consacre aux "territoires", le conflit israélo-palestinien actuel est une guerre intertribale pour des parcelles de terre et des points d'eau. La faim de terre des néo-sionistes religieux nationalistes prolonge une pratique bien rodée par l'histoire du mouvement sioniste en Palestine depuis un siècle, avec, toujours, tôt ou tard, la victoire de facto de l'aile extrémiste qui refuse tout partage de souveraineté entre le Jourdain et la Méditerranée. La publication toute récente d'une manière de testament du vainqueur israélien de la "guerre-éclair" de juin 1967, Moshé Dayan, confirme très clairement qu'il ne voulait en aucune façon agrandir le territoire israélien après 1967 et qu'il s'opposait fermement à l'implantation religieuse juive illégale à Hébron en 1970. De nos jours, il en va tout autrement et le pouvoir israélien, selon un document juridique sommaire distribué par les ambassades début 1997[5] prétend à la "conformité au droit international" des "implantations israéliennes" en Cisjordanie, en particulier à Hébron. Selon ce document, c'est le mandat de la Ligue des Nations au lendemain de la première guerre mondiale qui fonde la légalité des acquisitions juives partout en Palestine, même après le terme de ce mandat en 1948. Et c'est sans enfreindre la 4e Convention de Genève sur les "Lois de l'occupation", puisque, selon le document, l'intention et la pratique israéliennes ne consisteraient nullement à "transférer des fractions de sa propre population civile vers le territoire occupé", chose interdite expressément par l'art. 49, par. 6, car il ne s'agirait nullement de transfert "pour des raisons politiques et raciales" ni "afin de coloniser ces territoires", selon les termes (cités par le document) du Commentaire du CICR. Quant aux accords israélo-palestiniens, ils ne contiendraient "aucune interdiction de construire ou d'étendre les implantations", car de telles constructions et extensions ne constituent pas "une démarche qui modifie le statut de la Cisjordanie et de la Bande de Gaza en attendant la conclusion des négociations sur le statut permanent" (art. 31 & 7 de l'Accord intérimaire, cité par le document). Ces faits accomplis en territoire occupé ne seraient que "la construction de maisons" qui "n'affecte pas le statut de la région" comme le serait une "annexion ou déclaration de souveraineté". Fondamentalement, le Conseil national palestinien n'aurait autorité, selon ces Accords, que sur une portion réduite de la Cisjordanie-Gaza puisque sont exclues "les questions qui seront traitées lors des négociations sur le statut permanent", à savoir les questions relatives aux implantations juives et aux citoyens israéliens y habitant ou s'y rendant (art. 4 et 5 de la Déclaration de principes, cités par le document). L'esprit de ces Accords, exprimé par le principe "la paix contre les territoires occupés", est rayé car il impliquait naturellement le gel des implantations. En réplique à ce document et aux pratiques

---

[5] Ambassade d'Israël à Paris, *Les implantations israéliennes et leur conformité au droit international*, 1997.

qu'il justifie, l'Autorité palestinienne pourchasse pour trahison nationale et considère comme passibles de la peine capitale les Palestiniens qui vendent de leur terre à des "étrangers" ou des "occupants", et certains sont même assassinés avant jugement (par des activistes du Fath probablement). Voilà plus d'un siècle que Sionistes (puis Israéliens) et paysans palestiniens se chamaillent pour des bouts de terrain.

On est bien loin de la porosité des frontières israélo-palestiniennes que prévoyaient les experts israéliens et palestiniens des projets de paix (cf. note 3), seule solution viable, qui amenuiserait au maximum les Etats et les nationalismes ! Mais l'Age héroïque se poursuit, hélas, à coups de pierres, de couteaux et d'explosifs d'un côté, de balles enrobées de caoutchouc de l'autre, sur un fond de dissuasion nucléaire israélienne. Et pourtant le camp de la paix existe bel et bien, sans frontière ni balle ni pierre et avec une puissance politique bien réelle qui a déjà fait ses preuves.

Olivier CARRE.

AVANT-PROPOS

Il est toujours tentant de se raconter des histoires et d'y croire. De se dire que nous nous réveillerons demain dans un monde en paix régi par un nouvel ordre international, où tous les peuples coopéreront pour s'assurer un avenir meilleur. C'est ce dont nous pouvions rêver au début des années 90, lorsque le règlement du conflit israélo-arabe et la perspective d'une coexistence pacifique entre Israéliens et Palestiniens parut devoir constituer la première étape importante dans cette voie.

Il était certes frustrant pour un Européen de constater que les Etats-Unis seuls avaient eu la capacité d'amener les parties concernées à s'insérer dans un tel processus. L'important était, toutefois, pour nous, qu'enfants israéliens et palestiniens puissent un jour prendre sereinement le chemin de l'école et s'adonner à leurs jeux dans un environnement pacifié où ils apprendraient à considérer leur rapport au monde extérieur sous un angle autre que conflictuel. Peu importait, dès lors, que la paix soit l'oeuvre des Etats-Unis ou de l'Europe.

Très vite, force fut de constater que les faits nous ramenaient à des réalités moins exaltantes. Des questions essentielles, dès lors, se posent. L'instauration de la paix entre les peuples constitue-t-elle réellement la finalité première poursuivie par les promoteurs du nouvel ordre international? Ou s'agit-il, principalement, de consolider la position dominante des maîtres du jeu des relations internationales? Les récents développements du processus de paix au Moyen-Orient nous amènent hélas à considérer que les intérêts, dits vitaux, des grandes puissances priment à l'évidence l'intérêt général des peuples. Et que le jeu traditionnel du rapport de forces fait, aujourd'hui encore, le droit.

PREMIERE PARTIE

LA FIN DE LA GUERRE FROIDE ET LA REDEFINITION DU PAYSAGE GEOPOLITIQUE AU MOYEN-ORIENT

CHAPITRE I

REDEFINITION DES STRATEGIES AMERICAINES POUR LA GESTION D'UN NOUVEL ORDRE INTERNATIONAL

Au cours de la période qui suit la fin de la guerre froide, et ne laisse plus en lice qu'une seule superpuissance, le Moyen-Orient reste confronté à d'anciens problèmes non résolus, mais placés dans un contexte international dont les paramètres ont notablement changé.

Si la guerre froide avait contribué à cristalliser les vieilles rivalités entre Etats du Moyen-Orient, elle permettait au moins une certaine liberté de mouvement aux pouvoirs régionaux qui pouvaient monnayer leur soutien à l'une des deux superpuissances en échange d'une aide économique et militaire de leur "protecteur"; celui-ci devenant relativement dépendant de son protégé pour la préservation de ses positions au Moyen-Orient[6].

Depuis l'effondrement du Pacte de Varsovie, l'ordre mondial est géré par l'Occident industrialisé sous la conduite des Etats-Unis. Pour les pays du tiers-monde l'alternative est simple : accepter l'ordre établi et bénéficier d'une aide limitée, ou s'y opposer et s'exposer à une réaction violente de la part des maîtres du jeu, ainsi qu'à la privation de toute aide économique aussi modeste soit-elle.

La fin de l'ordre bipolaire permet à Washington de revenir à la diplomatie de la canonnière pour remettre au pas quiconque voudrait remettre en question l'ordre établi dans un domaine qui touche aux intérêts vitaux du monde industrialisé.

En fait, le Pentagone avait déjà élaboré, dans le courant des années 80, dès avant l'effondrement du Pacte de Varsovie, des scénarios d'intervention sur des terrains d'opérations du tiers-monde. Ainsi, outre la perspective d'un conflit de forte intensité, tel un affron-

---

[6] MARANTZ, P., *The Decline of the Soviet Union and the Transformation of the Middle East*, Boulder, Westview Press, New York, 1994, pp. 27-28.

tement entre l'OTAN et le Pacte de Varsovie, devenu de plus en plus improbable, les stratèges américains avaient développé, dans le début des années 80, des stratégies pour faire face à des conflits dits de faible intensité, qui auraient impliqué principalement des groupes de guérillas du tiers-monde dotés d'armements légers. Dans cette dernière perspective, l'administration Reagan avait mis en oeuvre des programmes militaires prévoyant l'utilisation de porte-avions, d'unités d'assaut amphibies, de divisions d'infanterie légère, et de forces spéciales[7].

Le 10 janvier 1988, tirant les leçons de la fin de la guerre froide, une "Commission sur la stratégie intégrée à long terme", formée un an auparavant par le département de la Défense et le Conseil national de Sécurité, remettait un rapport intitulé "Discriminate Deterrence" (Dissuasion sélective), qui prévoyait un accroissement de l'incidence et de l'intensité des conflits régionaux dans le tiers-monde. "Ces conflits, notent les rapporteurs, sont à l'évidence moins dangereux que ne le serait toute guerre soviéto-américaine, et pourtant ils ont eu et auront un effet cumulatif négatif sur l'accès des Etats-Unis à des régions critiques... et sur la confiance de l'Amérique en elle-même..." Pour ces raisons "les Etats-Unis doivent être mieux préparés à traiter les conflits dans le tiers-monde... "[8] "Au cours des prochaines années, prévoit le rapport, beaucoup de petites puissances disposeront d'arsenaux d'envergure..."qui "... rendront beaucoup plus risquées et complexes les interventions des grandes puissances dans des guerres régionales... Nous devons, recommandent donc les rapporteurs, diversifier et renforcer notre capacité de disposer sur place et en temps voulu de forces non nucléaires adéquates lorsque le besoin se fera sentir de vaincre une agression... cela signifie [de pouvoir disposer] de forces souples et mobiles dépendant le moins possible de bases d'outre-mer, à même de frapper avec précision des cibles militaires lointaines."[9]

---

[7] KLARE, Michael, "La nouvelle doctrine d'intervention américaine", dans *Le Monde Diplomatique*, mars 1986.
[8] cité par Michael Klare, dans *Le Monde diplomatique*, op. cit.
[9] "U.S. Commission on Integrated Long Term Strategy, Discriminate Deterrence", U.S. Government Printing Office, 1988. pp. 2, 3, 9. 10. cité par Michael KLARE, cf. "Le banc d'essai des guerres de demain", dans *Le Monde Diplomatique*, janvier 1991.

Ces recommandations constituèrent le cadre essentiel de la stratégie développée par l'administration Bush, dans la conduite de sa politique extérieure. Ainsi le président des Etats-Unis devait-il déclarer le 24 mai 1989, dans son premier discours relatif aux questions de sécurité nationale : "... les défis à la sécurité auxquels nous faisons face aujourd'hui ne viennent pas seulement de l'Est. L'émergence de puissances régionales modifie rapidement le paysage stratégique... Un nombre grandissant de nations" sont "en train de se doter de capacités modernes hautement destructrices dans certains cas d'armes de destruction massive et des moyens de les transporter". Les Etats-Unis devaient réagir en luttant contre la dissémination d'armes de ce type et, si nécessaire, ajoutait-il, "nous devons aller à l'encontre des ambitions agressives de régimes rénégats."[10]

Ces dispositions de l'exécutif américain devaient trouver un prolongement concret dans un article du général Carl E. Vuono, chef d'état-major de l'armée de terre, lequel affirmait que : "La prolifération de matériels militaires modernes a conféré, à un nombre croissant de pays en voie de développement, la capacité de mener au sol des guerres mécanisées de longue durée... Les Etats-Unis ne peuvent ignorer la puissance militaire croissante de ces pays, et l'armée de terre doit demeurer à même de vaincre des dangers potentiels où qu'ils se situent. Ce qui pourrait signifier un conflit avec une armée bien équipée du tiers-monde". Les besoins du Pentagone en vue d'une telle confrontation sont définis comme nécessitant une force d'intervention souple (versatile), adaptable à tous les niveaux de combat et rapidement déployable sur des terrains d'opération éloignés (deployable), disposant d'une puissance de feu capable de porter des coups mortels (létal) à un ennemi puissamment armé.[11]

Nous trouvons dans les citations reprises ci-dessus les données essentielles, qui restent, à ce jour, le credo de la politique extérieure élaborée par l'administration Bush et suivie, dans ses grandes lignes, par l'administration Clinton. Selon cette vision, le terrain d'opération prioritaire probable pour les forces armées américaines sera,

---

[10] Discours présidentiel à la U.S. Coast Guard Academy, New-London, Ct, 24 mai 1989, cité par Michael Klare, dans *Le Monde Diplomatique*, op. cit.
[11] VUONO, Carl E. "Versatile, Deployable, Lethal", Sea Power, April 1990, cité par Michael Klare, dans *Le Monde Diplomatique*, op. cit.

presque à coup sûr, dans les années 90, un ou des Etats du tiers-monde nourrissant des ambitions hégémoniques.

La définition des objectifs militaires que doivent se fixer les forces armées américaines, pour les années 90, répondait à l'ampleur des finalités qu'elles avaient pour mission de réaliser. Les propos tenus par les membres de l'administration Bush sont, à ce propos, dénués de toute ambiguïté : dans le monde de l'après-guerre froide, où la compétition économique a supplanté la confrontation militaire, il s'agissait de doter les Etats-Unis de la stratégie et des instruments susceptibles de leur permettre d'assumer leur rôle d'unique super-puissance et de leader du monde industrialisé, en préservant leur libre accès aux marchés extérieurs et aux ressources naturelles, notamment énergétiques, nécessaires au développement de son potentiel industriel. Dans cette optique, le Moyen-Orient figura rapidement parmi les zones prioritaires dans l'agenda stratégique de la Maison Blanche. C'est ainsi que le secrétaire à la Défense, Dick Cheney, précise publiquement, en février 1990, que la protection des intérêts vitaux des Etats-Unis nécessitera une présence permanente en certain points de la région du Golfe. L'opération, estime-t-il, sera onéreuse, mais l'Amérique devra impérativement se préparer à en assumer le coût; du moins en partie, car, est-il précisé, les alliés des Etats-Unis, dont les intérêts sont également en jeu, se devront de participer à des opérations menées au profit de l'ensemble des pays industrialisés. Les puissances régionales citées comme possibles terrains de futures confrontations sont ici la Syrie et l'Iraq[12]. Il reste, toutefois, évident que la principale puissance régionale considérée comme une menace immédiate et permanente pour la stabilité politique dans le Golfe, et, donc, pour les intérêts vitaux de l'Occident, est la République islamique d'Iran. Ce fut pourtant l'Iraq qui permit aux Etats-Unis de mettre leur doctrine, et ses instruments, à l'épreuve du terrain. A l'occasion de la crise ouverte par l'invasion du Kuwayt par l'Iraq, le 2 août 1990, l'administration Bush ne manquera pas de rappeler à son opinion publique les finalités auxquelles renvoie son engagement au Moyen-Orient. Le discours prononcé par le secrétaire d'Etat, James Baker, devant la commission des Affaires étrangères, le 5 septembre 1990, est à cet égard sans équivoque. Il rappelle, ainsi, que l'état actuel du monde nécessite la mise en place de

---

[12] *New York Times*, February 7, 1990.

nouvelles structures de sécurité, impliquant une présence militaire permanente dans la région du Golfe, dans le but de protéger l'Arabie Saoudite et les petits Etats pétroliers de la péninsule arabique, qui représentent 60% de la production pétrolière de la région. L'opération, annonce le secrétaire d'Etat, sera coûteuse, mais les Etats-Unis devront se préparer à y consacrer les moyens nécessaires, dans la mesure où le Moyen-Orient doit être considéré comme une de leurs zones d'influence primordiales. Dans cette nouvelle architecture sécuritaire, Israël et la Turquie sont appelés, par les stratèges américains à jouer un rôle de premier plan[13].

Ainsi, l'intervention de la communauté internationale sur la scène du Moyen-Orient s'est déroulée selon le scénario prévu par Washington, conformément aux dispositions des théories relatives aux "conflits de moyenne intensité".

Le contexte dans lequel a évolué l'opération "Tempête du désert" et dans lequel ont été décidées les sanctions économiques consécutives décrétées par les Nations unies à l'encontre de l'Iraq, est l'illustration parfaite des nouveaux paramètres qui affectent les relations internationales depuis la fin de la guerre froide. Dans les années 90, l'ordre international défini par les Etats-Unis, et approuvé par les pays industrialisés occidentaux, est appuyé par les anciens pays communistes, mal industrialisés, liés aux premiers par des liens d'intérêts fondés sur leur dépendance à l'égard de l'aide économique fournie par l'Union Européenne et les Etats-Unis. De manière globale, le modèle de référence est devenu, à l'échelle mondiale, le système politico-économique libéral de l'Occident industrialisé. Cette convergence d'intérêts entre les anciens protagonistes de la guerre froide a rendu possible l'unanimité à propos de l'expédition menée par l'Occident contre l'Iraq.

La "crise du Golfe", ouverte par l'annexion du Kuwayt par Saddam Husseyn, a été tout particulièrement l'occasion pour les Etats-Unis d'affirmer leur rôle mondial en se présentant comme le bras armé des Nations unies et comme garant du respect du droit international. Ce fut aussi la confirmation de l'éviction de l'Europe de la scène moyen-orientale en tant que partie prenante active dans l'édification d'un ordre régional stable. Ici, comme par la suite en Europe

---

[13] *International Herald Tribune*, September 7, 1990; *Jeune Afrique*, n° 1551, 19 au 25 septembre 1990, p. 20.

et en Méditerranée, l'Union Européenne a fait la démonstration de son incapacité - et de son absence de volonté - à s'imposer comme décideur sur la scène internationale et comme gestionnaire du "nouvel ordre mondial". Cantonnée dans la position de second couteau, l'Union Européenne se contente, dans le courant des années 90, de jouer un rôle d'appoint à la politique internationale définie par les Etats-Unis. Et ce rôle - essentiellement celui de bailleur de fonds - ne sera pas qu'occasionnel, dans la mesure où la "crise du Golfe", si elle a permis aux Etats-Unis de faire étalage de leur puissance militaire, a aussi fait apparaître les limites de sa capacité d'intervention dans le monde.

A la lumière de l'expérience acquise lors des campagnes "Bouclier du désert" et "Tempête du désert", les Etats-Unis ont pu, à loisir, mesurer le coût d'un "conflit de moyenne intensité", qui, pour le reste, s'était déroulé sans mauvaise surprise, conformément aux prévisions exprimées par les planificateurs des commissions spécialisées dans leurs rapports.

Les Etats-Unis, il est vrai, avaient fourni l'effort militaire décisif, mais il convient de rappeler ici que celui-ci a été financé dans une proportion considérable, par les contributions allemandes, japonaises et, plus encore, par celles des Etats pétroliers du Golfe, ce qui a contribué à ébranler durablement leur équilibre financier.

La leçon que les Etats-Unis ont été amenés à tirer de leur expérience dans le Golfe est qu'ils ne peuvent actuellement assumer pleinement leur statut de seule superpuissance en raison de leurs difficultés économiques et sociales, qui rendent l'opinion publique américaine majoritairement hostile aux expéditions extérieures. Confronté à ces problèmes internes, Washington se trouve dans l'impossibilité de mobiliser les énormes ressources économiques et humaines que requiert le rôle de gendarme du monde et de garant du respect du droit international à l'échelle mondiale. Et tout semble indiquer que dans les années 90, Washington fera payer cher à ses alliés ses prestations de gardien de l'ordre international, toutes les fois que leurs intérêts communs se trouveront menacés.

En raison de leur situation économique préoccupante, les Etats-Unis sont donc contraints de réexaminer de manière régulière leurs priorités en fonction de leurs disponibilités financières et humaines, et de développer les stratégies adaptées à ces réalités contraignantes.

En l'absence d'une autre superpuissance capable de mettre globalement en danger les positions américaines dans le monde, Washington peut se montrer sélectif dans ses engagements. C'est ainsi qu'en Afrique du Nord, en Afrique sub-saharienne ou en Europe de l'Est, où les intérêts américains apparaissent moins évidents, la résolution des crises locales devrait être laissée aux alliés européens. Par contre, au Moyen-Orient, considéré comme une zone vitale pour leurs intérêts essentiels, les Etats-Unis se montrent prêts à s'impliquer de manière directe et radicale, comme en témoignent différentes déclarations publiques de l'administration Bush.

Le Moyen-Orient, et, tout particulièrement, la région du Golfe, est, actuellement, la seule à disposer de réserves pétrolières suffisantes pour faire face à l'accroissement prévisible de la demande dans le courant des années 90 et au-delà. Le Golfe apparaît ainsi comme une voie d'approvisionnement en énergie vitale pour les économies du monde industrialisé, et des Etats-Unis en particulier. Deux impératifs, dans ce contexte, s'imposent à Washington: assurer, en tout temps, la liberté de navigation dans le Golfe et veiller à favoriser la stabilité des prix du pétrole.

Outre leur importance comme producteurs de produits énergétiques, les Etats pétroliers du Golfe sont aussi parmi les plus gros importateurs de technologie, d'armements et de biens d'équipement et de consommation américains; en outre, ils ont réalisé d'importants investissements en Europe et en Amérique; ils apparaissent ainsi comme un stimulant non négligeable pour l'économie des Etats-Unis. Il est donc essentiel pour Washington d'assurer la sécurité et la pérennité des régimes en place dans les pétromonarchies. Or celles-ci se trouvent placées dans une région caractérisée par une extrême volatilité politique, et se sont révélées incapables de faire face à un ennemi extérieur de moyenne puissance; elles ont, de surcroît, vu ces dernières années leur stabilité politique intérieure ébranlée par les revendications émises par certains secteurs de la population. La politique menée par les Etats-Unis dans la région visera donc à créer les conditions favorables à une évolution contrôlée des situations politiques internes des Etats du Golfe et à la stabilisation d'un ordre régional favorable aux intérêts économiques américains.

Dans ce cadre, les Etats-Unis devront développer un dispositif de protection militaire des Etats membres du Conseil de Coopération du Golfe (C.C.G.), de nature à dissuader d'éventuels agresseurs extérieurs. Les moyens à mettre en oeuvre pour assurer la crédibilité de la dissuasion devraient comprendre une importante couverture aérienne et navale permanente, ainsi que le maintien d'une logistique permettant l'acheminement rapide de forces terrestres[14]. Il sera, toutefois, indispensable que l'aide américaine n'apparaisse pas comme un soutien inconditionnel à la survie des régimes en place, et ne fasse apparaître ceux-ci, aux yeux de leurs opinions publiques, comme de simples pions d'une stratégie planifiée dans l'intérêt exclusif des Etats-Unis. C'est pourquoi, Washington s'efforce de convaincre ses alliés de libéraliser volontairement leurs régimes politiques, dans un sens plus proche de la vision des droits de l'homme en vigueur dans les démocraties occidentales. Les Etats-Unis espérant par là éviter le double handicap d'apparaître, d'une part, aux yeux des opinions publiques arabes, comme un soutien inconditionnel de régimes autocratiques, d'autre part, être accusés d'ingérence dans les affaires intérieures d'Etats souverains. Il reste, néanmoins, évident que les Etats-Unis n'iront pas jusqu'à admettre, sans réagir, une évolution interne qui aboutirait à la mise en place, dans un Etat pétrolier du Golfe, d'un gouvernement défavorable à la préservation des intérêts occidentaux dans la région. Compte tenu de cette réserve, Washington semble favoriser une politique de présence aussi discrète que possible dans la région, en la limitant, en temps normal, à un signal dissuasif à l'égard de puissances régionales susceptibles de manifester des ambitions hégémoniques.

Les Etats pétroliers du Golfe sont donc encouragés à se doter d'un équipement militaire sophistiqué surabondant de fabrication américaine, de préférence, mais, dans le même temps, l'évidence de la faiblesse militaire des membres du C.C.G. amène les Etats-Unis à les pousser à s'intégrer dans un système sécuritaire plus large, comprenant d'autres alliés des Etats-Unis au Moyen-Orient.

La politique vers laquelle semble vouloir s'orienter la Maison Blanche, depuis la crise du Golfe, est déterminée par des considérations d'ordre politique et économique, et vise à impliquer davantage

---

[14] MARR, Phebe, "Strategies for an Era of Uncertainty : the U.S. Policy Agenda", in *Riding the Tiger The Middle East Challenge after the Cold War*, Ed. Phebe Marr and William Lewis, 1993, p. 223.

les Etats du Moyen-Orient alliés des Etats-Unis dans leur propre défense.

Au plan politique, cette démarche vise à faire apparaître, aux yeux de l'opinion arabe, l'architecture sécuritaire régionale projetée comme le résultat d'une volonté politique des Etats de la région, et à minimiser le rôle des Etats-Unis dans l'ordre régional. Sur le plan économique, la mise en service d'une force de sécurité régionale destinée à assurer la stabilité régionale dans le sens souhaité par les Etats-Unis, leur permet d'alléger leur présence dans cette zone, et de limiter leurs interventions directes aux cas d'extrême urgence.

Dans la vision sécuritaire proposée par Washington, les Etats alliés du Moyen-Orient sont fermement invités à trouver entre eux les arrangements nécessaires pour aboutir à la formation de systèmes de sécurité régionaux, bénéficiaires du soutien logistique des Etats-Unis.

Ce scénario, qui confierait aux régimes favorables à Washington la tâche d'assurer le maintien d'un ordre régional favorable aux intérêts occidentaux, aurait l'avantage de limiter le recours aux ressources financières et humaines des Etats-Unis. Il pourrait se concevoir sous la forme d'un système arabe de sécurité, ou sous la forme d'une coopération de défense entre Etats du Moyen-Orient : Egypte, Syrie, Liban, Jordanie, Etats du Conseil de Coopération du Golfe, Turquie, voire à terme Israël; l'agent de déstabilisation de l'ordre régional désigné étant le militantisme radical islamique de l'Iran, et les mouvements islamistes révolutionnaires, dont il soutient l'action dans divers pays musulmans.

Pour assurer à ses alliés une suprématie militaire dissuasive pour tout Etat de la région tenté par une remise en question des équilibres régionaux acquis, Washington aura à jouer - même s'il délègue vers d'autres partenaires une partie importante de ses prestations - un rôle prééminent en matière de contrôle des armements et d'apaisement des tensions régionales. Dans ces domaines, la diplomatie des Etats-Unis a connu, depuis l'arrivée de l'administration Bush aux commandes de l'Etat, un passage significatif de la politique de gestion des conflits à celles de la résolution et de la prévention des tensions.

Partant du constat que les dangers qui menacent les intérêts américains dans le monde sont régionaux et non plus globaux, les Etats-

Unis se préparent à une lutte de longue haleine contre la prolifération des armements tant conventionnels que de destruction massive. Le danger n'est pas négligeable, dans la mesure où nombre d'Etats, comme les anciens membres du Pacte de Varsovie disposant d'un arsenal imposant, sont tout disposés, pour des raisons économiques évidentes, à vendre d'importants stocks d'armes à quiconque pourra les payer. En outre, des scientifiques de l'ancienne U.R.S.S., compétents dans les domaines des armements nucléaires ou chimiques, et réduits aujourd'hui au chômage ou à des conditions de vie précaires, louent - ou sont prêts à louer - leurs services au premier Etat venu capable de rémunérer leur savoir-faire. Dans l'éventualité où une intervention américaine s'avérerait nécessaire pour protéger leurs alliés contre un Etat expansionniste disposant de ces moyens de destruction massive, l'affaire pourrait coûter fort cher aux Etats-Unis. La perspective de voir certains Etats de la région disposer d'une force nucléaire, par exemple, pourrait en amener d'autres à vouloir prévenir une telle éventualité. On pourrait, dès lors, assister à une cascade d'actions préventives qui auraient pour effet d'embraser périodiquement le Moyen-Orient et d'y accroître l'instabilité politique. Ainsi la prévention de la prolifération des armes nucléaires apparaît comme un enjeu prioritaire pour les Etats-Unis. En effet, tant qu'Israël était le seul Etat de la région à posséder l'arme nucléaire, il était aisé, pour Washington, de contrôler la situation; notamment en surarmant Israël en armes conventionnelles pour éviter qu'il ne se trouve dans une position d'infériorité telle qu'il soit tenté de recourir à l'arme nucléaire. Avec les possibilités actuelles de dispersion de l'arme nucléaire, les Etats-Unis, en l'absence de tout système de contrôle efficace, devraient envisager des actions préventives telles que : une intervention directe pour désarmer une ou des puissances régionales menaçantes; ou inviter des puissances régionales alliées à se charger du désarmement d'un Etat menaçant pour la stabilité de l'ordre régional.

Dans cette dernière éventualité, les Etats-Unis pourraient être amenés à soutenir une action d'Israël contre un pays arabe, ce qui, dans l'état actuel où se trouve la région, aurait des implications politiques désastreuses pour leurs intérêts au Moyen-Orient[15].

---

[15] QUANDT, William, "The Arab-Israeli Conflict in the 90th : Prospects for a Settlement", in *Riding the Tiger*, op.cit., pp. 96-97.

D'où l'absolue nécessité pour Washington de développer des stratégies capables de freiner la prolifération des armements. Ainsi, les Etats-Unis veilleront à renforcer les régimes de contrôle et de contrainte en matière d'acquisition d'armements de toutes natures, par des pays du tiers-monde. En cas d'infraction, le recours à des expéditions punitives est clairement envisagé. A cet égard, l'Iraq, toujours contrôlé par des équipes internationales d'experts, continue à être utilisé comme exemple dissuasif pour de futurs contrevenants. Il est prévu de dresser des listes de fournisseurs internationaux de matières, de produits et de technologies de nature à favoriser la construction d'armes de destruction massive, afin d'identifier les fournisseurs d'éléments prohibés et de leur appliquer, au moins, des sanctions commerciales. Enfin, les Etats-Unis semblent favorables à la formation d'un cadre d'experts, capables de faire fonctionner des systèmes de contrôle efficaces et localisés au Moyen-Orient. En outre, il serait envisagé de former les alliés des Etats-Unis à développer des stratégies de dissuasion et de prévention en lieu et place des stratégies guerrières traditionnelles et de leur faire acquérir un équipement militaire adapté à ces nouveaux objectifs. Enfin, les stratèges américains privilégieraient le développement de techniques de gestion des crises, impliquant des accords entre Etats établissant des lignes rouges et prévoyant des échanges d'informations, ainsi que l'organisation de manoeuvres communes à grande échelle[16].

Dans ce contexte, le cadre proposé par les Etats-Unis pour favoriser l'émergence d'un système sécuritaire régional consiste en la mise en oeuvre d'accords de sécurité entre Etats de la région, disposés à accepter et à mettre en oeuvre les directives politiques élaborées par Washington.

La condition sine qua non de la mise en oeuvre d'un tel scénario, qu'il soit limité aux Etats arabes de la région ou étendus à des Etats non-arabes du Moyen-Orient, implique la possibilité d'établir entre les différents acteurs régionaux des relations de coopération stables. Un bref examen de l'état actuel de la question semble indiquer que les conditions nécessaires ne sont pas encore réunies, même si l'on peut constater une relative pacification des relations entre les divers Etats de la région.

---

[16] MARR, Phebe, op.cit., pp. 226-227.

CHAPITRE II

ETAT DES RELATIONS ENTRE ETATS DU MOYEN-ORIENT

Les relations inter-arabes

La fin de la guerre froide met un terme à une division bipolaire au sein du monde arabe et le replace dans le contexte des rivalités entre Etats nés du partage colonial du début du siècle. L'éclatement d'un ordre arabe déjà entamé dans le courant des années 80 - notamment à la faveur des divisions entre "modérés" et "front du refus" dans le conflit israélo-arabe[17], entre partisans de l'Iraq ou de l'Iran dans le conflit irano-iraqien - est parachevé par l'invasion iraqienne du Kuwayt. Durant cette crise, les Arabes démontrent leur incapacité à apporter une solution arabe indépendante à leurs problèmes internes au sein de la Ligue arabe, qui apparaît, plus que jamais, comme un organe vidé de toute substance. Le problème sera réglé par l'intervention de forces armées étrangères, et verra une majorité d'Etats arabes s'aligner sur des décisions prises en dehors d'eux.

Après la crise du Golfe, ce seront encore les Etats-Unis qui parraineront la reconstruction d'un nouvel ordre arabe géré par les régimes qui leur sont favorables. Les Etats-Unis entreprennent ainsi un remodelage, à leur avantage, du paysage géopolitique du Moyen-Orient.

Après la défaite de l'Iraq, la principale puissance militaire régionale arabe reste l'Egypte, suivie par la Syrie, qui avaient toutes deux participé à la coalition internationale anti-iraqienne. L'Egypte est, depuis la signature des accords de Camp David, l'un des alliés privilégiés de Washington dans la région et constitue, aujourd'hui,

---

[17] GERGES, F., *The superpowers and the Middle East Regional and International Politics*, Boulder, Westview Press, New York, 1994, pp. 8-11.

l'un des piliers essentiels sur lesquels repose la stratégie sécuritaire visant à assurer la protection des intérêts américains au Moyen-Orient.

La crise du Golfe a mis plus que jamais en lumière la faiblesse militaire des pétromonarchies et leur incapacité à assurer seules, malgré l'achat massif de matériel sophistiqué, leur sécurité face aux menaces extérieures. Ce constat devait conduire, avec la bénédiction des Etats-Unis, à l'ébauche d'un sous-système régional arabe de sécurité groupant les Etats membres du Conseil de Coopération du Golfe, la Syrie et l'Egypte. Ce regroupement fut sanctionné par la signature, en mars 1991 de la "Déclaration de Damas", qui prévoyait la mise sur pied d'un système de coopération militaire, économique et politique. Ces dispositions, de nature essentiellement défensive, avaient le mérite de proposer une démarche purement arabe, non imposée de l'extérieur, et, comme telle, en tout point conforme à la Charte de la Ligue arabe et au Pacte de défense commune. Cet accord resta néanmoins lettre morte, dans la mesure où les Etats du Conseil de Coopération du Golfe - et principalement l'Arabie Saoudite et le Kuwayt - qui semblent craindre une éventuelle pression de puissances arabes régionales dans les domaines économiques et politiques, préfèrent de toute évidence faire appel au bouclier américain pour assurer leur protection contre des menaces extérieures[18]. C'est ainsi que, en septembre 1991, l'Arabie Saoudite et le Kuwayt signaient des accords de défense bilatéraux avec les Etats-Unis, la Grande-Bretagne et la France. En outre, un accord fut conclu entre les Etats-Unis et le Kuwayt, qui autorisa le dépôt de matériel militaire américain lourd en prévision d'un éventuel déploiement d'une force d'intervention rapide américaine[19].

La persistance, entre Etats arabes, de méfiances insurmontables, produits de l'histoire récente, rend illusoire, au moins pour les cinq ans à venir, toute (re)construction effective d'un ordre et d'un système de défense arabe. Dans ce contexte, la Ligue arabe avait cessé, au lendemain de la crise du Golfe, de représenter encore une position arabe commune, aussi minimale puisse-t-elle être. Tout au

---

[18] MARR, Phebe, "The Persian Gulf after the Storm", in *Riding the Tiger*, op. cit., pp. 130-131.
[19] ISMAEL, Tarek & Jacqueline TAREK, *The Gulf War and the New World Order*, University Press of California, Gainsville, 1994, p. 417.

plus subsiste-t-elle, aujourd'hui, comme le symbole d'un monde arabe mythique, qui semble constituer, eu égard à l'évolution des rapports régionaux et internationaux, un thème de référence en voie de marginalisation. A mesure, d'ailleurs, que se précisaient les perspectives de négociations de paix israélo-arabes on assistait à la dilution de ce qui fut, peut-être, le seul élément réellement fédérateur des Etats arabes : leur opposition unanime à l'occupation de la terre arabe par Israël et l'union autour de la revendication pour la reconnaissance des droits légitimes du peuple palestinien. Actuellement, la tendance semble être à la formation de sous-systèmes arabes régionaux en Afrique du Nord et au Moyen-Orient. La constitution de l'Union du Maghreb Arabe (U.M.A.) en 1988 et la signature de la Déclaration de Damas en 1991 pouvaient le laisser supposer. Ce qui irait, comme nous l'avons vu, dans le sens souhaité par les Etats-Unis en facilitant une division de la gestion du tiers-monde entre les Etats-Unis et leurs alliés occidentaux: l'Afrique, à l'Union Européenne où la France, l'Italie et l'Espagne, surtout, seraient compétents, le Moyen-Orient aux Etats-Unis. Mais déjà, en 1991, l'U.M.A. bat de l'aile et il semble fort probable que les Etats du Golfe, s'ils étaient menacés de l'extérieur, fassent appel aux Etats-Unis plutôt qu'à L'Egypte et à la Syrie, puissances signataires de la Déclaration de Damas. Pour l'heure, la formation, dans les prochaines années, d'un sous-système sécuritaire arabe cohérent et opératoire au Moyen-Orient semble improbable, sinon sous la pression insistante de Washington, et à la faveur d'événements dramatiques.

Dans le contexte inter-arabe actuel, les Etats-Unis ont un terrain d'expérimentation de choix pour mettre à l'épreuve la diplomatie de résolution des tensions, dont l'administration Bush s'est fait le promoteur. A cet égard, l'Iraq, aujourd'hui totalement isolé dans la région, offre l'exemple même du cas générateur de comportements contradictoires dans le chef de ceux qui entendent éradiquer définitivement les velléités hégémoniques du régime en place, et réintégrer, dans l'échiquier du Moyen-Orient, un Iraq politiquement normalisé et respectable.

Il est, en effet, clair dès le départ de la campagne pour la libération du Kuwayt, que l'un des objectifs poursuivis par les Etats-Unis est l'éviction de Saddam Husseyn. Pourtant Washington ordonne la cessation des combats avant la chute du dictateur et lui laisse, de surcroît, quasiment intacte, sa garde présidentielle, unité d'élite de son armée. Que s'est-il passé dans l'esprit des décideurs américains pour qu'ils renoncent, en fin de parcours, à faire tomber l'un des dictateurs les plus sanguinaires qu'ait connu le Moyen-Orient contemporain?

Il semblerait que les Etats-Unis auraient craint que l'éviction de Saddam Husseyn ne crée un vide de pouvoir au bénéfice de l'Iran, et ne débouche sur un démantèlement du pays en raison de l'absence de cohésion et de cohérence manifestée par l'opposition iraqienne. En outre, il n'était nullement certain que celle-ci - du moins certains de ses éléments -, si elle accédait au pouvoir, s'inscrirait dans la ligne politique souhaitée par Washington.

En raison, donc, des incertitudes que laissait apparaître la succession de Saddam Husseyn, il a paru préférable, aux vainqueurs de la crise du Golfe, de laisser le dictateur en place, en lui enlevant tout moyen de se lancer dans de nouvelles aventures guerrières et en le contraignant à se soumettre à des contrôles internationaux, par le maintien de sanctions économiques jusqu'à ce qu'il ait totalement satisfait aux exigences de la communauté internationale en matière de désarmement.

Les Etats-Unis semblent, aujourd'hui encore, souhaiter le renversement de Saddam Husseyn par un mouvement venu de l'intérieur, bien que leurs démarches puissent donner lieu à des interprétations contradictoires. Car, si tel était leur désir, pourquoi avoir laissé à Saddam Husseyn l'outil répressif qui lui a permis de mater toutes les révoltes et d'étouffer tous les complots et coups d'Etat ? En outre, le maintien de sanctions économiques contre l'Iraq frappe durement le peuple, tout en épargnant les dignitaires du régime, et en accroissant l'antiaméricanisme de la population.

Le problème est que les Etats-Unis ne savent trop quoi faire de Saddam Husseyn et de l'Iraq. Leurs atermoiements révèlent une dangereuse incapacité de mettre en oeuvre la politique de résolution des tensions dont ils avaient fait leur cheval de bataille dans cette région, où ils se sont réservé la haute main sur la gestion de l'ordre régional. Le maintien de Saddam Husseyn à la tête de l'Etat iraqien, et la méfiance dont il fait l'objet de la part de ses voisins, qui craignent, à juste titre, son esprit revanchard, contribuent à la marginalisation de l'Iraq, économiquement et socialement écrasé par l'embargo auquel le soumet la communauté internationale. Le régime actuel maintient l'unité de l'Etat par une répression féroce des manifestations du mécontentement populaire et des tendances centrifuges; et ceci arrange, d'une certaine manière, les Etats-Unis et les voisins immédiats de l'Iraq qui y trouvent une forme de garantie de stabilité régionale même précaire. La fragilisation croissante de l'Etat iraqien fait craindre, non seulement aux Etats-Unis, mais aussi à la plupart des Etats voisins, l'éclatement du pays en cas de vacance du pouvoir, avec pour conséquence des retombées dramatiques pour la stabilité globale de la région: le problème des frontières contestées, la question kurde, sont, entre autres, des éléments de nature à provoquer des remous éminemment déstabilisants, qui risquent de mettre à mal l'architecture sécuritaire régionale planifiée par les Etats-Unis, et fondée sur la coopération des Etats de la région satisfaits du statu quo territorial.

Il apparaît à un nombre croissant d'observateurs américains que Washington ne peut mener indéfiniment une politique aussi peu ciblée en Iraq. Il ressort ainsi d'une série de confrontations de spécialistes du Moyen-Orient que la Maison Blanche devrait activement se préparer à gérer des changements, qu'elle aurait, d'une manière ou d'une autre, encouragés, afin d'éviter un éclatement incontrôlé du pays. Les voies qui se dégagent de ces réflexions - et qui nous semblent en parfaite congruence avec la position que veulent occuper les Etats-Unis dans la région - devraient conduire, à plus ou moins moyen terme, aux aménagements suivants.

Dans l'hypothèse espérée où le régime de Saddam serait enfin renversé, les Etats-Unis devraient être préparés à soutenir économiquement, politiquement et militairement tout nouveau pouvoir porteur, à terme, d'une plus grande stabilité interne afin de contenir les effets déstabilisateurs immédiats d'un changement brutal de régime. Dans la foulée, l'Iraq, redevenu respectable, devrait être intégré dans le système sécuritaire régional planifié par Washington. Tant que Saddam Husseyn reste installé au pouvoir, Les Etats-Unis devront veiller à ce que la communauté internationale continue à imposer à l'Iraq des mesures destinées à limiter son potentiel militaire. Dans tous les cas de figure, il paraît indispensable d'apporter une solution stable au problème posé par les Kurdes d'Iraq. Celle-ci devrait obligatoirement passer par l'instauration de mécanismes institutionnels garantissant aux Kurdes une autonomie "raisonnable" dans le cadre d'un Etat iraqien unitaire[20]. Toutefois, les solutions politiques - car il est bien évident qu'une solution au problème kurde, où que ce soit au Moyen-Orient, ne peut être que politique - à mettre en oeuvre pour mettre fin aux tensions interethniques de l'Iraq requerront souplesse et imagination, dans la mesure où elles devront tenir compte de l'environnement international dans lequel devra fonctionner la nouvelle construction étatique. Une solution fédérale, stricto sensu, nous semble, dans l'immédiat, peu applicable, la culture politique des populations locales n'étant pas préparée à intégrer les éléments nécessaires à ce type de construction politique. Dans ce contexte, toute démarche de type fédéraliste aurait pour résultat immédiat d'encourager les tendances séparatistes, avec toutes les retombées déstabilisatrices que cela impliquerait pour des Etats voisins comme, au premier chef, la Turquie. La création d'une entité kurde autonome apparaît, en effet, dans le contexte régional et international actuel, totalement impensable pour des raisons géostratégiques et économiques évidentes. La seule solution acceptable pour les Etats de la région et les puissances occidentales à la recherche d'un système sécuritaire régional conforme à la préservation de leurs intérêts est une solution politique qui préserve l'intégrité territoriale des Etats de la région, tout en offrant, en leur sein, aux minorités ethniques, comme les Kurdes, un cadre politique qui satisfasse aux exigences d'une saine conception des droits de l'homme. Une telle conception peut trouver une base de réalisation, dans le cadre d'une intégration régionale telle que celle projetée - avec Israël - par les Etats-Unis et par l'Union Européenne dans sa nouvelle politique méditerranéenne.

Mais la crédibilité d'une construction politique de cette nature, pour l'ensemble des Etats de la région, implique de la part des puissances dominantes un investissement d'un autre type que les démarches purement économique et militaire suivies jusqu'ici par les puissances dominantes du moment. Il faudra principalement que les Etats-Unis, comme principaux gérants du nouvel ordre international, et s'ils veulent éviter, à l'avenir, des interventions militaires coûteuses, parviennent à donner l'impression aux populations du Moyen-Orient que les pouvoirs locaux restent maîtres de leurs décisions.

---

[20] MARR, Phebe, "Strategies for an Era of Uncertainties", in *Riding the Tiger*, op. cit., pp. 224-225.

L'hostilité de la majorité des opinions publiques aux ingérences étrangères dans les affaires intérieures des Etats du Moyen-Orient est plus marquée que jamais. Les Etats-Unis, plus que tout autre pays industrialisé, sont tenus pour responsables du maintien d'un ordre international jugé inéquitable et sont accusés de supporter des régimes oppressifs dévoués à leurs intérêts. S'ils veulent, donc, éviter de fragiliser les régimes locaux qui leur sont acquis, les Etats-Unis doivent éviter de s'impliquer directement dans les controverses entre Etats de la région et soutenir de manière trop voyante des régimes en difficulté face à leur opinion publique. Conscient du fait que le meilleur moyen d'assurer la stabilité des régimes alliés est de pouvoir répondre aux aspirations des populations locales en matière de mieux-être et de liberté d'expression, Washington privilégie actuellement les projets de développement économique et de libéralisation politique à terme. L'intérêt - déjà à court terme - des Etats-Unis est d'user de leur influence sur les régimes alliés, pour les inciter à utiliser l'aide étrangère pour présenter, aux peuples de la région, des modèles de développement attractifs sur les plans politique, économique et social[21]. La stabilité durable de la région est à ce prix.

La Turquie et le Moyen-Orient après la guerre froide

Dans la stratégie sécuritaire globale pour le Moyen-Orient, la Turquie est appelée à jouer, avec l'Egypte, selon les Etats-Unis, un rôle moteur essentiel, mais comme les autres Etats de la région la Turquie a à affronter des défis majeurs, avec des handicaps importants, mais aussi avec des atouts non négligeables. La fin de la guerre froide et de la rivalité des blocs libéral et communiste a marqué, pour la Turquie, la fin d'une période de plus de quarante ans de certitudes et de relative stabilité au niveau de ses systèmes d'alliance, et des stratégies de défense et de développement qui en découlaient.

---

[21] MARR, Phebe, op. cit., pp. 229-230.

La discipline de fer que faisait peser l'U.R.S.S. sur ses satellites avait maintenu, aux frontières occidentales et septentrionales de la Turquie, des Etats stables et raisonnables. Même les turbulences du Moyen-Orient se trouvaient raisonnablement canalisées dans le cadre de l'ordre bipolaire instauré par les deux superpuissances.

L'effondrement du bloc communiste a placé la Turquie au centre d'une aire d'instabilité politique et de délabrement économique. Que ce soit au Moyen-Orient, ou à ses frontières caucasiennes et balkaniques, la Turquie se trouve au centre d'une zone de turbulences et de tensions, où la fluence des systèmes politiques et l'instabilité des Etats voisins, voire leur hostilité, posent problème pour la sécurité de la Turquie. Or, au moment où les facteurs d'insécurité s'accumulaient à ses frontières, il apparut que l'armée turque, dotée d'un armement et d'une logistique obsolètes, n'était pas préparée à se lancer dans des opérations de type conventionnel moderne[22] avec ses voisins dotés, notamment, d'une aviation, d'engins balistiques, et de pièces d'artillerie infiniment plus performants. Plus que jamais l'appartenance à un système défensif puissant apparaissait vital pour Ankara. Or, en 1988, le Congrès des Etats-Unis vote une réduction substantielle de son aide globale à la Turquie. La même année, au mois de décembre, la demande d'adhésion de la Turquie à la Communauté Européenne est rejetée.

Le désintérêt manifesté à l'égard de la Turquie par l'Occident tombe d'autant plus mal qu'elle apparaît comme un Etat fondamentalement fragile. En effet, si elle est devenue la principale puissance industrielle du Moyen-Orient, et a remarquablement franchi les étapes préliminaires à son intégration dans l'économie mondiale, ces succès ont été remportés au prix d'un coût social extrêmement lourd. Les déséquilibres sociaux engendrés par la politique économique suivie depuis la période Özal ont contribué à accentuer le mécontentement populaire, et, par là même, à renforcer la clientèle des mouvements islamistes, qui comme dans d'autres Etats musulmans, et pour les mêmes raisons, contestent l'ordre économique international. La Turquie présente ainsi certains caractères internes potentiellement porteurs de germes de déstabilisation dans la région, dans la mesure où des tendances islamistes turques convergent avec des

---

[22] LESSER, I, "Turkey and the West after the Gulf War", *The International Spectator*, Roma, January-March 1992, p. 42.

mouvements activistes islamiques dans d'autres pays du Moyen-Orient, opposés à l'ordre international existant et à l'ordre régional qui en découle.

En butte à l'indifférence de ses alliés occidentaux pour lesquels elle ne présente plus d'intérêt stratégique déterminant, mais dont elle est étroitement dépendante sur les plans militaires et économiques, la Turquie a décidé, dans la précipitation et les affres de l'inquiétude, de redéfinir sa politique extérieure à l'égard de ses voisins, et trouver, pour son économie extrêmement fragile, des solutions viables, en dehors de l'aide occidentale devenue aléatoire. Redéfinition précipitée mais menée d'une manière cohérente en fonction d'une perception claire de l'appartenance de la Turquie à quatre sous-systèmes régionaux: les Balkans, le Moyen-Orient, le Caucase-Asie Centrale turcophone, la Méditerranée orientale.

La crise du Golfe, ouverte par l'invasion du Kuwayt par l'Iraq, le 2 août 1990, allait donner à la Turquie une nouvelle occasion de valoriser sa position géostratégique.

Très rapidement, la Turquie s'aligna sur les positions politiques de Washington et s'efforça de mettre en valeur son importance géostratégique, comme bastion avancé de l'OTAN dans une région vitale pour les intérêts économiques de l'Occident et la sécurité européenne.

Le gouvernement d'Ankara observa le blocus contre l'Iraq et fit fermer l'oléoduc turco-iraqien, privant ainsi Saddam Husseyn de l'un de ses principaux moyens d'exportation de son pétrole. La Turquie n'envoya pas de contingent dans la force multinationale concentrée en Arabie Saoudite, mais massa ses troupes à la frontière, immobilisant ainsi des forces iraqiennes non négligeables. Enfin, la Turquie mit à la disposition des forces de l'ONU, les bases installées sur son sol d'où partirent des raids sur l'Iraq. Sans tirer un coup de feu, et sans avoir subi le moindre dommage de guerre, la Turquie venait de jouer un rôle important, quoique effacé, dans la réussite de l'opération de remise en ordre régionale orchestrée par les Etats-Unis[23].

Toutefois, la Turquie eut à tirer au moins deux leçons de la crise du Golfe. Tout d'abord ses moyens de défense se sont révélés insuffisants pour faire face à une attaque venant de puissances ré-

---

[23] HALE, W., "Turkey's Time : Turkey, the Middle East and the Gulf Crisis", in *International Affairs*, n° 4, 1992, pp. 685-687.

gionales puissamment armées, comme l'Iraq. Ensuite, il est apparu que la Turquie ne pouvait pas compter, en cas de problème au Moyen-Orient, sur une aide décisive de la part des membres européens de l'O.T.A.N.. En effet, lorsque le gouvernement turc, incapable de s'assurer une couverture contre des missiles balistiques iraqiens, fit appel, le 30 novembre 1990, à la couverture aérienne de l'O.T.A.N. pour la protéger d'éventuelles représailles iraqiennes, elle se heurta aux vives réticences de ses alliés européens, Allemagne en tête; les Etats-Unis furent les seuls à envoyer à Incirlik, principale base de l'O.T.A.N. en Turquie, un escadron d'avions modernes[24].

La guerre terminée, la Turquie dut constater que la place qu'elle occupait dans le monde n'était pas perçue de la même façon à Ankara que dans les capitales occidentales. La Turquie se conçoit, en effet, comme partie intégrante de l'Occident et, surtout, de l'espace européen, auquel elle s'identifie totalement, notamment en raison, à partir de l'époque kémaliste, de sa culture politique et économique; le Moyen-Orient - à l'exception d'Israël dont l'establishment politique turc se sent plus proche - n'est ainsi, pour Ankara, qu'un marché où elle peut écouler avantageusement ses produits, et non comme un espace politique, social ou culturel auquel elle s'identifie[25]. Les Etats-Unis et les Etats européens, au contraire, considèrent la Turquie comme un Etat du Moyen-Orient et n'envisagent son rôle dans l'alliance occidentale qu'en tant que tel.

Sans renoncer, pour autant, à son projet d'intégration à terme dans l'Union Européenne, la Turquie s'est montré disposée, dans l'immédiat, à assumer le rôle que lui assignaient ses partenaires occidentaux au Moyen-Orient. Mais il était évident que la capacité de la Turquie à jouer, dans la région, le rôle d'élément stabilisateur que souhaitent lui voir endosser les Etats-Unis passe par la reprise de la fourniture massive de matériel militaire occidental, ainsi que par la perspective de pouvoir compter, le cas échéant, sur l'appui des forces armées de ses partenaires au sein de l'O.T.A.N.. Dans cette perspective, elle s'est efforcée de convaincre les Etats-Unis et l'Europe de la nécessité de reprendre leur aide afin de lui permettre de jouer le rôle de gardien du nouvel ordre international dans la région. Tou-

---

[24] idem, p. 685.
[25] ROBINS, Philip, *Turkey and the Middle East*, Printer Publishers, RIIA, London 1991, p. 114.

tefois, depuis la fin de la crise du Golfe, en mars 1991, les Etats-Unis ont été les seuls alliés occidentaux de la Turquie à prévoir une reprise substantielle de l'aide militaire en sa faveur. Elle est néanmoins encore insuffisante pour permettre à la Turquie de jouer efficacement le rôle de garant des intérêts occidentaux et de gendarme du nouvel ordre international dans la région. Outre le rôle de bras armé de l'Occident qui lui est dévolu, il est aussi attendu que la Turquie puisse faire office de vitrine du modèle occidental afin de contrer l'influence de l'Iran et de son modèle de République islamique dans le monde musulman.

Toutefois, si les Etats-Unis, tout à leur projet de restructuration géostratégique du Moyen-Orient, semblent sensibles à ce type d'argumentation, l'Europe se montre beaucoup plus réticente à l'idée de rétablir avec la Turquie des liens de partenariat privilégié. Ces réserves ne découragent nullement Ankara, qui poursuit opiniâtrement sa politique multidirectionnelle destinée à la faire apparaître comme la puissance régionale incontournable dans chacun des sous-systèmes régionaux dont elle fait partie. Elle espère notamment, par là, se donner une stature internationale suffisamment convaincante pour intéresser ses alliés occidentaux, et particulièrement l'Europe. Mais l'Europe s'est totalement effacée devant les Etats-Unis en ce qui concerne la gestion de l'ordre international, principalement en Orient.

Il reste donc, à la Turquie, à consolider ses positions au Moyen-Orient, de manière à entrer dans le jeu géostratégique des Etats-Unis.

Comme dans le courant des années 80, la Turquie continue à occuper une position satisfaisante sur les marchés du Moyen-Orient. Toutefois, la crise du Golfe a considérablement affecté les possibilités d'investissement des Etats pétroliers dont la demande de services industriels et de produits turcs a considérablement chuté.

Dans l'ensemble, la situation au Moyen-Orient est loin d'être satisfaisante pour la Turquie. En effet, la position adoptée par la Turquie à l'égard de l'Iraq, lors de la crise du Golfe, ne lui a pas apporté que des satisfactions : elle a perdu en l'Iraq l'un des marchés les plus productifs et son plus intéressant pourvoyeur en produits pétroliers. Les gratifications offertes par les Etats-Unis et les Etats du Golfe en remerciement de ses services sont loin d'avoir compensé la perte des revenus (environ 2,5 milliards de dollars par an procurés par le partenaire iraqien)[26]. En outre, sur le plan de la sécurité nationale, l'Iraq avait été pour la Turquie un partenaire idéal, qui l'autorisait à pourchasser sur son propre territoire les éléments rebelles kurdes en lutte armée contre le gouvernement d'Ankara. L'internationalisation du problème kurde, lors du soulèvement avorté des Kurdes d'Iraq contre Saddam Husseyn, en 1991, est par contre un élément de préoccupation majeur pour la Turquie, dans la mesure où les puissances occidentales ont évoqué à cette occasion un droit d'ingérence dans les affaires intérieures des Etats pour raisons humanitaires, et la prééminence de l'action en faveur du respect de la loi internationale en cette matière sur le respect de la souveraineté nationale. Depuis lors, les indépendantistes du P.K.K. ont radicalisé la lutte armée contre l'Etat turc et multiplié les actions terroristes. La répression de l'armée turque s'est accentuée et a fait quelque 7000 morts en trois ans. Les opinions publiques dans les pays occidentaux s'indignent de ce qu'ils considèrent comme une atteinte aux droits des minorités. Les relations entre la Turquie et la Communauté Européenne s'en trouvent encore assombries, malgré la volonté affirmée récemment par le gouvernement turc d'aborder le problème de face, de reconnaître l'existence d'une identité culturelle kurde, et d'autoriser l'usage de la langue kurde, dans le cadre d'un Etat turc unitaire, dont la langue officielle reste le turc.

Ainsi, si l'intervention occidentale contre l'expansionnisme iraqien a bien réussi à réduire considérablement la puissance militaire de Saddam Husseyn, elle n'a pas résolu les problèmes de fond de la région; même elle n'a fait qu'exacerber certains d'entre eux, créant ainsi des éléments d'instabilité permanente, qui constituent autant de facteurs d'inquiétude pour la Turquie.

Contrairement à l'esprit de coopération qui présidait, jusqu'à la crise du Golfe, aux relations entre la Turquie et l'Iraq, Ankara entretient avec la Syrie des rapports éminemment conflictuels, depuis la rétrocession par la France du Sandjak d'Alexandrette à la Turquie, en juin 1939. Cet événement a déterminé, en Syrie, le développement d'un irrédentisme qui ne s'est jamais démenti à ce jour. Prompte à remettre ce sujet sur le tapis à la moindre occasion - comme lors de la visite à Nicosie, en décembre 1989, du ministre

---

[26] HALE, W., op. cit., p. 68.

syrien de l'Information - la Syrie apparaît comme l'une des principales bases arrières de mouvements hostiles à la Turquie, comme l'A.S.A.L.A., en son temps, et le P.K.K.. A ces sujets de discorde s'ajoute encore le problème du partage des eaux de l'Euphrate[27].

Ce dernier contentieux constitue l'un des principaux facteurs générateurs de tensions entre les Etats de la région, et apparaît comme la question cruciale, par excellence, pour l'avenir des relations de la Turquie avec ses voisins arabes, qui souffrent d'une pénurie chronique en eau.

Les deux grands fleuves qui alimentent la Syrie et l'Iraq, le Tigre et l'Euphrate, prennent leur source en Turquie, qui a entrepris, dans les années 80, de grands travaux d'irrigation, ainsi que la construction de 21 barrages et de 17 centrales hydroélectriques. L'achèvement de ces travaux pourrait entraîner une baisse sensible du débit des eaux du fleuve en Syrie et en Iraq et a provoqué dans ces deux pays une vague de protestation dès 1990.

Afin de résoudre ce problème crucial pour l'Iraq et la Syrie, la Turquie, afin d'apporter une solution aux principaux problèmes de pénurie qui affectent les Etats de la région, leur a proposé de cofinancer un projet prévoyant l'échange de pétrole contre de l'eau. Ce projet intitulé "pipeline de la paix", proposé par la Turquie, pour la première fois en 1987, puis, de nouveau, en 1991, prévoit la construction, à partir des fleuves Djeyhan et Seyhan, de deux conduits d'un coût de 21 milliards de dollars; l'un alimentent le Kuwayt, les Emirats Arabes Unis, et Oman, l'autre la Syrie, la Jordanie et l'Arabie Saoudite. Ce projet qui devrait en principe mettre un terme aux contestations permanentes entre riverains aurait dû être approuvé par les autres bénéficiaires de la région. Or, loin de soulever l'enthousiasme, le projet est considéré avec méfiance par l'Iraq et la Syrie, mais aussi par les Etats du Golfe - pourtant les plus démunis en eau - qui craignent la dépendance où ils se trouveraient placés par rapport à la Turquie [28]. Il apparaît ainsi à l'évidence que les relations entre les Etats arabes et la Turquie - même lorsqu'ils partagent les mêmes positions pro-occidentales - restent essentiellement marquées par la

---

[27] ROBINS, Ph., op. cit., p. 47.
[28] BESCHORNER, N., "Le rôle de l'eau dans la politique régionale de la Turquie", *Monde arabe : Maghreb-Machrek*, n° 138, octobre-décembre 1992.

méfiance, bien qu'elles se soient révélées bénéfiques pour les deux parties dans un passé tout récent.

Dans un avenir immédiat, si toutes les hypothèques avec ses voisins étaient levées, la Turquie, grâce à son savoir-faire technologique et industriel, peut continuer à servir le développement d'un certain nombre de pays arabes. En outre, après avoir mené avec succès les prémisses de son intégration au marché mondial, la Turquie peut prétendre au rôle de force d'entraînement et d'initiateur des autres Etats du Moyen-Orient dans cette voie, en conformité avec les vœux exprimés par les Etats-Unis et l'Union Européenne. Si on ajoute à ces éléments un rôle de pourvoyeur en eau, il apparaît que la Turquie peut devenir un facteur important dans la voie de l'intégration régionale dont rêvent les Etats-Unis pour le Moyen-Orient. Plus, même, les projets à l'étude de fourniture d'eau à Israël, en permettant à cet Etat de répondre à une partie adéquate de ses besoins essentiels en eau, pourraient servir l'avancement du processus de paix en facilitant la conclusion d'arrangements acceptables par toutes les parties, portant sur la répartition des réserves en eau locales entre Israël, la Jordanie, la Syrie, le Liban et l'Autonomie palestinienne. Enfin, en raison des relations qu'elle entretient avec Israël depuis sa création et de la politique d'équilibre qu'elle a tenté de préserver dans l'approche du contentieux israélo-palestinien[29], la Turquie est avec l'Egypte, depuis la signature des accords de paix de 1979, l'un des piliers essentiels de l'intégration, à terme, d'Israël dans le système sécuritaire régional projeté par les Etats-Unis.

Dans ce contexte général, la Turquie est considérée par Washington comme la vitrine idéale du modèle de société occidental versus le modèle de république islamique présenté par l'Iran; Etat qui vise à saper l'influence de l'Occident au Moyen-Orient, et dont l'activisme en direction des populations musulmanes continue à inquiéter, avec raison, les régimes pro-occidentaux du Moyen-Orient, en butte à de graves crises sociales internes.

Dans la lutte d'influence qui oppose le modèle occidental turc et le modèle de société islamique iranien, il n'est pas sûr que le premier emporte l'adhésion des populations du Moyen-Orient. En effet, la Turquie - outre le coût social élevé de son effort d'intégration au marché mondial qui tend à rendre son modèle de développement peu

---

[29] ROBINS, Ph., op. cit., p. 67.

attractif pour les masses - offre, à nouveau, aux yeux des populations arabes, et des pays du tiers-monde en général, l'image d'un pion au service de l'impérialisme américain et d'un ordre international injuste. A l'inverse, l'Iran, quelles que soient les réserves qu'appelle la rigidité dogmatique du pouvoir en place, apparaît à de nombreux musulmans comme l'exemple d'un pays en lutte pour l'émancipation des peuples opprimés par l'ordre international mis en place par les Etats industrialisés.

Dans cette compétition à l'issue incertaine, Ankara, dont les intérêts sont étroitement liés à ceux des Etats-Unis, et dont l'économie est largement dépendante de l'Occident, ne peut tirer que des avantages de la réalisation de l'architecture sécuritaire et d'intégration régionale dessinée par Washington, qui lui y réserverait un rôle décisif.

L'Iran, facteur de tensions au Moyen-Orient

Depuis sa naissance, en 1979, la République islamique d'Iran a été perçue par les Etats-Unis et ses alliés comme une menace majeure pour les intérêts des pays industrialisés. Présenté par Washington comme le nouvel épouvantail du Moyen-Orient, succédant à l'U.R.S.S. dans le rôle d'empire du mal absolu, l'Iran islamique est désigné comme le facteur essentiel d'une possible déstabilisation de la région et comme l'un des principaux refuges du terrorisme international.

L'Iran, il est vrai, s'est, depuis l'avènement de la République islamique, présenté sur la scène internationale comme l'un des plus virulents contestataires de l'ordre international dominé par les Etats occidentaux industrialisés, et le fer de lance d'un tiers-mondisme réactivé, dont le monde musulman, redevenu cohérent sous le leadership spirituel de l'Iran, deviendrait le noyau dur. Dans cette optique générale, les théoriciens iraniens de la révolution islamique semblent avoir voulu articuler leur action selon deux phases: tout d'abord oeuvrer au renversement des régimes alliés à l'Occident et à leur remplacement par des Etats islamiques calqués sur le modèle de la République islamique iranienne, évocation sociale, fondée sur les principes de solidarisme et de fraternité; ensuite mobiliser cet ensemble islamique, contrôlant les zones d'intérêt, vitales pour les économies occidentales, afin d'imposer aux Etats industrialisés un ordre international politique, économique et culturel jugé plus conforme aux intérêts bien compris du monde musulman, et du tiers-monde en général.

En raison des répercussions qu'eut la révolution iranienne au sein des masses musulmanes et de l'activité des mouvements islamistes radicaux que Téhéran continue à soutenir, c'est à juste titre que le monde occidental - et, tout particulièrement, les Etats-Unis - a considéré l'Iran comme l'une des menaces les plus sérieuses pour la préservation de ses intérêts au Moyen-Orient. C'est donc très logiquement que les Etats-Unis et l'Europe ont renforcé les mesures de protection en faveur des régimes qui leur sont favorables dans le monde musulman, et ont soutenu, de fait, pendant sept ans, dès 1980, l'effort de guerre iraqien contre l'Iran, dans le but - pleinement atteint - d'affaiblir le potentiel militaire et économique de la République islamique.

Quelque quatre ans après la fin du conflit qui l'avait opposé à Baghdad et à la faveur de l'écrasement de l'Iraq au terme de la crise du Golfe de 1990-1991, l'Iran, tout en préservant, ses bonnes relations de circonstances avec la Syrie, tente d'élargir son rôle sur le plan régional et rétablit ses relations avec les pays arabes (Jordanie, Yémen, Soudan), qui avaient soutenu l'Iraq et étaient mis en quarantaine par les Etats membres de la coalition anti-Saddam.

Afin d'apaiser les tensions dans la région, les Etats du Conseil de Coopération du Golfe reconnaissent officiellement à l'Iran une place importante dans le maintien de la sécurité dans la zone du Golfe.

L'Iran, en effet, est en mesure de prétendre à un rôle dominant dans la région du Golfe, en raison, à la fois, de son poids démographique, de sa position géostratégique et de ses ressources matérielles importantes, issues en majeure partie des revenus procurés par l'exploitation du pétrole.

Toutefois, l'Iran n'est pas à même, actuellement, d'exploiter pleinement ses potentialités en vue de s'imposer sur la scène régionale, dans la mesure où ses ressources économiques ont été entamées par la malgestion de l'administration islamique mise en place depuis 1979, ainsi que par les effets désastreux de la guerre engagée avec l'Iraq de 1980 à 1987.

Après la mort de l'Ayatollah Khomeyni, en 1989, la direction de l'Etat a été assurée par une équipe de pragmatiques conduits par l'Ayatollah Alî Akbar Hashimi Rafsandjani. Conscient du marasme croissant dans lequel s'enlisait l'économie du pays, le nouveau chef de l'Etat, sans renoncer à la vocation de l'Iran comme modèle d'Etat islamique pour l'ensemble du monde musulman et comme support des mouvements islamistes dans le monde, s'est employé, depuis son accession au pouvoir, à donner de l'Iran une image plus respectable au plan international, et à renouer des liens d'échanges économiques avec le monde industrialisé dans le but d'assurer la reconstruction économique du pays. Néanmoins, si sur le plan économique interne, l'actuelle direction de la République islamique, semble se rallier à certaines formes de gestion propres aux sociétés libérales occidentales, nous n'assistons pas pour autant, au niveau du projet politique global, et tout particulièrement au niveau de la politique étrangère, à l'abandon du projet révolutionnaire fondateur de la République islamique d'Iran. L'analyse que nous pouvons tirer, d'une part, de la littérature produite, en langue étrangère, par les diverses tendances qui s'affrontent au sein du régime islamiste, d'autre part, de nos divers contacts avec des Iraniens favorables ou non à la révolution islamique, nous amène à penser qu'il n'y a pas actuellement en Iran de remise en cause des finalités assignées à la révolution iranienne; tout au plus assiste-t-on, aujourd'hui, à un changement conjoncturel de la politique étrangère iranienne au niveau des objectifs immédiats et des modalités d'action.

C'est dans cette optique qu'il faut, à notre sens, interpréter les ouvertures de l'Iran en direction des pays industrialisés, et ses mesures d'apaisement en direction des pays voisins dans la région du Golfe.

Pour comprendre l'orientation actuelle de la politique étrangère iranienne, il faut garder à l'esprit quelques chiffres et faits particulièrement parlants : huit ans de guerre avec l'Iraq ont, en effet, coûté à l'Iran plus ou moins 300.000 morts et 700.000 blessés, ainsi que la destruction de nombreux hôpitaux, usines, ponts, barrages, centrales électriques, installations pétrolières, chemins de fer et écoles. A ces problèmes s'ajoute la dégradation de la situation économique depuis l'avènement de la République islamique: ainsi, entre 1979 et 1990, le P.N.B. a baissé de 15%, la consommation privée de 40%, l'investissement de 65%, tandis que le chômage a augmenté de 40% pendant la même période[30]. La reconstruction économique de l'Iran, après la guerre meurtrière livrée à l'Iraq, et le redressement de la situation sociale nécessitent un apport financier et technologique, que seul l'Occident industrialisé peut fournir. C'est ce qu'a parfaitement compris la direction politique de l'Iran, conduite par le pragmatique Alî Akbar Hashimi Rafsandjani, qui a procédé, dès son avènement au pouvoir, à la recherche d'arrangements limités avec l'Occident.

La République islamique n'en a, toutefois, pas renoncé pour autant à limiter l'influence occidentale dans la région du Golfe et à y jouer un rôle de premier plan.

Depuis l'effondrement de la puissance iraqienne à l'issue de la crise de 1990-1991, l'Iran est redevenu la principale force militaire dans le Golfe. Elle a, dans ce but, mis en oeuvre un programme d'approvisionnement en armes auprès de la Russie qui lui fournit avions, chars, missiles, radars et sous-marins, qui permettent à Téhéran de disposer de la flotte aérienne et maritime la plus puissante et la plus nombreuse de la région. Son armée, en outre, est forte de plus de 500.000 hommes pour l'armée régulière, à laquelle il faut encore ajouter les quelque 170.000 hommes que compte la "garde révolutionnaire" [31].

Fort de ces éléments, l'Iran tend à imposer à l'ensemble de la région ses axes politiques fondés sur quatre principes de base :

1. Le choix des partenaires d'un système de sécurité dans la région du Golfe doit se référer aux liens historiques, religieux et économiques qui leur sont communs.

2. Il est impératif de développer la coopération entre tous les Etats de la région du Golfe.

3. L'Iran rejette catégoriquement toute intervention étrangère, non-musulmane, dans un quelconque système de sécurité régional.

---

[30] HUNTER, Shireen, *Iran and the World, Continuity in a Revolutionnary Decade*, Bloomoington, Indiana University Press, 1990.
[31] MARR, Phebe, "The Persian Gulf after the Storm", in *Riding the Tiger*, op. cit., pp. 116-117.

4. L'Iran refuse de reconnaître un système de sécurité issu de la Déclaration de Damas, dans la mesure où elle implique la participation d'Etats non-riverains du Golfe.

Téhéran a conscience de disposer de certains atouts non négligeables:
- la désintégration de l'ordre de sécurité arabe à l'occasion de la crise d'août 1990 et l'écrasement de l'Iraq laissent, dans la zone du Golfe, un vide que l'Iran, principale puissance régionale, souhaiterait combler;
- elle jouit d'une position géostratégique de première importance dans la mesure où elle constitue la porte qui donne accès à l'Afghanistan, au Pakistan et à l'Asie Centrale, ainsi que le verrou qui protège le Golfe contre toute menace en provenance de l'Orient. En ce sens, l'Iran aurait, dans un système de défense Moyen-Oriental cohérent, à jouer, sur le plan géostratégique, un rôle complémentaire de celui de l'Egypte et de la Turquie.

Toutefois, un système de sécurité régional avec la participation de l'Iran est aujourd'hui inconcevable, dans la mesure où l'activisme islamique de Téhéran constitue toujours une menace de déstabilisation permanente pour les autres Etats du Moyen-Orient. De surcroît, même si le discours s'est assagi, la politique étrangère menée par l'Iran vise toujours à évincer l'Occident du Moyen-Orient, et à faire de l'Iran une base de repli et d'entraînement pour les islamistes adversaires des régimes en place au Moyen-Orient, qu'ils soient laïques à la manière turque ou égyptienne, ou islamiques à la manière de l'Arabie Saoudite. Dans ce contexte, les Etats Unis considèrent comme particulièrement préoccupant le programme de production d'armes de destruction massive, chimiques et nucléaire, auquel semble s'atteler l'Iran. Dans le domaine nucléaire, le Pakistan avait envoyé, en 1987, 30 scientifiques pour former des chercheurs iraniens. Dans la foulée de ces développements, l'Iran signait, avec l'Argentine, un accord portant sur la fourniture d'uranium enrichi destiné à alimenter un réacteur expérimental. Peu après, une équipe iranienne était envoyée en Chine pour y recevoir une formation en technologie nucléaire; de surcroît, ce même pays fournissait un colutron à l'Iran tout au début des années 90[32].

---

[32] MAC KENZIE, Richard, "A Bomb for the Ayatollahs", in *The Middle East*, London, October 1992, p. 23.

Bien que ces développements ne constituent pas en soi un programme nucléaire militaire, nombre d'observateurs, spécialistes en matière d'armement nucléaire, estiment que l'Iran pourrait faire partie du club nucléaire d'ici la fin des années 90. Ce que ne peuvent tolérer ni Israël ni les Etats-Unis. Ces derniers, en vue de dissuader l'Iran de poursuivre sa politique de soutien aux mouvements islamistes et son programme d'acquisition de l'arme nucléaire, ont poursuivi, tout au long de ces dernières années, une politique de boycott économique. Toutefois, leur tentative d'entraîner dans leur sillage les pays de l'Union Européenne et le Japon s'est heurtée aux réticences de ces puissances alliées soucieuses de préserver leurs intérêts dans la région, indépendamment des priorités stratégiques propres à Washington. Ces divergences occasionnent, à ce jour, des frictions importantes entre les Etats-Unis et leurs alliés, qui n'hésitent pas à profiter des dispositions prises par l'administration Clinton pour rafler aux firmes américaines des parts de marché iranien particulièrement juteuses. Dans le même contexte, les efforts déployés par les Etats-Unis pour dissuader la Russie de procéder au transfert de technologie nucléaire en direction de l'Iran semblent n'avoir donné que des résultats mitigés, malgré la dépendance où se trouve Moscou à l'égard de l'aide économique américaine. Au total, malgré les pressions de toutes natures déployées par les Etats-Unis pour amener Téhéran à accepter le jeu sécuritaire planifié à Washington, les dirigeants iraniens ne semblent guère disposés à modifier leurs orientations politiques sur le fond.

C'est pourquoi l'Iran constitue, aujourd'hui, le principal élément fédérateur d'un système de sécurité qui regrouperait, sous le parapluie américain, tous les Etats du Moyen-Orient qui se sentent menacés par la politique de déstabilisation régionale attribuée à l'Iran. Toutefois, la réalisation de ce rassemblement d'Etats arabes du Moyen-Orient autour des Etats-Unis restait hypothétique tant que le conflit israélo-arabe n'a pas trouvé de solution définitive. Ce problème était, d'une part, un sujet permanent de mésentente entre Etats arabes; d'autre part, nombre de régimes arabes pouvaient difficilement faire état d'une totale allégeance aux Etats-Unis, sans s'aliéner totalement leurs opinions publiques, hostiles dans leur ensemble à Washington considéré comme un allié inconditionnel d'Israël, et qui s'obstinait à nier les droits fondamentaux du peuple palestinien. Une redéfinition de leur politique à l'égard du contentieux israélo-palestinien était donc la condition nécessaire à la réalisation de l'architecture sécuritaire élaborée par les Etats-Unis pour le Moyen-Orient.

Israël et sa place dans un système sécuritaire régional

Depuis 1967 surtout, les Etats-Unis s'étaient présentés comme un allié inconditionnel d'Israël; notamment aux Nations unies, où ils avaient systématiquement bloqué toute décision défavorable à l'Etat hébreu, notamment, par l'usage de leur droit de veto au Conseil de sécurité.

Depuis la guerre des six jours, en outre, l'assistance financière des Etats-Unis à Israël se montait à 3 milliards de dollars par an, dont 1 milliard 750 millions de dollars d'aide militaire; une somme qui représente 38% de l'aide américaine à l'étranger[33].

Cette aide, outre celle non moins importante fournie par la diaspora, constituait un apport vital à un budget lourdement grevé par les dépenses militaires considérables nécessitées par l'état de guerre permanent dans lequel vivait l'Etat hébreu.

Toutefois, si les Etats-Unis restaient l'allié privilégié d'Israël au sein de la communauté internationale, des désaccords de plus en plus fréquents se manifestaient entre les deux parties à propos de la politique menée par Jérusalem dans les territoires occupés.

La communauté juive des Etats-Unis, elle-même, commençait à se diviser, depuis 1987, sur la question du soutien à apporter à un gouvernement israélien dont les pratiques répressives étaient de plus en plus jugées excessives.

De fait, la télévision procurait quotidiennement au public des images révélant les brutalités auxquelles se livrait l'armée israélienne sur la population palestinienne, pour mettre fin à l'intifada. De telles révélations avaient fini par diviser le puissant lobby juif,

---

[33] OWEN, Richard, "Israël", in *Tuttle Guide to the Middle-East*, Boston - Rutland, Vernon - Tokyo, 1992, p. 124.

dont une partie commençait à remettre en question le prix à payer pour la réalisation du grand Israël[34].

Les doutes qui commençaient à assaillir une importante partie de la communauté juive des Etats-Unis servaient les desseins de l'administration Bush, qui s'attelait, depuis son installation à la tête de l'Etat, à rééquilibrer ses systèmes d'alliance au Moyen-Orient en vue de réaliser l'architecture sécuritaire projetée par les stratèges du pentagone et de la Maison Blanche. Dans le contexte international de la fin des années 80, qui lui laissait une liberté de manoeuvre quasi totale, l'administration Bush, en l'absence d'une superpuissance concurrente, voyait se dessiner l'opportunité de régler, à sa convenance, les problèmes en suspens au Moyen-Orient; il lui fallait impérativement, dans cette perspective, prendre en compte les souhaits de ses alliés arabes et amener Israël à plus de souplesse politique à l'égard des Palestiniens, de la Syrie et du Liban.

Détail révélateur de l'évolution de la politique américaine à l'égard du Moyen-Orient, les Etats-Unis ont, à plusieurs reprises, voté, au Conseil de sécurité, des résolutions critiques à l'égard d'Israël.

En outre, Washington a exprimé, de manière de plus en plus insistante à la fin des années 80 et dans le courant de l'année 1990, sa désapprobation à l'égard de la politique israélienne dans les territoires occupés, et a qualifié l'expansion des implantations juives en Cisjordanie et à Gaza d'obstacle majeur à l'ouverture de pourparlers de paix israélo-arabes. Durant la même période, le refus du gouvernement Shamir de suivre les propositions présentées par le secrétaire d'Etat, James Baker, en vue de la tenue de pourparlers israélo-palestiniens, fut à l'origine d'une vive tension entre Jérusalem et Washington. Face à l'intransigeance du gouvernement Shamir, l'administration Bush décida une suspension des programmes d'aide et d'assistance militaire en direction d'Israël. Dans le même esprit, les Etats-Unis refusèrent d'apporter leur caution à une demande de prêt israélienne, destiné à financer l'installation d'immigrants russes en Israël.

---

[34] DIECKHOFF, A., *Israël la quête de la paix*, Pouvoirs, n° 72, 1995, p.103; ORR, Akiva, *Israël : Politics, Myths and Identity Crises*, Pluto Press, London, 1994, p. 27.

Sans renoncer à son indéfectible attachement à la survie de l'Etat d'Israël, l'administration Bush entendait faire aboutir, dans les plus brefs délais, son projet de système de défense régional, où Israël est supposé jouer un rôle capital aux côtés de la Turquie et de l'Egypte. Israël représente, en effet, et de loin, la principale puissance militaire du Moyen-Orient, et en tout cas la seule force régionale capable d'assumer des tâches qui, sinon, devraient être prises en charge par les Etats-Unis. Il importait donc pour les Etats-Unis de créer les conditions nécessaires et suffisantes pour favoriser la constitution de cet axe de défense régional pro-occidental et anti-islamiste, vital pour la protection des intérêts américains. Et la principale de ces conditions était d'amener, coûte que coûte, Israël à conclure avec ses voisins arabes des accords de paix semblables à celui conclu avec l'Egypte en 1979, et à faire aux Palestiniens les concessions qui s'imposent en vue d'aboutir à ce résultat. Toutefois, même si cet objectif était atteint dans des délais relativement rapides (3 à 5 ans), une alliance opératoire - consolidée par une coopération économique régionale - entre Israël et les Etats arabes anti-iraniens resterait, à court terme, problématique dans la mesure où les uns et les autres, après plus de quarante-cinq ans d'affrontement, se méfient des intentions réelles de la partie adverse. En outre, dirigeants israéliens et arabes doivent expliquer, à leurs opinions publiques éduquées, les unes, dans la détestation de l'Arabe accusé de vouloir détruire Israël, les autres, dans la condamnation de l'expansionnisme israélien, qu'il est urgent de s'allier pour créer ensemble un système de sécurité commun, alors même que les séquelles de plus de quatre décennies de luttes n'ont pas été effacées.

Il convenait donc de procéder par étapes et de promouvoir, avant tout, entre Israël et ses voisins arabes, des accords de paix, dont les termes seraient acceptables pour toutes les parties, et, tout particulièrement, d'apporter une solution définitive au contentieux israélo-palestinien, qui se trouvait au coeur du conflit israélo-arabe.

C'était là le point de départ essentiel à partir duquel l'administration Bush pouvait espérer insérer, à terme, Israël, comme pierre angulaire du dispositif, dans un système sécuritaire moyen-oriental acquis à la défense d'un ordre régional agencé par, et pour, les Etats-Unis. Dans cette optique, au plan politique, il était indispensable pour les Etats-Unis d'apparaître comme l'unique maître d'oeuvre d'un accord de paix global équitable, de nature à mettre un terme au conflit israélo-arabe qui avait ensanglanté le Moyen-Orient depuis plus de quarante ans. Leur statut de superpuissance s'en trouverait conforté au plan international, tandis qu'au plan régional leur image de marque de seule puissance à avoir été capable d'imposer une solution régionale respectueuse du droit des Arabes s'imposerait tout naturellement aux populations locales, ainsi amenées à accepter les termes d'une pax americana.

C'est dans cette optique qu'il convient d'apprécier les premiers efforts entrepris par James Baker pour amener le gouvernement Shamir à renoncer à l'édification du grand Israël et à repenser le statut de l'ensemble des territoires occupés.

La crise du Golfe, ouverte par l'invasion du Kuwayt par l'Iraq, le 2 août 1990, allait fournir à l'administration Bush une série d'opportunités que celle-ci allait mettre à profit avec une parfaite cohérence.

DEUXIEME PARTIE

LA MISE EN OEUVRE D'UN PROCESSUS DE PAIX AU MOYEN-ORIENT

CHAPITRE III

LES ETATS-UNIS FACE AU PROBLEME DE LA STABILISATION POLITIQUE AU MOYEN-ORIENT

Les Etats-Unis et l'édification d'un nouvel ordre régional

L'intervention de la communauté internationale sur la scène du Moyen-Orient pour procéder à la libération du Kuwayt et à la remise au pas de l'Iraq s'est déroulée selon le scénario préparé par Washington, conformément aux stratégies élaborées par le Pentagone pour faire face aux conflits de moyenne intensité dans des pays du tiers-monde.

A cette occasion, l'administration Bush ne manqua pas de rappeler à l'opinion publique américaine les finalités auxquelles renvoyait son engagement au Moyen-Orient. Le discours prononcé par le secrétaire d'Etat, James Baker, devant la Commission des Affaires étrangères, le 5 septembre 1990, et dont nous avons cité des extraits dans le chapitre précédent, est, à cet égard, un rappel sans équivoque.

D'un bout à l'autre de la crise du Golfe, les Etats-Unis avaient imposé leurs vues et leurs stratégies à l'ensemble de leurs partenaires, tant Européens que moyen-orientaux.

A cet égard, Israël avait, tout au long de la crise, suivi les directives des Etats-Unis, et s'était abstenu d'exercer des représailles contre l'Iraq, dont les missiles causaient, il est vrai, des dégâts peu importants.

Une intervention israélienne contre l'Iraq, à ce moment de la crise, aurait risqué de provoquer un retrait des forces arabes - particulièrement syriennes - privant ainsi les Etats-Unis de la caution arabe à leur intervention au Moyen-Orient.

Israël s'étant tenu coi, Washington devenait son débiteur. En outre, son stoïcisme face aux attaques de missiles iraqiens avait contribué à redorer son image de marque, partiellement ternie par les excès de la répression exercée à l'encontre de l'intifada.

L'administration Bush ne pouvait, toutefois, permettre qu'Israël, par son intransigeance sur le problème des territoires occupés, mette en péril la réalisation du système régional de sécurité. Particulièrement à un moment où les conditions semblaient exceptionnellement favorables à sa mise en oeuvre, et où, de surcroît, la crédibilité des Etats-Unis était en jeu.

L'opération "tempête du désert" avait prouvé aux Etats-Unis qu'ils disposaient de l'outil militaire performant à l'édification duquel ils s'étaient attelés, dans le courant des années 80, en prévision d'interventions rapides et décisives, à longue distance, contre des moyennes puissances du tiers-monde. En outre, la coalition arabe qui s'était groupée autour des Etats-Unis dans le cadre de la force d'intervention internationale, comptait, dans ses rangs, la Syrie, qui manifestait ainsi clairement son souhait de rompre son isolement et d'opérer un rapprochement avec Washington. Selon toute vraisemblance, Hafez al Assad attendait, en échange de sa caution à l'action de la force internationale, un appui de l'administration Bush à ses revendications territoriales concernant le Golan, dans la perspective de l'ouverture de négociations avec Israël.

Pour les Etats-Unis, les nouvelles dispositions d'esprit de la Syrie devaient être rapidement mises à profit pour servir son projet sécuritaire. Il semblait, en effet, que Washington pouvait raisonnablement considérer que la collaboration syro-égyptienne, durant la crise du Golfe, complétée par l'alliance défensive projetée avec les Etats du Conseil de Coopération du Golfe au terme de la signature de l'accord de Damas en novembre 1991, constituait l'ébauche prometteuse de la structure sécuritaire régionale susceptible d'alléger le fardeau financier que représentait pour les Etats-Unis la protection des régimes alliés du Golfe.

Mais, une fois de plus, malgré un contexte favorable, il apparaissait illusoire d'espérer finaliser cette construction en devenir tant que subsistait le contentieux israélo-arabe. Comment imaginer, en effet, l'adhésion de la Syrie à une alliance chapeautée par les Etats-Unis, alors que ceux-ci entretenaient une relation privilégiée avec

Israël, qui continuait à occuper le Golan et le Sud-Liban, et ne proposaient aucune solution acceptable aux yeux des opinions publiques arabes pour résoudre le problème palestinien.

A cet égard, le succès remporté, auprès des masses arabes, par le discours de Saddam Husseyn relatif à la liaison entre la résolution du problème iraqo-kuwaytien et celui du contentieux israélo-palestinien, ainsi que l'hostilité manifestée par ces mêmes populations à l'encontre de l'intervention américaine au Moyen-Orient en septembre 1990-février 1991, furent autant de signaux clairement perçus par l'administration Bush.

L'opération d'envergure menée à l'encontre de l'Iraq posait le problème de la crédibilité des nations occidentales aux yeux des populations arabes - et, plus largement même, de l'ensemble du tiers-monde. Promoteurs de cette véritable croisade pour le respect du droit international et de la défense, en son nom, des Etats les plus faibles, les Etats-Unis et leurs alliés européens se devaient d'adopter impérativement la même attitude à l'égard des autres problèmes en suspens au Moyen-Orient; notamment à propos du Golan, du Sud-Liban, de Gaza et de la Cisjordanie aussi occupés par des troupes étrangères. Faute de faire preuve de la même détermination dans le règlement de ces questions brûlantes, les puissances occidentales encourraient le risque de se voir accusées, non sans raison, de partialité. Aux yeux du monde arabe et du tiers-monde, la défense du droit international devenait, dès lors, un simple prétexte utilisé par les Etats-Unis et l'Europe pour éliminer un adversaire menaçant leurs intérêts économiques.

Pour couper court aux accusations de l'opinion publique arabe de pratiquer une politique de deux poids deux mesures, au Moyen-Orient, le Président des Etats-Unis, George Bush déclara après le succès de l'opération "tempête du désert" qu'une "paix globale doit être basée sur les résolutions 242 et 338 du Conseil de sécurité et sur le principe des territoires contre la paix."[35]

La Maison Blanche donnait ainsi le coup d'envoi à la mise en place, au Moyen-Orient, d'une "pax americana", qui mettait, une fois de plus, en évidence l'incapacité de l'Union Européenne à s'imposer

---

[35] REICH B., "De Bush à Clinton", dans *Les Cahiers de l'Orient*, n° 29, 1993, p. 15; BARON, X., *Proche-Orient, du refus à la paix*, Les documents de référence, Hachette, Paris, 1994, pp. 307-314.

comme une puissance politique sur la scène internationale, et la reléguait, au mieux, au rôle de second couteau dans les espaces politiques qui lui seraient concédés.

Après plusieurs tournées en Arabie Saoudite, en Egypte, en Jordanie, en Syrie, à Moscou et en Israël, le secrétaire d'Etat, James Baker, qui avait rencontré, en outre, les responsables de l'OLP et des personnalités palestiniennes de Cisjordanie et de Gaza, parvint à convaincre ses interlocuteurs de la nécessité de s'asseoir autour de la table des négociations pour aboutir à un règlement équilibré du contentieux israélo-arabe.

Pour la première fois depuis 1948, la diplomatie américaine parvint ainsi à réunir, à Madrid, les 30 octobre et 1 novembre 1991, toutes les parties prenantes au conflit israélo-arabe, à l'exception de l'OLP, dont la présence était récusée par le gouvernement israélien. L'événement, malgré son caractère intensément médiatique, n'apporta aucun élément déterminant dans la voie d'une solution globale du conflit qui opposait l'Etat hébreu à la majorité des Etats arabes et à la population palestinienne.

D'entrée de jeu, le processus de paix apparaît essentiellement aléatoire, dans la mesure où il est abordé avec la plus grande réticence par la partie israélienne, qui détient toutes les clés qui ouvrent la voie au succès ou à l'échec. En fait, le principal facteur, qui rend extrêmement précaire le processus de paix dans la région, réside dans le fait que la conclusion d'une paix globale au Moyen-Orient ne résulte pas d'un choix enthousiaste opéré par des protagonistes convaincus de l'excellence politique et morale de leur démarche, mais par des responsables politiques contraints, bon gré mal gré, d'accepter comme inévitables des solutions imposées de l'extérieur.

Le processus de paix est essentiellement entamé du fait de la volonté des Etats-Unis. Ce sont, en effet, eux qui contraignent Israël - qui garde néanmoins, pour des raisons essentiellement affectives, un statut privilégié particulier - à accepter la perspective d'un échange de territoires contre la paix pour cinq raisons essentielles, qu'il convient de rappeler brièvement ici :
1) en butte à des problèmes économiques et financiers aigus, les Etats-Unis sont de moins en moins en mesure de supporter le fardeau budgétaire que représente le soutien des dépenses militaires de l'Etat hébreu;

2) ses intérêts économiques à court et à moyen terme commande à Washington de donner des gages aux régimes arabes alliés, de plus en plus critiqués par leurs opinions publiques en raison de leur alignement sur un Etat étroitement lié à Israël.

3) les développements positifs du processus de paix devraient amener progressivement les alliés israéliens et arabes des Etats-Unis à rechercher, dans une collaboration économique et militaire, la solution à leurs problèmes de développement et de sécurité, allégeant ainsi les charges de Washington.

4) le fait que les Etats-Unis ne se trouvent plus, depuis la fin de la guerre froide, confrontés à la concurrence d'une superpuissance rivale au Moyen-Orient, leur permet de prendre quelque distance avec Israël[36] et de considérer leur système d'alliance au Moyen-Orient dans une perspective multiforme. Il ne s'agit donc plus, comme au temps de la guerre froide, de maintenir des équilibres globaux ou, mieux encore, d'obtenir un état de déséquilibre positif au plan global, mais de gérer une myriade de tensions, nées du fait que les oppositions à l'ordre international ne peuvent plus s'exprimer au travers d'une superpuissance alternative fédératrice. Aujourd'hui, pour faire face à l'instabilité internationale diffuse, les Etats-Unis, superpuissance désargentée, doivent s'efforcer de mobiliser régionalement des régimes alliés et de les organiser de manière à ce qu'ils puissent maintenir un ordre régional compatible avec les intérêts américains.

5) la stabilisation de la situation politique au Moyen-Orient, traditionnellement perturbée par les rivalités entre Etats de la région, passe par la possibilité de contrôler étroitement l'approvisionnement en armements des pays du Moyen-Orient, principalement les armes de destruction massive. Ce qui nécessite la collaboration de tous les alliés des Etats-Unis dans la région.

---

[36] GERGES, F., op.cit., p. 9.

Israël face aux impératifs d'une paix au Moyen-Orient

Dès la fin de la guerre froide, le gouvernement israélien de M. Yitzhak Shamir a fait l'objet de pressions de la part de la Maison Blanche. Face à l'un des gouvernements israéliens les plus rigides qu'ait connu Israël, l'administration Bush s'est révélée comme l'exécutif le moins inconditionnellement favorable à l'Etat hébreu. Conduire Israël sur la voie des négociations de paix avec les Palestiniens apparut, néanmoins, comme une tâche particulièrement ardue.

Dans un contexte marqué par une succession d'ouvertures diplomatiques de l'OLP, le gouvernement Shamir, pressé par Washington, fut contraint de poser une série de gestes.

Pour les Etats-Unis, les accords de Camp David, signés en 1978, par MM. Begin, Sadate et Carter, constituaient le modèle sur lequel devaient s'aligner les futurs accords de paix israélo-arabes. Lors de sa visite à Washington au mois d'avril 1989, M. Shamir proposa donc à ses interlocuteurs américains un plan de paix se situant dans le prolongement direct des accords de Camp David. Ce plan, adopté par la Knesset, le 15 mai 1989, prévoit l'organisation, en Cisjordanie et à Gaza, d'élections "libres et démocratiques" qui devraient permettre la désignation de représentants palestiniens, habilités à engager, avec le gouvernement israélien, des négociations portant sur la mise en place "d'arrangements intérimaires" valables pour une période transitoire de cinq ans; trois ans après le démarrage des arrangements intérimaires, devaient débuter des négociations destinées à fixer le statut final des Palestiniens de Cisjordanie et de Gaza[37]. Dans l'esprit du gouvernement Shamir, il s'agissait bel et bien de discuter du statut des personnes et non du territoire. Sur ce plan, le Premier ministre fut on ne peut plus clair. "Nous ne donnerons pas aux Arabes un pouce de notre terre, même si nous devons discuter dix ans", déclare-t-il publiquement. Dans le même discours, il exclut toute discussion avec l'OLP, ainsi que la création d'un Etat palestinien[38]. Il reste ainsi fidèle à une ligne de conduite que n'a cessé de suivre le Likoud depuis son accession au pouvoir sous la di-

---
[37] *International Herald Tribune*, May 17, 1989.
[38] *Le Monde Diplomatique*, juin 1989.

rection de M. Menahem Begin : Israël doit conserver la maîtrise de l'administration de la terre, des ressources en eau, des communications, des relations extérieures, des importations, des exportations et de la sécurité en Cisjordanie et à Gaza. Les finalités de la politique poursuivie par le Likoud et les formations religieuses comprises dans son système d'alliance visent, par l'extension continue des implantations juives dans les territoires occupés, à inciter la population palestinienne à émigrer, voire à opérer son "transfert", de manière à aboutir, à terme, à la judaïsation de la "Judée-Samarie" et à l'annexion à l'Etat d'Israël de ces régions. C'est dans ce sens qu'il faut comprendre le droit de veto que s'arroge le gouvernement Shamir en ce qui concerne la teneur du statut final de la Cisjordanie et de Gaza.

C'est aussi ce que semble avoir compris la Maison Blanche. Aussi, dans un discours prononcé devant le congrès du lobby juif, groupe appartenant à l'American Israel Public Affairs Committee (AIPAC), James Baker, faisant preuve d'une fermeté inusitée de la part d'un exécutif américain, signifiait au gouvernement israélien la volonté des Etats-Unis de voir le statut d'autonomie provisoire prévu par le "plan Shamir", déboucher impérativement sur l'élaboration d'un statut définitif acceptable pour les territoires occupés. Dans cet esprit, James Baker, tout en se déclarant disposé à reconnaître le droit d'Israël à assurer sa sécurité, dénonçait la "vision irréaliste du grand Israël" et préconisait impérativement l'abandon de la colonisation juive en Cisjordanie et à Gaza, ainsi que la réouverture des écoles palestiniennes fermées depuis le déclenchement de l'intifada[39]. Ces prises de position de Washington contribuèrent à rassurer un tant soit peu ses alliés arabes, qui, en accord avec l'ensemble des pays arabes présents, avaient rejeté le "plan Shamir", au mois de mai au sommet des chefs d'Etat à Casablanca, auquel les Arabes avaient opposé une proposition fondée sur les résolutions 242 et 338 du Conseil de sécurité.

La période qui s'étend de juillet 1989 à mars 1990 est marquée par deux événements importants : la rupture des contacts entre les Etats-Unis et l'OLP, et la prise de position malheureuse de l'OLP dans la crise du Golfe.

Si le premier fait n'a qu'un impact relatif sur la position internationale de l'OLP, le second a pour effet de compromettre le sou-

---

[39] *International Herald Tribune*, May 31, 1989.

tien et le financement du monde arabe à l'OLP, qui se trouve considérablement affaibli face à Israël, dont le comportement, tout au long de la crise, avait été hautement apprécié par la communauté internationale.

Outre le fait qu'ils soulignaient la précarité fondamentale de la situation des Palestiniens, ces événements mettaient aussi en lumière les aspects essentiels de la politique américaine au Moyen-Orient.

Dès la fin de la campagne de libération du Kuwayt, l'administration Bush profite des opportunités du moment pour relancer ses tentatives de normaliser les relations israélo-arabes, en mettant le problème palestinien, principale pomme de discorde entre Israël et les Etats-Unis, entre parenthèses. Cette orientation est favorisée du fait de la volonté des Etats arabes du Golfe de mettre hors jeu l'OLP coupable d'avoir soutenu les prises de position de Saddam Husseyn à propos du règlement de tous les problèmes en suspens au Moyen-Orient.

L'organisation d'une conférence régionale qui mettrait un terme au conflit israélo-arabe, sans se heurter à l'obstacle insurmontable que constitue, aux yeux d'Israël, le soutien à l'autodétermination du peuple palestinien, semblait apparaître, à cette époque, comme une perspective éminemment séduisante pour Washington. L'administration Bush pouvait espérer voir son projet de système sécuritaire régional se mettre en place, sans altérer les relations privilégiées traditionnellement entretenues par Les Etats-Unis avec l'Etat hébreu. Il apparut alors que le sort des Palestiniens ne préoccupait l'administration Bush que dans la mesure où son règlement conditionnait la réalisation de ses objectifs géostratégiques.

Pour le Likoud et les partisans de la formation du grand Israël, "la position israélienne a rarement été à ce point dominante aux Etats-Unis même: dans la presse, les éditorialistes se font les propagandistes systématiques des thèses du Likoud; au Congrès, les requêtes israéliennes sont satisfaites avec beaucoup d'empressement. Grâce à la guerre du Golfe, l'Etat hébreu a considérablement étendu le champ de ses amitiés au Congrès... Le porte-parole de fait du lobby israélien, M. Stephen Solarz, élu de New York, a vu croître son influence au sein du Parti démocrate, à la Chambre des représentants et à la Maison Blanche... Les retombées financières n'ont pas tardé. Nimbé de l'auréole que lui ont value ses sacrifices et sa retenue dans la guerre du Golfe, Israël a présenté la note aux Etats-Unis : 13 milliards de dollars. Ce qui est tout de même beaucoup pour loger des immigrés soviétiques au Moyen-Orient... En février 1991, 400 millions de dollars ont été débloqués, une somme que le ministre israélien de l'immigration jugea aussitôt très insuffisante. En mars, 650 millions de dollars supplémentaires servirent à compenser les coûts israéliens de la guerre... . Ces montants s'ajoutent bien sûr aux 3 milliards de crédits non remboursables qu'Israël reçoit chaque année des Etats-Unis"[40]. A ce pactole, vient s'ajouter - preuve du soutien international aux positions adoptées par le gouvernement Shamir - la garantie offerte par Paris pour un contrat de 500 millions de dollars destinés à favoriser l'installation de juifs soviétiques en Israël[41].

La position dominante d'Israël, face à l'OLP, est, de surcroît, devenue d'autant plus forte sur le plan international, que la solidarité arabe, à peine reconstituée en 1989, avait volé en éclats à l'occasion de la crise du Golfe, et que la dépendance des Etats de la région à l'égard des Etats-Unis s'est approfondie à l'occasion de cet événement.

Toutes ces données furent exploitées à fond par le gouvernement Shamir. L'administration Bush parvint à mettre sur pied son projet de Conférence de paix destinée à résoudre le conflit israélo-arabe, mais elle le fit aux principales conditions posées par le Premier ministre israélien. La conférence ne se déroula pas sous l'égide des Nations unies, invitées, ainsi que l'Europe, au seul titre d'observateurs; l'OLP, quant à elle, en fut exclue. Les dispositions du droit international fixées par l'O.N.U., qui proclament la condamnation de l'acquisition de territoires par la force, ainsi que la colonisation et les excès de la répression exercée contre la population palestinienne ne constituèrent même pas une base des discussions israélo-arabes.

Toutefois, même ainsi, il fallut toute la fermeté dont pouvait faire preuve la Maison Blanche pour amener le gouvernement israélien à accepter de s'asseoir à la table des négociations, "sans conditions préalables" pour reprendre ses termes.

En septembre 1991, en réponse aux sollicitations de Washington, M. Yitzhak Shamir, appuyé par l'aile droite majoritaire dans la majorité au pouvoir, déclarait péremptoirement que tous les territoi-

---

[40] *Le Monde Diplomatique*, mai 1981.
[41] *The Jerusalem Post*, June 1991.

res conquis appartenaient à Israël, et que les Juifs s'y implanteraient partout où ils le jugeaient bon[42]. Ces vues étaient explicitement appuyées par des membres influents du Likoud, comme M. Ze'ev Binyamin Begin, pour lequel les Juifs avaient "des droits historiques et des droits naturels acquis il y a quatre mille ans en Judée, Samarie et Gaza, comme cela est attesté par le document politique appelé la Bible"[43]. C'est encore le Premier ministre israélien qui proclame, appuyé par M. Yitzhak Rabin, chef de file du Parti travailliste, haut et fort en juillet 1991, qu'Israël ne rendra même pas un mètre des hauteurs du Golan[44]. Ce blocage, dans la mesure où il concernait le Golan et le Sud-Liban, dépassait le cadre du problème palestinien et avait pour conséquence d'éloigner de la table des négociations des Etats comme la Syrie, qui avaient participé à la coalition anti-iraqienne et représentaient un élément difficilement contournable dans la formation d'un système sécuritaire régional opératoire. En outre, face à l'intransigeance israélienne, un relatif rapprochement des chefs d'Etats arabes, accompagné d'une reprise du dialogue avec l'OLP, s'était opéré en vue de la tenue de la future conférence de paix. C'est pourquoi, l'administration Bush, prenant acte des réactions d'exaspération grandissante des Etats arabes modérés, qui ont consenti 90% des gestes de conciliation en vue de la tenue d'une conférence de paix, retrouva le ton de la fermeté et multiplia les pressions sur le gouvernement Shamir. Parmi les mesures adoptées pour amener celui-ci à ses vues, le président George Bush n'hésita pas à provoquer une crise majeure entre le gouvernement israélien et celui des Etats-Unis, en demandant au Congrès de suspendre pour 4 mois la décision d'octroyer sa garantie pour le prêt de 10 milliards de dollars demandé par Israël pour financer l'installation d'immigrés juifs de Russie[45]. Il n'empêche que, loin d'arrêter l'implantation de colonies juives dans les territoires occupés, comme le demandaient impérativement les Américains, le gouvernement israélien a poursuivi sa politique de peuplement juif en Judée et Samarie en y offrant des terres gratuites aux Israéliens qui souhaitent s'y établir; ainsi, dans le courant de l'année 1991, 80 km² ont déjà été confis-

---

[42] *Le Monde*, 26 septembre 1991.
[43] *Le Monde Diplomatique*, novembre 1991.
[44] idem.
[45] *International Herald Tribune*, 16 et 25 septembre 1991.

qués. Et l'on prêta au gouvernement Shamir l'intention de faire d'une série de zones à fort peuplement arabe, des régions majoritairement peuplées de juifs[46].

Dans son intransigeance à propos de la présence juive dans les territoires occupés, M. Shamir représentait incontestablement les aspirations d'une majorité de l'opinion publique israélienne à ce moment là. Selon un sondage réalisé avant la conférence de Madrid, 68% d'Israéliens étaient défavorables à la cession des territoires occupés en échange de la paix[47]. A la lecture de ses réactions, il semble qu'une majorité de la population israélienne se soit installée durablement dans une perspective de confrontation permanente avec les Etats arabes, et avait accepté l'idée de vivre en permanence avec l'intifada. Pour garantir sa sécurité, elle compte exclusivement sur sa puissance militaire et sur la pérennité de sa supériorité logistique, technologique et scientifique; toute idée d'accommodement avec les Palestiniens est alors considérée comme irréaliste dans le contexte de l'époque. En outre, le sentiment de défendre un dû, historiquement et religieusement établi, est largement répandu. A cet égard, il convient de rappeler que ce sentiment n'est pas seulement l'apanage de la droite et des partis religieux, mais est aussi partagé par de larges segments de la gauche israélienne. Faut-il rappeler, à ce propos, la répression impitoyable dont M. Yitzhak Rabin, ministre de la Défense, de 1988 à 1990, dans le gouvernement d'union nationale dirigé par M. Yitzhak Shamir, avait été l'un des promoteurs les plus convaincus. Dans le monde politique israélien, les partisans d'une solution négociée avec les Arabes, comprenant la restitution des territoires occupés en échange de la paix, forment un cercle minoritaire, regroupés, au sein du Parti travailliste, autour de M. Shimon Pérès, l'un des seuls hommes politiques de premier plan à avoir développé une vision politique cohérente de l'avenir d'Israël dans un Moyen-Orient pacifié.

Dans le contexte de l'après crise du Golfe, la position du camp de la paix s'est toutefois sensiblement renforcée dans la société israélienne à la fin des années 80. Suite aux excès commis par les forces de l'ordre engagées dans la répression de l'intifada, on a assisté à la naissance d'un foisonnement de mouvements destinés à se-

---

[46] *International Herald Tribune*, October 12, 1991.
[47] OWEN, Richard, "Israel", *Tuttle Guide to the Middle East*, op.cit., p. 127.

courir les victimes palestiniennes des mesures punitives et à défendre les Israéliens refusant le service militaire dans les territoires occupés. Fait caractéristique, le mouvement la Paix Maintenant s'est considérablement renforcé depuis 1988 et a développé une campagne en faveur de l'ouverture d'un dialogue avec l'OLP, après que le Conseil National Palestinien ait décidé le 23 novembre 1990, d'accepter les résolutions 242 et 338 de l'O.N.U., tout en répudiant le terrorisme. Une évolution semblable s'est manifestée dans les partis de la gauche sioniste, dont une partie de l'aile gauche du parti travailliste, dirigée par M. Pérès, ont adopté une position commune prévoyant l'ouverture de négociations avec l'OLP, l'évacuation des territoires occupés et l'autodétermination du peuple palestinien. A cette mouvance pacifiste, il convient d'ajouter le Centre international pour la paix au Moyen-Orient, présidé par Monsieur Abba Eban, également favorable au dialogue avec l'OLP. Enfin, fait particulièrement marquant, quelque deux cents officiers supérieurs se sont rassemblés au sein d'un Conseil pour la paix et la sécurité pour prôner la rétrocession de la plupart des territoires occupés depuis 1967, moyennant l'obtention de garanties de sécurité pour Israël[48].

Toutefois, même si l'on tient compte d'un renforcement généralisé des mouvements favorables à la paix et au droit des Palestiniens à s'autodéterminer, le camp de la paix reste minoritaire en Israël, au moins jusqu'à la veille de la conférence de Madrid. Aux élections de 1988, la droite - et tout particulièrement les partis religieux d'extrême droite - avait encore progressé tandis que se poursuivait l'érosion du parti travailliste. Une majorité de l'opinion publique ne trouve d'assurance pour son avenir que dans la supériorité militaire et la fermeté à l'égard du monde arabe, considéré comme irréductiblement hostile à l'existence d'Israël. En fait, il apparaît à l'analyse qu'une majorité de l'opinion publique, en Israël, a une vision du monde essentiellement statique et ne perçoit en aucune manière les changements profonds qui ont affecté l'environnement international et, par voie de conséquence, la vision d'une majorité de dirigeants arabes sur la redéfinition de leurs orientations politiques en matière de relations internationales. Sans être majoritairement composée de jusqu'au-boutistes, la majorité de l'opinion publique, mue par un sentiment d'inquiétude quant à l'avenir d'Israël dans un environne-

---

[48] *Le Monde Diplomatique*, juin 1989.

ment considéré comme irréductiblement hostile, offre au gouvernement Shamir une assise confortable pour la conduite de sa politique à l'égard monde arabe et de la question palestinienne. C'est donc dans un climat défavorable que les Etats-Unis abordaient l'épreuve de force qui les opposait au gouvernement israélien.

Sans aller jusqu'à remettre en question le versement annuel de l'aide américaine de 3 milliards de dollars - ce qui constituait un aveu de faiblesse - l'administration Bush, en maintenant ses pressions et son refus de garantir le prêt demandé par le gouvernement israélien, parvint, néanmoins, à obtenir son accord pour la tenue d'une conférence de paix pour le Moyen-Orient, fixée à la fin du mois d'octobre 1991.

Le gouvernement israélien a donc été contraint d'accepter la perspective de négociations de paix dans les conditions - certes limitées par l'intransigeance israélienne - fixées par les Etats-Unis, non par conviction mais sous la pression des événements. La participation d'Israël à la conférence de Madrid, et ses développements, eurent pour conséquence d'accroître la perplexité du corps social israélien, qui avait à opérer des choix entre les trois options globales sur lesquelles se définissaient les forces politiques en présence :

1) Pour les uns, il convenait de garder Gaza et la Cisjordanie au risque de voir Israël devenir à terme un Etat biethnique, avec une population arabe formant une sous-classe, source d'instabilité permanente, dont la progression démographique dépassait sensiblement l'accroissement de la population juive.

2) Pour d'autres, il convenait de se débarrasser au plus vite de la plupart des territoires occupés en 1967, pour préserver le caractère juif de l'Etat d'Israël et débarrasser le pays d'un poids budgétaire de plus en plus difficile à supporter.

3) Pour une tendance minoritaire au sein d'Israël, il fallait sauvegarder Eretz Israël et assurer le caractère juif des territoires occupés par voie de colonisation, en encourageant, voire en provoquant, le départ des Arabes palestiniens. Pour minoritaire qu'elle soit, cette tendance pesait néanmoins d'un poids non négligeable dans le gouvernement Shamir, et y trouvait un support appréciable du côté des faucons du Likoud, conduits, entre autres, par Ariel Sharon. Ce type de solution faisait néanmoins reculer une certaine partie de la majorité de droite qui soutenait le gouvernement Shamir, en raison de la réprobation

internationale que pouvait entraîner son exécution.

Dans ce contexte perturbé, marqué par la dérive à droite de la société israélienne et par sa polarisation sur le problème posé par l'engagement ou non du pays dans la voie d'une solution négociée avec les Palestiniens, il était prévu qu'Israël aurait à absorber, dans le courant des années 90, plus ou moins un million d'immigrants d'Union Soviétique. Cette immigration massive était considérée, par une majorité de responsables politiques israéliens, comme une réponse à l'accroissement démographique des Palestiniens. La nécessité de caser cet accroissement de nouveaux résidents juifs devenait alors un argument de poids pour les partisans de Eretz Israël. Pour les hommes politiques comme M. Shimon Pérès, partisans de la méthode d'échange de terres contre la paix, cet accroissement posait un problème éminemment préoccupant[49], tout particulièrement lorsqu'ils auront à se déterminer sur l'avenir des implantions juives dans les territoires occupés.

Les Etats arabes et l'impasse du conflit israélo-arabe

Tandis que la société israélienne voit s'accroître ses divisions à mesure que se précisent des perspectives de paix, le monde arabe table essentiellement sur la dynamique de paix mise en marche par les Etats-Unis pour restaurer, au moins, une ébauche de solidarité arabe fortement compromise par la crise du Golfe de 1990-1991.

Pour les Etats arabes, en état d'infériorité militaire, il importait de régler, à l'aube des années 90, leur contentieux avec Israël dans des conditions acceptables pour leurs opinions publiques de plus en plus critiques, afin de pouvoir consacrer leurs énergies à l'élaboration de solutions à leurs problèmes internes de plus en plus aigus. On assistait, en effet, dans le monde arabe, à la fragilisation des régimes autoritaires suite aux effets conjugués de la crise économique, du développement de la contestation islamiste et de la demande croissante de libéralisation politique. La position des régimes arabes

---

[49] QUANDT, William, "The arab-Israeli Conflict in the 1990s : Prospects for a Settlement", in *Riding the Tiger*, op. cit., 1993, pp. 92-93.

est devenue d'autant plus vulnérable que la chute des revenus du pétrole a eu des répercussions dramatiques, non seulement sur les disponibilités financières des Etats pétroliers, mais aussi sur les budgets d'Etats comme l'Egypte, la Syrie, la Jordanie, le Liban, le Soudan, sans parler de l'OLP, habitués à surnager grâce aux aides distribuées par les pétromonarchies.

Pour faire face aux divers facteurs déstabilisants qui affectaient l'ensemble du Moyen-Orient, il était impératif pour les Etats arabes de retrouver, dans les années 90, l'état d'esprit qui avait animé la Conférence de Casablanca réunie au mois de mai 1989 : à l'occasion de cette manifestation, le monde arabe avait retrouvé une ébauche de solidarité autour du problème palestinien et du plan de paix formulé par l'OLP qui préconisait la tenue d'une conférence internationale sur la base des résolutions 242 et 338 du Conseil de sécurité et de la reconnaissance du droit des Palestiniens à l'autodétermination et à la création d'un Etat indépendant.

L'enjeu était particulièrement important pour l'Egypte, qui, après avoir fait, de 1979 à 1990, figure de traître à la cause arabe pour avoir conclu les accords de Camp David et avoir signé une paix séparée avec Israël, fait à présent figure de précurseur. Toutefois, si aujourd'hui la majorité des Etats arabes penche pour la conclusion d'une paix calquée sur le modèle de celle conclue entre l'Egypte et Israël en 1979, il reste évident que ni le président Anwar al Sadate ni, à ce jour, le président Moubarak, n'ont réussi à convaincre les gouvernements israéliens, qui se sont succédé de 1977 à 1991, à mettre en application le volet des accords de Camp David relatifs à l'autonomie palestinienne, ni à obtenir, pour les Palestiniens, un statut honorable. La dégradation constante des conditions d'existence des Palestiniens avait entraîné une désaffection croissante d'une partie importante de l'opinion publique à l'égard des accords conclus par le président Sadate. A mesure que l'occupation israélienne en Cisjordanie se prolongeait et s'accompagnait d'une dépossession progressive de terres palestiniennes au profit de colons israéliens, l'alliance de l'Egypte avec les Etats-Unis, perçus comme un allié inconditionnel d'Israël, ainsi que la paix conclue avec l'Etat hébreu apparaissaient à l'opinion publique égyptienne comme une trahison à l'égard du peuple palestinien, dont les droits fondamentaux continuaient à être ignorés par Israël. Certes, l'Egypte - surtout depuis sa réinsertion dans la Ligue arabe en 1989 - pouvait faire état du rôle qu'elle avait pu jouer dans l'établissement d'un dialogue entre l'OLP et les Etats-Unis, ainsi que la fonction de courroie de transmission qu'elle assumait entre, d'une part, les Etats arabes et Israël, et d'autre part, entre Palestiniens et responsables politiques israéliens. Toutefois, son rôle dans le rapprochement américano-palestinien restait relativement aléatoire, comme l'avait démontré la rupture du dialogue entre les deux parties en 1990; quant à son action dans le sens d'un échange de vue israélo-palestinien par Egypte interposée, elle favorisait sans doute des contacts plus que discrets entre Palestiniens et personnalités israéliennes favorables à une paix négociée, mais ne débouchait sur aucun résultat concret. Par contre, comme intermédiaire entre Etats arabes et Israël, l'Egypte pouvait considérer qu'elle avait joué un rôle non négligeable dans la préparation d'une conférence de paix[50]. Toutefois, ces succès relatifs de la diplomatie égyptienne et l'approfondissement des liens avec Israël ne concernent, en réalité, que l'establishment égyptien; la majorité de la population - surtout la frange gagnée aux courants islamistes - reste irréductiblement opposée à Israël, qui lui apparaît exclusivement comme une puissance militaire expansionniste, occupant illégalement des terres arabes[51]. Tout en maintenant intactes, avec les Etats-Unis, les bonnes relations que commandent sa dépendance économique à l'égard de l'Occident, l'Egypte devait mettre en évidence les réserves qu'elle émettait à propos de la politique israélienne dans les territoires occupés. Elle ne pouvait, en effet, pour des raisons relevant de l'état des relations inter-arabes autant qu'internes, donner l'impression de brader les droits des Palestiniens à l'établissement d'un Etat. Dans ce contexte, la situation de paix froide qui présidait aux relations israélo-égyptiennes risquait fort de se transformer en guerre froide, en cas de refus persistant de l'Etat d'Israël d'accepter la tenue de négociations israélo-arabes sur toutes les questions pendantes entre les parties. Une telle perspective n'était acceptable, ni pour les Etats-Unis, pour lesquels l'Egypte reste un partenaire essentiel pour son projet d'architecture sécuritaire régio-

---

[50] idem, p. 103.
[51] Opinions recueillies, en octobre 1991 auprès d'un échantillon de 300 personnes : professeurs d'Université, étudiants, fonctionnaires, commerçants et cent personnes rencontrées dans des quartiers populaires.

nal, ni pour l'Egypte, qui ne pouvait mettre en danger son alliance privilégiée avec les Etats-Unis, dont l'assistance économique lui est indispensable.

*
* *

La Jordanie, en proie à des difficultés économiques accrues depuis la perte du soutien financier des Etats du Golfe, en raison de sa position lors de la crise du Golfe, attend de la signature d'un accord de paix avec Israël un accroissement de l'aide américaine et un incitant à ses activités économiques par la conclusion d'accords de coopération économique avec Israël. En outre, la poursuite du grignotage, par les colons israéliens, de terres palestiniennes et le risque de voir ce processus déboucher, à terme, sur un exode massif de Palestinien constituaient autant de perspectives menaçantes pour la stabilité du royaume hachémite. Si l'on tient compte de l'élément d'instabilité politique que constitue la perpétuation du contentieux israélo-palestinien, du fait de la nature de la population du royaume, il apparaît que, plus que tout autre, le roi Husseyn avait intérêt à voir se développer des pourparlers de paix qui donneraient aux Palestiniens l'Etat qu'ils réclamaient à Gaza et en Cisjordanie, avec Jérusalem-Est comme capitale, ainsi que les instruments économiques qui leur fourniraient des moyens de subsistance minimum.

*
* *

Par rapport aux autres Etats limitrophes d'Israël, la position de la Syrie apparaît plus réservée à l'égard de la perspective de conclure des accords de paix avec Israël, dans la mesure où, à la différence des deux Etats cités plus haut, il existe entre elle et l'Etat hébreu un contentieux territorial d'une importance stratégique capitale, qu'elle n'est pas assurée de pouvoir régler à son avantage.

Depuis la perte de l'aide soviétique, la Syrie a dû renoncer à tout espoir d'atteindre une parité stratégique avec Israël. Plus que jamais, dans le courant des années 90, la Syrie apparaît comme un Etat politiquement et économiquement fragile. Elle reste, néanmoins, sur les plans politique et stratégique, un élément incontournable pour aboutir à la pacification du Moyen-Orient et à l'édification d'une architecture sécuritaire régionale efficace.

Conscient de cet atout, le président Hafez al Assad, pragmatique, a favorisé une politique de rapprochement avec les Etats-Unis. On le vit ainsi se rallier à la coalition anti-iraqienne lors de la crise du Golfe, contribuant ainsi à l'affaiblissement de son rival ba'thiste tout en acquérant, avec la bénédiction américaine, une nouvelle respectabilité aux yeux de la communauté internationale.

Par ce repositionnement sur l'échelle moyen-orientale, la Syrie se voyait reconnaître implicitement un droit de regard sur la situation au Liban, et pouvait compter sur une relative compréhension américaine à l'égard de ses positions dans la perspective de négociations d'accords de paix avec Israël.

La Syrie sait qu'elle ne peut espérer récupérer le Golan par voie d'une confrontation militaire. Elle n'ignore pas, non plus, qu'Israël est hostile à la restitution des hauteurs du Golan, dans la mesure où cette zone est considérée, par Jérusalem, comme une réserve d'eau indispensable et un emplacement stratégique capital pour la sécurité d'Israël. Mais Damas peut entretenir un climat de tension dans la région en constituant une base arrière et un centre d'accueil pour des mouvements radicalement hostiles à Israël, comme, entre autres, le Hamas, le FPLP (Front Populaire de Libération de la Palestine), le FDLP (Front Démocratique de Libération de la Palestine), pour la mouvance palestinienne, ou le Hezbollah pour le Liban; elle peut aussi entretenir un climat d'insécurité permanente pour les Israéliens en tolérant des opérations armées limitées, conduites, à partir du Liban, par des mouvements de résistance à l'occupation israélienne au Sud-Liban. La Syrie fait ainsi la démonstration du rôle incontournable qu'elle joue dans la stabilisation de la région, laquelle n'est envisageable qu'à la condition de satisfaire à ses exigences territoriales, à savoir : l'évacuation du Golan et du Sud-Liban par Israël en échange de la paix. Pour Damas, la récupération des territoires syriens annexés par l'Etat hébreu, constitue un enjeu de politique intérieure considérable, de nature à redonner un surcroît de légitimité à un régime sans grande assise populaire.

Sur le plan arabe, la Syrie a vu sa position se fortifier depuis la crise du Golfe. En se rangeant "du bon côté", la Syrie a reçu une aide financière substantielle des Etats arabes du Golfe. En outre, intransigeante dans son approche d'une solution négociée avec Israël, la Syrie se pose en défenseur de la cause palestinienne et de la dignité arabe. Ainsi la Syrie, appuie-t-elle, toujours, au lendemain de la crise du Golfe, les mouvements palestiniens les plus radicaux, et subordonne-t-elle catégoriquement sa participation à une troisième phase du processus de paix - déjà projetée par l'administration Bush avant même l'aboutissement de la première phase! - portant sur la création d'une commission israélo-arabe chargée de régler les problèmes communs de l'eau et de la course aux armements, à l'obtention de garanties sérieuses à propos de l'avenir du Golan[52]. C'est dans cet esprit que la Syrie se prépare à entrer, conformément aux voeux de l'administration Bush, dans le processus de négociations directes que doit inaugurer la conférence de Madrid, et qui doit se poursuivre, dans une deuxième phase, au cours de négociations bilatérales entre Etats de la région.

Dans la perspective d'un accord de paix globale, la position de la Syrie doit avoir valeur d'exemple déterminant pour plusieurs Etats arabes mis, comme elle, en difficulté par la perte du soutien soviétique et désireux de trouver comme elle une sortie honorable - et payante - de l'impasse où se trouve engagé le conflit israélo-arabe. C'est à ce titre que la Syrie apparaît, aux yeux des responsables politiques américains, comme un interlocuteur à ménager, et dont l'avis doit être pris en compte pour le règlement du conflit israélo-palestinien.

Le parcours hasardeux de la résistance palestinienne

Les Palestiniens viennent à la conférence internationale voulue par les Etats-Unis dans un état de faiblesse manifeste, contraints d'accepter à peu près n'importe quoi dans l'espoir de préserver une hypothétique survie de l'identité palestinienne.

On est loin, en effet, de la fin des années 60 où les mouvements de résistance palestiniens s'étaient regroupés au sein de l'OLP, dans la perspective d'une reconquête par les armes de la patrie palesti-

---

[52] *Le Monde Diplomatique*, novembre 1991.

nienne occupée. Après avoir uniquement compté, dans les années 50 et 60, sur les Etats arabes pour recouvrer, par les armes ou les voies diplomatiques, un Etat en Palestine, les Palestiniens décidaient, après la cuisante défaite des armées arabes de juin 1967, de ne compter que sur leurs propres forces et de constituer des unités combattantes. En 1968, l'OLP fait voter la Charte Nationale Palestinienne, qui préconise la poursuite de la lutte armée jusqu'à la disparition de l'Etat d'Israël et son remplacement par un Etat palestinien laïque où cohabiteraient Palestiniens et Juifs. Le Fatah, fondé, en 1959 au Kuwayt par M. Yasser Arafat et quelques fidèles, devient la force dominante de l'OLP, fondé en 1964 au Caire. En 1968, le président de l'OLP, Ahmed Shouqayri, est poussé à la démission. En 1969, il est remplacé par Yasser Arafat, élu au cours de la 5e réunion du Conseil National Palestinien. Le nouveau président s'efforcera dès son entrée en fonction de secouer la tutelle des Etats arabes et d'assurer l'autonomie de mouvement de l'exécutif palestinien.

Aux enthousiasmes des débuts succédèrent rapidement les déboires : le septembre noir de 1970, qui vit les combattants palestiniens remis au pas par l'armée jordanienne et le repli sur le Liban; les Etats arabes désireux de maintenir leur tutelle sur le mouvement palestinien jouent de ses rivalités internes et contribuent à l'affaiblir; l'invasion israélienne au Liban en 1982 met en lumière la faiblesse militaire des Palestiniens, et fait voler en éclats les infrastructures politiques et sociales de l'OLP qui se voit contrainte de s'expatrier en Tunisie.

Ce déplacement, loin de la terre de Palestine, aura un double effet négatif sur l'OLP : la direction de la résistance palestinienne se retrouve éloignée de plusieurs milliers de kilomètres du champ de bataille et coupée de son peuple; elle n'est plus physiquement liée à la lutte armée aux frontières de la "patrie palestinienne".

A mesure que se confirme l'impossibilité d'aboutir à la création d'un Etat palestinien par la voie des armes, M. Yasser Arafat donnera la priorité à l'action diplomatique. Cette évolution, qui s'impose à l'OLP, malgré l'opposition résolue d'une minorité d'organisations radicales, comme, entre autres, Le FPLP et le FDLP, est le produit d'une approche pragmatique de l'évolution des relations internationales. En effet, l'Union Soviétique met un terme, dès 1987, à la confrontation avec le bloc occidental; en corollaire elle réduit drastiquement son aide militaire à ses alliés arabes, ainsi qu'à l'OLP, et les pousse uniquement à rechercher une solution politique au contentieux qui les oppose à Israël. Privée du support soviétique, l'OLP doit abandonner définitivement tout espoir de pouvoir inquiéter militairement Israël. Sa position sur le plan international devient d'autant plus précaire que le problème palestinien passe au second plan des préoccupations du monde arabe, comme en témoignent les débats du sommet arabe d'Amman de novembre 1987[53]. L'action diplomatique de l'OLP va donc cibler prioritairement l'ouverture d'un dialogue avec les Etats-Unis, qui, plus que jamais, sont la seule puissance à pouvoir imposer une solution négociée au conflit israélo-arabe. Dans cette démarche, l'OLP va se heurter, jusqu'en 1989, à une fin de non-recevoir de la part de Washington, aligné sur la position israélienne de non-reconnaissance de la Centrale palestinienne, qualifiée d'organisation terroriste.

M. Yasser Arafat et l'OLP seront sauvés de la marginalisation progressive, à laquelle les condamne leur incapacité à faire évoluer la situation des territoires occupés par Israël, grâce au déclenchement de l'intifada.

Le soulèvement de la population palestinienne, en décembre 1987, en Cisjordanie et à Gaza, est un mouvement populaire spontané dirigé contre l'occupation israélienne. L'objectif affirmé de la révolte, où se trouvent rassemblés des jeunes gens de toutes les classes sociales, est de mettre un terme à l'appropriation continue des ressources naturelles par les colons juifs et d'obtenir la création d'un Etat palestinien.

L'intifada devint, dès ce moment, le moyen par lequel le peuple palestinien se fit l'acteur de son devenir et entreprit de définir son avenir politique de manière autonome.

Une fois de plus, des Etats arabes concurrents tenteront de récupérer le mouvement et de prévenir l'émergence d'un leadership local. Les meneurs de jeu locaux déjouèrent habilement cette tentative de récupération en plaçant leur action sous la bannière de l'OLP

---

[53] HUDSON, Michael C. dir., "New Middle East Realities", in *The Palestinians : New Directions*, Center for Contemporary Arab Studies, Georgetown University, Washington DC, 1990, p. IX.

reconnue par la majorité de la population comme seul représentant légitime du peuple palestinien.

Légitimés par la volonté exprimée par la majorité de la population des territoires occupés, M. Yasser Arafat et ses proches collaborateurs bondirent sur l'occasion qui leur était ainsi offerte pour relancer leur action sur de nouvelles bases, et suscitèrent la création d'une Direction unifiée de l'intifada, qui regroupait des représentants du Fatah, du FPLP, du FDLP, du P.C., et organisa la coordination des actions de résistance contre l'occupant et la mise sur pied de mécanismes de solidarité à destination des plus démunis et des victimes de la répression. Des ressources considérables, financières et logistiques, furent mobilisées pour la circonstance, grâce notamment au support financier procuré, principalement, par les Etats pétroliers.

Les actions développées par la population consistent en manifestations de masse contre la présence israélienne et en actions de résistance passive, comme le refus d'acheter des produits israéliens, le refus de payer les taxes et les impôts.

Périodiquement, on assiste à des grèves générales de travailleurs employés en Israël; des commerces ferment leurs volets soit toute la journée soit à certaines heures; des policiers et des fonctionnaires palestiniens démissionnent en masse de l'administration israélienne.

La répression israélienne sera particulièrement dure. Des milliers de manifestants furent tués ou blessés dans les affrontements qui opposèrent des civils palestiniens désarmés aux forces de l'ordre israéliennes; les autorités d'occupation procédèrent à des milliers d'arrestations administratives; la torture des détenus devint une pratique courante; des expéditions punitives furent organisées par des colons habitant les implantations de Cisjordanie et de Gaza; des chasses aux "comités de villages, de quartiers ou de camps" oeuvrant dans le cadre de la "direction unifiée" de l'intifada, chapeautée par Fayçal Husseyni, sont organisées par les forces d'occupation; dans l'espoir de désorganiser l'intifada, un commando israélien assassina, à Tunis, Khalil al Wazir (Abou Djihâd), proche collaborateur de Yasser Arafat à l'OLP, et responsable de la coordination des actions dans les territoires occupés.

En Israël même, des Arabes israéliens organisent des manifestations de protestation contre la répression de l'armée israélienne en

Cisjordanie et à Gaza et déclenchent des grèves générales le 21 décembre 1987 et le 30 mars 1988[54].

Le caractère dramatique de ces événements et la brutalité de la répression, telle qu'elle apparut sur les écrans de télévision et au travers de nombreux témoignages d'observateurs étrangers, provoquèrent un glissement significatif de franges de plus en plus larges de l'opinion publique occidentale en faveur d'une solution équitable au problème palestinien.

Dans un tel contexte, les Etats-Unis, sans remettre en question leur soutien inconditionnel à Israël, se devaient d'inviter Jérusalem à envisager, pour les territoires occupés, une solution acceptable pour les Palestiniens.

C'est ainsi que fut présenté le plan Schultz, qui reprend, à peu de choses près, les termes des accords de Camp David: mise en place d'une autonomie palestinienne entre mai et novembre 1988; tenue, entre le 1 décembre 1988 et le 30 novembre 1989, de négociations sur le statut définitif des territoires occupés, dans le cadre d'une conférence internationale de paix israélo-arabe comprenant une délégation jordano-palestinienne. Ce plan est rejeté par l'OLP et les responsables de l'intérieur, qui exigent une représentation palestinienne autonome, ainsi que par Israël qui lui oppose l'interprétation des accords de Camp David selon Menahem Begin: organisation d'élections locales à Gaza et en Cisjordanie sous contrôle israélien; refus d'ouvrir le dialogue avec l'OLP; refus d'envisager la création d'un Etat palestinien[55].

Remis momentanément en selle grâce à l'opportunité que lui offrait sa qualité de porte-parole de la volonté des populations palestiniennes de l'intérieur, M. Yasser Arafat multiplia les initiatives diplomatiques pour amener les Etats-Unis à prendre en compte les revendications palestiniennes. La position de l'OLP comme unique représentant du peuple palestinien se trouva, de surcroît, encore renforcée par la déclaration du roi Husseyn, qui, le 31 juillet 1988, rompait les liens administratifs et juridiques de la Jordanie avec la Cisjordanie.

---

[54] CARRE, Olivier, *L'Orient arabe aujourd'hui*, Editions Complexe, Bruxelles, 1991, pp. 122-123.
[55] idem, p. 124.

Dans ce contexte, l'initiative diplomatique la plus spectaculaire prise par Arafat en direction d'une solution négociée susceptible d'entraîner l'adhésion des Etats-Unis fut la proclamation par le Conseil National Palestinien, réuni en session extraordinaire, le 15 novembre 1988, d'un Etat palestinien indépendant au côté de l'Etat d'Israël, sur base des résolutions de l'O.N.U. n° 181 (1947), n° 242 (1967) et n° 338 (1973), postulant toutes la reconnaissance de frontières sûres pour Israël. Cette déclaration, dans la mesure où elle reconnaît l'existence d'Israël et constitue un rejet implicite de la clause de la Charte nationale prévoyant la destruction de l'Etat israélien, devait, dans l'esprit de M. Arafat, amener les Etats-Unis à ouvrir le dialogue avec l'OLP.

Malgré ces avancées spectaculaires, Washington reste, pour le moins, fort réticent à l'égard de la centrale palestinienne. Aussi Yasser Arafat, invité aux Nations unies le 13 décembre 1988, se verra-t-il interdire l'entrée aux Etats-Unis à la suite d'un veto américain. L'O.N.U. recevra ainsi le chef de l'Exécutif palestinien à Genève et non à son siège de New York. Dans la foulée de ces manoeuvres diplomatiques, une soixantaine d'Etats reconnaissent l'Etat palestinien proclamé par l'OLP et publiquement souhaité par les populations des territoires occupés, tandis que l'U.R.S.S. et les pays de la Communauté Européenne en reconnaissent le principe.

Après avoir vraisemblablement reçu un rapport favorable des observateurs qu'ils avaient dépêchés à Genève, les Etats-Unis acceptent enfin d'ouvrir le dialogue avec l'OLP au début de l'année 1989, sans toutefois se prononcer sur la création d'un Etat palestinien; sur ce plan, l'exécutif américain s'aligne pour l'essentiel sur la vision israélienne[56].

Cette dernière percée réalisée par l'OLP, fut, sans conteste, l'un des résultats indirects les plus significatifs de l'intifada. Tout d'abord, en manifestant sa volonté de n'avoir d'autre représentant reconnu que l'OLP, la majorité des Palestiniens de Cisjordanie et de Gaza lui conférait, aux yeux de la communauté internationale, une légitimité populaire que ne pouvaient plus nier ses adversaires, Israël et les Etats-Unis en tête. S'appuyant sur cette légitimité, Yasser Arafat put conduire la diplomatie palestinienne de manière autonome et rompre le cercle de la dépendance du mouvement palesti-

---

[56] idem, p.125; HUDSON, Michael, op. cit., p. IX.

nien à l'égard des Etats arabes. L'impulsion décisive insufflée par l'intifada à la mise en chantier d'un projet de paix négociée fut d'ailleurs explicitement reconnue par un proche conseiller de M. Arafat, Nabil Sha'ath, lors d'une conférence qui réunissait, à New York, en mars 1989, des Américains, des Israéliens et des Palestiniens : "Ce plan de paix de l'OLP", déclarait-il, " n'aurait pu être présenté s'il n'y avait eu l'intifada dans les territoires occupés. L'intifada est la mère du plan de paix et elle deviendra la mère de la paix dans notre partie du monde."[57]

Outre ces retombées au niveau international, l'intifada fut aussi porteuse d'un glissement significatif des centres de décision internes à l'espace palestinien. En effet, elle avait, de toute évidence, posé plus de problèmes à Israël que la lutte armée menée par les organisations palestiniennes groupées au sein de l'OLP - pour ne pas parler des groupes dissidents dont l'impact sur l'issue du contentieux israélo-palestinien est encore plus dérisoire, et avait su ranimer l'intérêt de l'opinion internationale pour le problème palestinien. Aussi, dans le même temps où ils contribuaient à renforcer la crédibilité de l'OLP et de sa direction, les coordinateurs de l'intifada étaient-ils en mesure de se faire écouter de Yasser Arafat et d'imposer à l'OLP la vision d'une solution nationale palestinienne conforme aux voeux de la majorité des gens de l'intérieur. Et c'est essentiellement un programme en harmonie avec les aspirations exprimées par la majorité des populations de Cisjordanie et de Gaza, que Yasser Arafat présentera à ses interlocuteurs américains.

Toutefois, si la tendance de l'OLP représentée par Yasser Arafat, peut se targuer du soutien de la majorité du peuple palestinien, elle doit compter, dès la fin des années 80, avec la montée du Hamas (Mouvement de la Résistance Islamique), mouvement islamiste opposé à la tendance de M. Yasser Arafat dominante au sein de l'OLP. Le Hamas se présente lui-même, dans sa Charte publiée en août 1988, comme une excroissance de la confrérie des Frères musulmans. Fondé en décembre 1987, par Shaykh Yasin, emprisonné par les Israéliens, le mouvement se donne ouvertement comme objectif la prise de contrôle de l'intifada, afin d'orienter sa lutte vers la création d'un Etat islamique palestinien, en opposition au projet d'Etat laïque, conforme aux modèles de démocraties parlementaires occi-

---

[57] HUDSON, Michael, op. cit., p. VII.

dentales, proposé par l'OLP. Rapidement, le Hamas gagne un soutien populaire non négligeable. Ce succès rapide semble dû, en partie, au fait que ses promoteurs se sont illustrés dans les activités caritatives développées par la confrérie des Frères musulmans, mais certainement aussi au désenchantement et à la frustration accumulés par une partie importante de la population palestinienne, face à l'impuissance de l'OLP à obtenir des solutions concrètes au problème palestinien. En fait, "Pour l'essentiel, à Gaza comme à Naplouse, les "intégristes" du Hamas n'ont fait que prendre la relève des fedayin de l'OLP, en transférant sur le terrain culturel et symbolique la dynamique nationaliste initiée en son temps sur le terrain politique par la première génération des nationalistes "laïques." Avec l'ouverture de négociations de paix "les fedayin ont d'autant plus rapidement cédé la place aux moudjahidin que la génération ayant exprimé le premier moment de la résistance palestinienne a semblé aux yeux de certains avoir failli à ses engagements"[58]. Bien qu'il soit actuellement impossible de dénombrer le nombre de militants du Hamas, il semblerait qu'il avoisine les dix mille individus. En l'absence d'élections législatives et municipales, l'influence effective exercée par le mouvement dans la société palestinienne, peut être mieux évaluée au travers des résultats obtenus par ses représentants aux élections des organisations professionnelles, comme celle des avocats, ingénieurs, des médecins, des chambres de commerce, etc.; les résultats de ces élections, pour la période allant de 1990 à 1992, créditent le Hamas de 30% des sièges[59].

Au niveau de son organisation interne, le Hamas a fort habilement adapté ses structures à la situation de l'environnement où il est appelé oeuvrer: il est divisé en sections chargées de l'information, des actions militaires, des activités religieuses et caritatives... . Ces structures fortement décentralisées et éclatées se retrouvent au niveau de son aile militaire, les brigades Izzeddin Qassam, réparties en cellules totalisant de 60 à 100 individus[60]. Le but de cette structura-

---

[58] Burgat, François, *L'islamisme en face*, La découverte, Paris, 1995, p.177
[59] BAILEY, Clinton, cité par James P. Wootten, in, "Hamas : The Organisation, Goals and Tactics of a Militant Palestinian Organisation", *CRS Report for Congress* Washington, August, 19, 1993., p. 3.
[60] idem.

tion du mouvement est de déjouer les capacités de prévention et de répression des services de sécurité israéliens.

L'inefficacité de Yasser Arafat et de ses partisans est largement soulignée par les chefs de file du Hamas, qui estime néfaste pour l'avenir des Palestiniens la recherche, à tout prix, de négociations de paix avec Israël, en raison de l'actuel rapport de force des parties en présence. Selon le mouvement islamiste, l'ouverture de pourparlers, dans la situation actuelle, ne peut que déboucher sur une capitulation palestinienne devant les exigences d'Israël. Considérant la participation à des négociations israélo-palestiniennes comme momentanément contraire à l'intérêt de la Palestine et des Palestiniens, le Hamas considère le recours à l'action armée comme le seul choix cohérent, susceptible d'ouvrir la voie à une solution acceptable au problème palestinien. Entre sa fondation et 1992, le Hamas se lança dans une série d'opérations meurtrières qui firent plusieurs dizaines de victimes israéliennes.

Malgré leurs approches divergentes sur la manière de réaliser la libération de la Palestine, Yasser Arafat proposa au Hamas de s'intégrer à la "Direction unifiée" de l'intifada. La contre-proposition de Shaykh Yasin, qui demandait 40% des sièges au Conseil National Palestinien pour le Hamas, ainsi que l'adaptation de la plate forme de l'OLP aux exigences fondamentales du mouvement islamiste, fut jugée inacceptable par l'aile majoritaire de la centrale palestinienne. Les pourparlers furent suspendus, les positions des deux parties étant jugées inconciliables[61].

A mesure que s'est poursuivie la répression contre l'intifada et la colonisation juive des territoires occupés, à mesure aussi que Yasser Arafat ne cesse d'essuyer des rebuffades de la part des Etats-Unis, le Hamas n'a cessé d'accroître le nombre de ses partisans, tout particulièrement dans la bande de Gaza. A la veille de la réunion de la conférence de Madrid, le Hamas s'opposait publiquement, à Téhéran, - où l'organisation islamiste ouvre un bureau en 1992 - au processus de paix, et se présentait comme une alternative à l'OLP dans le combat pour la libération de la Palestine. Néanmoins, des stratégies divergentes se font jour au sein de l'organisation islamiste: aux

---

[61] WOOTTEN, James P., "Hamas : The Organisation, Goals, and Tactics of a Militant Palestinian Organisation", *CRS Report for Congress,* Washington, August 19, 1993, p. 5.

jusqu'au-boutistes s'oppose une frange plus pragmatique, qui, tout en refusant de reconnaître Israël et de négocier avec lui, se déclare prêt à se rallier à la solution de deux Etats séparés en Palestine. Pour mener son combat, le Hamas dispose de fonds importants envoyés par des organisations religieuses installées dans divers pays musulmans, et, même, par des communautés musulmanes riches vivant aux Etats-Unis. Le Hamas a, toutefois, toujours formellement démenti être financé par l'Iran ou par des Etats du Golfe[62].

Cette montée du mouvement islamiste semble, par ailleurs, avoir été encouragée par le gouvernement Shamir qui aurait ainsi espéré affaiblir le mouvement de résistance palestinien en le divisant, et en créant un concurrent islamiste à l'OLP dominée par la tendance laïque. Cette vision des choses semble avoir été partagée par les Etats-Unis[63]. Il est toutefois rapidement apparu aux responsables politiques israéliens, tant de gauche que de droite, ainsi qu'à l'administration Bush, que le Hamas était un adversaire particulièrement menaçant pour les intérêts des Etats-Unis dans la région, et, en tout cas, résolument hostile à tout compromis avec Israël, contrairement à Yasser Arafat. Dans ces conditions, si, sous la pression des Arabes, il n'était pas possible de mettre en oeuvre le système sécuritaire régional cher à Washington sans faire l'économie d'une négociation destinée à résoudre le problème palestinien, le Président de l'OLP devenait de facto l'interlocuteur obligé des Etats-Unis.

Au terme de tractations relativement laborieuses, les pourparlers palestino-américains débouchent, en décembre 1989, sur le plan Baker qui prévoit l'organisation, au Caire en 1990, d'un dialogue direct israélo-palestinien ou l'Egypte et les Etats-Unis joueraient un rôle de médiation. En organisant cette rencontre, le secrétaire d'Etat visait trois objectifs: l'organisation d'élections dans les territoires occupés, et la fixation du statut définitif de Gaza et de la Cisjordanie. Ce projet est accepté à la fois par l'Egypte, Israël et l'OLP, qui, conformément à l'exigence israélienne n'y sera pas officiellement représentée.

La tenue de ces pourparlers sera toutefois reportée en raison de l'interruption du dialogue entre les Etats-Unis et l'OLP, et de la crise

---

[62] *Al Hayat*, 7 avril, 1993.
[63] WILKINSON, Paul, "Hamas : an Assessment", in *Jane's Intelligence Review*, July 1933, cité dans *CRS Report for Congress*, op. cit., p. 1.

ouverte par l'invasion iraqienne au Kuwayt. Ce dernier événement aura des conséquences particulièrement dramatiques pour le mouvement palestinien. En effet, en raison des positions ambiguës adoptées par la direction de la centrale palestinienne, celle-ci perd le soutien politique et financier des Etats du Golfe, ainsi que la sympathie d'une importante partie de la communauté internationale.

L'erreur politique commise par Yasser Arafat et la direction de l'intifada laisse l'OLP sans ressources et prive l'intifada de son soutien financier.

Cette situation est mise à profit par Israël, dont la conduite durant la crise a été appréciée par l'opinion internationale : la colonisation de terres palestiniennes se poursuit, les exigences israéliennes se durcissent face aux revendications des populations de Cisjordanie et de Gaza. Confrontés au grignotage inexorable et à l'exploitation de leurs terres et de leurs ressources naturelles par les Israéliens, les Palestiniens de l'intérieur sont prêts aux plus grandes concessions pour sauvegarder ce qui leur reste.

Fort heureusement pour l'OLP et les populations palestiniennes de Gaza et de Cisjordanie, engagées dans une impasse désastreuse, la préservation de leurs intérêts au Moyen-Orient allait conduire les Etats-Unis à faire pression sur leur allié israélien pour l'amener à envisager une solution politique qui tienne compte des revendications palestiniennes, dans une mesure relativement acceptable pour toutes les parties en fonction des rapports de force.

Dans leur approche du problème israélo-arabe les Etats-Unis furent, en effet, contraints de prendre en compte les impératifs politiques de leurs alliés arabes. Le roi de Jordanie, pour des raisons de politique intérieure, a intérêt à oeuvrer à la solution du problème palestinien. La Syrie, de son côté, cherche à sortir de son isolement et espère, notamment par la réaffirmation de son soutien à la cause palestinienne, retrouver une nouvelle légitimité dans le monde arabe. L'Egypte, de son côté, ne pouvait être en reste, et contribua, à son tour, à remettre l'OLP en selle sur le plan international.

Signe que le problème palestinien ne serait pas complètement évacué, M. Arafat fut reçu par les présidents Moubarak et Assad en vue de définir leurs positions à l'occasion de ce grand rassemblement. Outre le rapprochement avec les principaux Etats arabes, Yasser Arafat crut pouvoir compter sur un refroidissement des relations israélo-américaines pour obtenir des résultats minimum au terme des discussions de paix, d'autant plus que James Baker avait accepté de discuter de la représentation palestinienne avec des personnalités notoirement liées à l'OLP, comme M. Fayçal Husseyni.

CHAPITRE IV

DE LA CONFERENCE DE MADRID AUX ACCORDS D'OSLO

L'administration Bush face à l'intransigeance du gouvernement Shamir

L'initiative américaine d'organiser une grande conférence de la paix sur le Moyen-Orient tombe donc au bon moment et est donc bien accueillie par la plupart des protagonistes - à l'exception d'Israël dirigé à ce moment par le Likoud avec à sa tête M. Yitzhak Shamir - qui se montrent favorables à l'ouverture rapide de négociations avec l'espoir d'aboutir dans les plus brefs délais à des résultats positifs.

Après la conférence de la paix de Madrid, onze sessions de discussions bilatérales entre Israël et des représentants palestiniens - à l'exclusion de l'OLP - se sont déroulées, de novembre 1991 à septembre 1993, à Washington, sans apporter le moindre résultat concret.

Pourtant, l'ouverture de la Conférence de Madrid avait suscité un réel optimisme dans les rangs des Etats-Unis et de ses alliés; au point même de programmer, à Moscou, les 28 et 29 janvier 1992, l'organisation de négociations multilatérales, destinées à dessiner le cadre futur des relations entre Etats du Moyen-Orient, avant même que les négociations sur la paix dans la région aient produit le moindre résultat, et alors que la Syrie et le Liban avaient décidé de boycotter la réunion.

Il apparut ainsi, à l'évidence, que l'instauration d'une paix durable au Moyen-Orient ne visait pas essentiellement à faire droit aux revendications légitimes des peuples de la région, mais constituait avant tout un moyen de créer un environnement favorable à l'instauration d'un système régional de sécurité planifié par les Etats-Unis.

Le but poursuivi par les organisateurs de la tenue de négociations multilatérales était de mettre en présence Israël et les Etats arabes pour leur permettre de définir les bases d'une coopération dans les domaines de l'économie, de la gestion de l'eau, de la sécurité, du contrôle des armements et de l'environnement, dont on attendait qu'elle consolide la paix - non encore acquise! - dans la région. L'un des objectifs - le seul de nature politique - visé par cette méga-réunion était aussi de trouver une solution, acceptable par toutes les parties en présence, pour les réfugiés palestiniens. Pour la première fois depuis l'ouverture des négociations de paix au Moyen-Orient, les puissances industrialisées alliées aux Etats-Unis étaient conviées à participer aux travaux concernant l'avenir de la région.

Les pressions exercées par Washington sur ses alliés israéliens, arabes et occidentaux pour assurer la tenue de ces négociations multilatérales dans les délais les plus brefs tenaient au fait que l'administration Bush entendait pouvoir exploiter au maximum la position dominante acquise durant la crise du Golfe, au sein de la communauté internationale et auprès des Etats arabes du Golfe, pour imposer ses finalités à l'ensemble des participants.

On retrouvait dans la conduite de ces négociations multilatérales la stratégie développée par les Etats-Unis et Israël depuis le début des négociations bilatérales. Les deux Etats s'étaient, en effet, employés à éviter que les difficultés rencontrées dans les négociations avec un interlocuteur puissent freiner le déroulement des discussions engagées avec un autre. Cette ligne de conduite visait à engranger les résultats positifs obtenus par Israël avec l'un de ses interlocuteurs arabes, pour faire pression sur un négociateur arabe moins conciliant.

Dans la même perspective, la stagnation au niveau des négociations bilatérales ne devait pas influer sur le résultat des négociations multilatérales où devaient être actualisées les finalités essentielles définies par Washington pour la réorganisation de l'ordre régional au Moyen-Orient.

Dans ce contexte, les débats ont révélé une relative convergence de vue sur la nécessité d'aboutir rapidement à une coopération opératoire en matière de gestion rationnelle des ressources en eau de la région, mais les solutions techniques à mettre en oeuvre continuent à faire l'objet de controverses.

Autre volet des négociations multilatérales qui ne pose pas de problèmes insurmontables, la coopération économique entre Israël et les pays arabes est ressentie par tous les participants comme une évolution nécessaire, même si les craintes nourries par les Arabes d'être colonisés par une économie israélienne bénéficiant d'un support technologique plus développé, sont loin être apaisées. Tous les partisans d'une normalisation des relations israélo-arabes se rejoignent néanmoins sur un point: la coopération économique génératrice d'un renforcement des liens d'interdépendance conditionnant le développement des économies régionales et l'accroissement du bien-être des populations, tend à apaiser les tensions entre Etats et à rendre improbable le déclenchement de nouveaux conflits. D'où l'importance primordiale accordée à cette coopération par les Etats-Unis et Israël.

Dans l'ordre des objectifs les plus accessibles au terme des négociations multilatérales se situe la coopération en matière de préservation de l'environnement. Sur ce terrain, en effet, les Etats du Moyen-Orient et les Etats Occidentaux ont abouti à la formulation des mesures concrètes visant à lutter contre les diverses formes de pollution qui menacent les ressources naturelles, limitées, de la région. A cet effet, des projets de coopération financière et technique ont commencé à voir le jour.

Sur un point capital, toutefois, celui du contrôle des armements, les négociations connurent un blocage insurmontable, tant étaient inconciliables les positions arabes et israéliennes.

Les exigences émises par Israël répondent à des préoccupations sécuritaires fondées sur l'hypothèse d'une éventuelle reprise des hostilités avec des Etats arabes. En raison de la supériorité numérique des armées arabes et d'une capacité accrue à acquérir et à maîtriser des armes de plus en plus sophistiquées, l'Etat hébreu, même victorieux, pourrait subir des pertes insupportables pour une population aussi peu nombreuse. En conséquence, Israël exige des Etats arabes qu'ils acceptent de réduire leur arsenal conventionnel, de supprimer leurs armes de destruction massive et de renoncer à acquérir l'arme nucléaire. Une réduction des effectifs militaires permanents, de nature à prévenir le déclenchement d'attaques surprises d'envergure, devait compléter le dispositif destiné à garantir la sécurité d'Israël. En revanche, l'Etat hébreu, pour compenser son infériorité numérique, devait être autorisé à préserver sa supériorité qualitative, ainsi que sa puissance de feu nucléaire. Pour justifier leurs exigences, les négociateurs israéliens invoquaient le danger représenté pour sa sécurité par l'existence de puissances du Moyen-Orient irréductiblement hostiles, comme l'Iran et les mouvements islamistes qu'il sponsorise. Ces exigences furent radicalement repoussées par les Etats arabes qui les jugeaient préjudiciables à leur propre sécurité, dans la mesure où, à ce jour, Israël disposait d'une supériorité militaire écrasante sur l'ensemble des Etats du Moyen-Orient, et n'avait cessé de s'étendre à leurs dépens. Sur ce terrain, donc, les positions israéliennes et arabes se révélaient irréductiblement inconciliables.

Au total, la réticence manifestée par de nombreux Etats arabes, et non des moindres, à la perspective d'une réduction déséquilibrée des capacités militaires israélienne et arabe, et d'un engagement significatif en matière de coopération économique, étaient liées à l'incertitude qui pesait sur l'issue des négociations de paix bilatérales. En fait, la plupart des Etats arabes mettaient en doute la volonté d'Israël d'évacuer les territoires occupés. Sans être opposés à la conclusion d'arrangements ponctuels bénéfiques pour toutes les parties, ils subordonnaient la conclusion d'accords de portée plus large à la réussite du processus de paix dans sa globalité. La nécessité d'apporter prioritairement une solution satisfaisante au problème palestinien s'imposait à l'administration Bush, à tous les stades de la négociation israélo-arabe.

A l'expérience, il devint rapidement évident, pour les Israéliens comme pour les Américains, qu'aucun accord ne pourrait être conclu avec les Palestiniens inclus dans la délégation jordanienne, sans l'aval de Yasser Arafat, lequel, de son côté, était décidé à bloquer toute avancée significative tant qu'il était exclu de la négociation.

Les accords d'Oslo, conclus, le 20 août 1993, au terme de négociations secrètes, ouvertes depuis janvier 1993 entre des représentants du gouvernement d'Israël et de l'OLP, et signés à Washington le 13 septembre 1993, apportèrent un début de solution au conflit israélo-palestinien.

L'une des données essentielles qui permit cette ouverture vers une solution négociée du problème palestinien réside dans l'évolution politique qu'a connue Israël entre 1990 et 1992.

Evolution politique d'Israël entre 1990 et 1992

Entre la fin de l'année 1991 et le début 1992 on assiste à une évolution d'une partie importante de l'opinion publique israélienne sur les conditions de paix israélo-arabes auxquelles peut souscrire Israël. Cette évolution semble avoir été largement déterminée par l'attitude observée par l'administration Bush à l'égard du gouvernement Shamir, accusé de bloquer toute avancée positive des négociations israélo-arabes.

Les contradictions entre les positions des responsables politiques américains et israéliens apparaissaient, en effet, fondamentales. Alors que le gouvernement Shamir demeurait obstinément attaché à la formule de "la paix contre la paix" et se refusait à toute concession territoriale à l'égard des Syriens et des Palestiniens, l'administration Bush considérait que la formule de "l'échange de terres contre la paix" constituait la seule voie susceptible de mener à la pacification des relations entre les Etats de la région. Pour l'administration Bush, la conclusion d'un accord de paix global israélo-arabe revêtait une importance double: tout d'abord il conditionnait la mise en oeuvre de son architecture sécuritaire régionale, objectif poursuivi avec constance par la Maison Blanche[64]; ensuite le Président Bush misait sur le prestige que lui vaudrait la conclusion d'un accord de paix israélo-arabe, pour accroître ses chances d'être réélu aux élections de novembre 1992.

La Maison Blanche voyait donc d'un très mauvais oeil le gouvernement Shamir persévérer dans sa politique d'obstruction aux négociations bilatérales tenues à Washington, et considérait comme une véritable provocation l'intensification de la colonisation des territoires occupés, tout particulièrement dans le Golan, où étaient déjà installés 12.000 colons au début de 1991 et où se trouve l'une des sources du Jourdain dont les eaux sont abondamment utilisées par l'agriculture israélienne.

---

[64] LEGRAIN, J.-F., "La Palestine: de la terre perdue à la reconquête du territoire", dans *l'International sans territoire*, L'Harmattan, Paris, 1996, p. 190.

La dégradation des relations américano-israéliennes apparut nettement au travers des propos désobligeants tenus par le président Bush et son secrétaire d'Etat, James Baker, à l'encontre de M. Shamir et des juifs, et surtout par le maintien de la décision de la Maison Blanche de ne pas accorder sa garantie à la demande d'emprunt de 10 milliards de dollars introduite par Israël auprès de la Banque mondiale.

Cette dernière mesure constitue un instrument de pression particulièrement sensible, dans la mesure où cet emprunt, destiné à mettre en oeuvre des projets de développement et à créer des entreprises génératrices d'emplois, est considéré comme un apport indispensable à l'intégration des nouveaux immigrés russes. Les déceptions rencontrées par ces derniers et la publicité donnée à leurs conditions de vie précaires en Israël ont eu pour résultat de provoquer, dans le courant des années 91 et 92, une baisse de l'immigration russe considérée comme un apport capital au plan du rééquilibrage démographique entre population juive et arabe dans l'espace géographique occupé par l'Etat d'Israël.

Ces derniers développements font craindre à une majorité de la population israélienne que l'intransigeance du gouvernement Shamir n'entraîne un désengagement partiel des Etats-Unis à l'égard d'Israël.

Ces craintes, non dénuées de fondement, vont amener une majorité de la population, lassée par l'état de guerre permanente où elle a vécu depuis la naissance d'Israël, à envisager la possibilité de vivre en paix avec ses voisins arabes fût-ce au prix d'un certain nombre de concessions jugées jusque-là difficilement acceptables.

En raison de l'état d'esprit nouveau manifesté par une importante partie de l'opinion publique israélienne, la perspective d'un changement de majorité à l'occasion des prochaines élections n'était pas à exclure d'autant plus que le remaniement de l'appareil auquel venait de procéder le Parti travailliste était de nature à lui attirer le vote d'une majorité de l'électorat flottant. Toutefois, ce remaniement lui-même, qui aboutit au remplacement de M. Shimon Pérès par M. Yitzhak Rabin à la présidence, est révélateur de la limite des concessions auxquelles est préparée la majorité du Parti travailliste et de l'opinion publique, telle qu'elle est perçue par les stratèges de cette formation. En effet, tout sépare le nouveau président du Parti travailliste de son prédécesseur, au niveau de leur perception d'une paix négociée avec les Arabes, tout particulièrement avec les Palestiniens et de la portée que celle-ci doit nécessairement recouvrir.

De l'avis de la presse, confirmé par certains de ses proches collaborateurs et par des Israéliens interrogés au gré de rencontres, Shimon Pérès est, a priori, une personnalité peu sympathique aux yeux d'une grande majorité de l'opinion publique israélienne. Il représente le type même de l'intellectuel originaire d'Europe Centrale, cultivé, élégant, réservé, dans un pays en état de guerre permanent, dont les héros sont des militaires au langage rugueux, prodigues en réactions tranchées et spectaculaires. Fin politique à la pensée nuancée, intellectuel au raisonnement rigoureux, aux larges visions prospectives, M. Pérès, artisan de la puissance militaire israélienne, après avoir mesuré par expérience la limite des résultats qu'Israël avait pu obtenir par l'utilisation de la force armée, est conscient du fait que seule une solution politique pouvait assurer la sécurité durable de l'Etat hébreu. Il se fit donc l'architecte d'un processus de paix global acceptable pour ses interlocuteurs arabes. A l'égard de ceux-ci, M. Shimon Pérès, avec la franchise et l'honnêteté intellectuelle qui le caractérise, reconnaît les torts d'Israël: "nous avons voulu", déclarait-il dans un reportage réalisé par la R.T.B.F. en 1995, "dominer les Arabes. C'était un tort, et je le regrette". C'est là le genre de réflexion fort peu appréciée par la majorité des Israéliens convaincus d'être en droit d'occuper une place prééminente dans la région en référence aux indications fournies par le texte biblique, et d'assurer, par tous les moyens dont la mise en oeuvre est jugée nécessaire, leur protection dans un monde que leur expérience passée leur présente comme fondamentalement hostile aux juifs.

Dans ce contexte, la vision de M. Shimon Pérès, d'un Moyen-Orient durablement pacifié par la vertu d'une solution essentiellement politique, est difficilement perceptible par une opinion publique qui estime majoritairement que le salut d'Israël repose avant tout sur sa puissance militaire et sur sa capacité à recourir, à tout moment, aux solutions sécuritaires spectaculaires et musclées. Expliquant la difficulté qu'éprouvait M. Shimon Pérès à faire passer son message dans la société israélienne, M. Uri Savir, conseiller du Premier ministre et l'un des principaux artisans du processus de paix, la décrivait comme "à la fois accablée par le passé, hypnotisée par le présent, et incapable de concevoir l'avenir autrement que comme une fatalité"[65]. En raison de sa personnalité nuancée, Shimon Pérès fut toujours considéré, par son opinion publique, comme un rêveur indécis, un politicien tortueux et un infatigable faiseur de projets utopiques. Ceci explique, sans doute, l'échec de la liste travailliste qu'il dirigea aux élections de 1977, 1981, 1984, 1988 et 1996.

En comparaison, la personnalité de M. Yitzhak Rabin, le nouveau président du Parti travailliste, apparaît totalement opposée à celle de son prédécesseur. Jusqu'à la fin de son mandat de ministre de la Défense, dans le gouvernement de coalition dirigé par M. Yitzhak Shamir, M. Rabin s'est efforcé d'éradiquer l'intifada par tous les moyens; il fut notamment l'auteur de la directive recommandant aux forces de l'ordre israéliennes de casser bras et jambes des manifestants. Il fut, jusqu'au début des années 90, un chaud partisan de la colonisation et de la judaïsation de la Cisjordanie. S'il envisage, au début des années 90, d'octroyer certaines concessions aux Palestiniens, celles-ci, au départ, ne concernent que la bande de Gaza. Encore est-il amené à les envisager dans la mesure où, même si elle semble à bout de souffle, l'intifada a démontré aux Israéliens que le maintien de l'occupation de la Cisjordanie et de Gaza comportait un coût humain et financier de moins en moins supportable dans un contexte de crise économique interne et internationale de plus en plus préoccupante. Ce n'est toutefois que contraint par la nécessité de rencontrer les exigences des Etats-Unis concernant l'échange de territoires contre la paix, qu'il se déclara prêt à faire progresser le processus de paix dans ce sens. Ce qui lui vaudra le soutien public de l'administration Bush lors de sa campagne électorale en vue des élections de novembre 1992.

A l'opposé de M. Shimon Pérès, M. Yitzhak Rabin inspire confiance à une importante partie de l'électorat israélien, qui voit en lui le héros de la guerre de 1967, en qualité de chef d'état-major de l'armée, et défenseur acharné de la sécurité et de l'intégrité territoriale de l'Etat juif, conçue dans son étendue la plus large possible. Il est perçu comme un "faucon" au sein du Parti travailliste, par les citoyens israéliens, qui apprécient sa manière abrupte de s'exprimer et ses coups de colère spectaculaires. Il passe pour un homme décidé et fiable, au contraire de M. Shimon Pérès considéré comme indécis et

---

[65] *International Herald Tribune*, March 11, 1996.

peu digne de confiance[66]. Surtout, les Israéliens sont assurés qu'avec Yitzhak Rabin les négociations de paix, imposées de l'extérieur, seront conduites de manière à ne concéder aux Palestiniens que le minimum de territoires et d'autonomie, propre à satisfaire les exigences américaines. Sur ce plan, les limites des concessions auxquelles il pouvait souscrire étaient clairement formulées dans l'interview reproduite par le quotidien Maariv de 8 mai 1992: il s'y déclarait "hostile à un retour aux frontières d'avant juin 1967, ainsi qu'à un Etat palestinien dirigé par l'OLP.. Dans les conditions existantes, les Palestiniens de l'intérieur doivent être nos partenaires. Notre premier objectif sera donc un accord sur l'autonomie. Cette étape transitoire pourrait amener de nouvelles idées sur une solution permanente qui ne soit ni l'annexion ni le renoncement...". Quant aux négociation avec la Syrie, M. Rabin "ne voit pas l'urgence de tenir des pourparlers avec la Syrie. Même après un accord avec elle, il est impossible qu'Israël abandonne le plateau du Golan."[67] S'il entend ne pas renoncer à la totalité de ses options initiales, il faut reconnaître à M. Rabin le mérite d'avoir eu le courage de renoncer, au nom du réalisme politique et de l'intérêt général d'Israël, à la réalisation de ses rêves concernant l'extension de l'Etat hébreu. Le remaniement de l'appareil apparaît rapidement comme profitable au Parti travailliste qui emporta une courte majorité aux élections de juin 1992. Mais l'étroitesse de l'assise électorale du camp de la paix est révélatrice des réticences israéliennes à l'égard de la contrepartie qui est demandée à Israël en échange de la paix. On a beaucoup glosé à l'époque sur la portée que devait avoir sur l'évolution des négociations de paix l'arrivée au pouvoir des travaillistes; il convient néanmoins de rester réaliste et de constater qu'Israël, même gouverné par une courte majorité travailliste, aborde les pourparlers de paix sans grand enthousiasme. Au niveau de la direction travailliste, l'unanimité est loin être faite sur la portée à accorder à la notion de "la paix contre des territoires", de même que tous les responsables travaillistes sont loin de concevoir la création d'un Etat palestinien comme l'aboutissement nécessaire de pourparlers de paix israélo-

---

[66] idem, *Le Monde Diplomatique*, avril 1992; idem *International Herald Tribune*, March 11, 1996.
[67] *Maariv*, 8 mai 1992, cité par Joseph Algazy, dans *le Monde Diplomatique*, juin 1992.

palestiniens. Parmi les chefs de file travaillistes, le véritable architecte des accords de paix israélo-arabes conçus pour être menés jusqu'à leur aboutissement logique est M. Shimon Pérès. Ses choix en la matière sont le fruit d'une réflexion politique globale; les options de M. Yitzhak Rabin résultent, quant à elles, d'un constat pragmatique, dont la portée politique se trouve limitée par une vision prioritairement sécuritaire à court terme. Dans ce contexte, les progrès du processus de paix ne pouvaient être que fort lents et sujets à de fréquents temps morts. Il convient en tout cas de garder constamment à l'esprit qu'au départ c'est sous la pression de l'administration Bush que les dirigeants israéliens ont accepté l'idée d'un règlement global comprenant la prise en compte des droits légitimes du peuple palestinien.

De l'avènement du gouvernement travailliste aux Accords d'Oslo

Compte tenu de la division du monde arabe, Israéliens et Américains attendaient des négociations bilatérales, qui devaient suivre la grand messe de Madrid, qu'elles permettent de régler les contentieux particuliers pendants entre Israël et chacun des Etats voisins concernés, indépendamment de la question palestinienne, qui faisait, elle-même, l'objet de négociations spécifiques. On espérait, ainsi, tant à Washington qu'à Jérusalem (et ceci sous le gouvernement Shamir comme sous le gouvernement Begin auquel il succéda), qu'à l'issue des négociations engagées, Israël puisse rapidement normaliser ses relations avec les divers Etats arabes, en particulier ceux du Golfe, qui lèveraient progressivement le boycott dont l'Etat hébreu faisait l'objet. Il deviendrait dès lors possible de mettre en oeuvre le projet de coopération économique régionale, qui devait, dans l'esprit des Etats-Unis, devenir le moteur et le ciment de l'architecture sécuritaire, dont ils rêvaient pour le Moyen-Orient.

Mais, malgré la crise qui affectait les relations interarabes, aucun Etat arabe n'était prêt à s'engager dans la voie d'une coopération quelconque, ni même d'une normalisation effective de ses relations avec Israël, tant que le problème palestinien ne recevrait pas un début de solution acceptable pour le monde arabe. De surcroît, contrairement à l'attente d'Israël, les parties prenantes arabes aux négociations convinrent de maintenir entre eux un minimum de concertation afin d'augmenter quelque peu leurs chances d'aboutir à des résultats favorables au terme de négociations qu'ils abordaient en état de faiblesse manifeste face à Israël.

Malgré les pressions exercées par les Etats-Unis sur les protagonistes pour faire avancer les négociations bilatérales, il devint évident que les résultats auxquels voulait aboutir l'administration Bush ne seraient atteints qu'à l'issue d'une solution globale pour l'ensemble du contentieux israélo-arabe, et plus particulièrement de la question palestinienne, dont aucun régime arabe ne pourrait justifier la mise entre parenthèses devant une opinion publique arabe de plus en plus critique et remuante.

Il était ainsi attendu par l'administration Bush que le Premier ministre travailliste, dont l'élection avait été puissamment soutenue par Washington, engage les négociations de paix israélo-arabes dans le sens souhaité par la Maison Blanche.

Les propositions avancées par M. Rabin furent, toutefois, loin de répondre aux directives de l'administration Bush qui avait pris pour base d'un règlement négocié du contentieux israélo-arabe le principe de "l'échange de terres contre la paix", dans le prolongement des résolutions 242 et 328 du Conseil de sécurité. En effet, le plan soumis par le gouvernement Rabin en prévision de la reprise des négociations bilatérales ne prévoit que l'arrêt de la construction de "colonies politiques", tandis que serait poursuivie l'édification des "colonies stratégiques". Israël se déclarait néanmoins prêt à discuter de la terre et de l'eau durant la période transitoire, et à accepter l'institution d'un système judiciaire palestinien indépendant, ainsi que le principe de la responsabilité du Conseil Palestinien d'autonomie devant ses administrés; en outre, le gouvernement israélien acceptait de discuter avec une représentation palestinienne distincte de la délégation jordanienne et autorisait des Palestiniens de Jérusalem à participer aux travaux des commissions. En échange de ces gestes de bonne volonté, l'administration Bush accorda sa garantie au prêt de 10 milliards de dollars demandé par Israël à la Banque Mondiale[68]. La Maison Blanche opérait ainsi - proximité des élec-

---

[68] GRESH, Alain, *Le Monde Diplomatique*, octobre 1992 et juillet 1993.

tions présidentielles oblige - un retrait sensible par rapport à ses exigences initiales. On n'allait plus cesser, dès lors, au cours des mois qui suivirent, de s'éloigner de la lettre et de l'esprit des résolutions 242 et 328 du Conseil de sécurité.

L'élection de Bill Clinton en novembre 1992 à la présidence des Etats-Unis allait donner lieu à la formation de l'un des Exécutifs les plus pro-israéliens que les Etats-Unis aient connu depuis 1967.

Sans remettre explicitement en cause l'architecture sécuritaire mise en chantier avec une cohérence certaine par l'administration Bush, l'administration Clinton semble s'orienter vers un retour à l'alliance stratégique privilégiée avec Israël. Cette évolution de la ligne politique des Etats-Unis au Moyen-Orient est explicitement évoquée par M. Les Aspin, secrétaire à la Défense, qui déclare dans une allocution prononcée à une réunion de l'American Israël Public Affairs Committee, que: "Le président Clinton m'a chargé d'une nouvelle responsabilité, celle de participer au renforcement de l'alliance stratégique entre Israël et les Etats-Unis..." et de "Travailler avec M. Rabin pour redéfinir notre pensée stratégique à la lumière des changements dans le monde... Nous sommes engagés à approfondir notre alliance stratégique avec Israël dans la poursuite de la paix et de la sécurité."[69]

Israël se retrouve ainsi réinvesti par l'administration Clinton d'un rôle central dans la stratégie visant à assurer la protection des intérêts vitaux des Etats-Unis au Moyen-Orient. On assiste dès lors à un glissement significatif des priorités de la Maison Blanche: dans la construction géostratégique de Bush, les Etats arabes alliés à Washington constituaient le point de départ d'un système sécuritaire moyen-oriental, auquel il paraissait souhaitable d'associer la Turquie, et où Israël devait être intégré au terme d'un processus de normalisation de ses relations avec ses voisins arabes; selon la vision de l'administration Clinton, l'alliance de Washington et de Jérusalem est l'élément central de la stratégie sécuritaire au Moyen-Orient tandis que les alliés arabes n'apparaissent plus que comme un élément subsidiaire; dans cette perspective, les Etats-Unis continuent à jouer les gendarmes dans le Golfe en développant une stratégie de "double endiguement" à l'encontre de l'Iran et de L'Iraq", et à assurer la sécurité des Etats du Golfe, tandis que l'Egypte, pièce maîtresse

---

[69] GRESH, Alain, *Le Monde Diplomatique*, juillet 1993.

de la politique arabe de la Maison Blanche, devient l'intermédiaire privilégié entre Israël, les Etats-Unis et les Etats arabes, avec pour mission d'amener toutes les parties à s'entendre.

Mettant à profit l'arrêt des pressions qu'avait fait peser l'administration Bush sur le gouvernement israélien, M. Rabin entreprit d'imposer à ses partenaires arabes les vues restrictives qu'il nourrissait à propos de l'application des résolutions 242 et 328 et des engagements israéliens concernant l'arrêt des implantations juives dans les territoires occupés.

Depuis l'avènement des travaillistes au pouvoir, les négociations bilatérales entre Israël et les Etats arabes stagnent. Ainsi, une déclaration de M. Rabin annonçant sa volonté de rétrocéder une partie du Golan, suivie par une déclaration du président Hafez al Assad proclamant la volonté de la Syrie de conclure la paix avec Israël, relance les pourparlers de paix israélo-syriens en septembre 1992. Les discussions s'enlisèrent toutefois rapidement en raison des positions totalement divergentes maintenues par les deux parties: M. Rabin exige la mise en place, sur le Golan, d'un dispositif de sécurité sous contrôle israélien, tandis que la Syrie subordonne la signature d'un traité de paix en bonne et due forme à la restitution, par Israël, de la totalité du Golan. Les discussions libano-israéliennes sur la normalisation de leurs relations liées à l'évacuation israélienne du Liban-Sud ne connurent pas une issue plus positive.

Mais c'est au niveau des négociations israélo-palestiniennes que les positions israéliennes s'avèrent être les plus éloignées de l'esprit de la résolution 242 et des recommandations de la communauté internationale.

L'objectif visiblement poursuivi par le gouvernement Rabin est de conserver un maximum de terres de Cisjordanie sous souveraineté israélienne et d'accorder un minimum de prérogatives à une Autorité palestinienne à créer.

Depuis l'avènement du gouvernement travailliste au pouvoir, la répression de l'intifada n'avait cessé de se durcir. Le 17 décembre 1992, dans l'espoir de porter un coup décisif au Hamas, dont l'action contre les forces d'occupation n'avait cessé de se développer, il était procédé à la déportation, vers le Liban, de 415 Palestiniens accusés d'appartenir au mouvement. Cette mesure, loin de calmer les esprits, eut pour seul effet de relancer l'agitation; les attentats contre des cibles israéliennes se multiplièrent, amenant le gouvernement israélien à décréter, le 29 mars 1993, le bouclage des territoires occupés. Au durcissement de l'attitude de l'Exécutif israélien à l'égard de la contestation palestinienne s'ajoute une relance de la construction de nouveaux logements en Cisjordanie, notamment à Jérusalem-Est. Ainsi, répondant aux critiques de colons qui lui reprochaient de brader le projet sioniste, M. Rabin répliquait, dans une déclaration au Journal Haaretz du 9 novembre 1992, avoir fait procéder à la construction de onze mille nouveaux logements dans les "territoires financés par l'Etat"[70].

Face à l'aggravation des tensions israélo-palestiniennes dans les territoires occupés, et à la multiplication des faits accomplis qu'y impose le gouvernement Rabin, l'administration Clinton demeure silencieuse. Sa politique à l'égard de l'Etat hébreu a été clairement délimitée par M. Martin Indyk, assistant spécial du président Clinton pour les affaires du Proche-Orient au sein du Conseil national de sécurité, selon lequel l'administration Clinton "veut travailler avec Israël et non contre lui..." ainsi, même si les Etats-Unis entendent être un partenaire à part entière dans les négociations, "nous ne pouvons pas et nous ne voulons pas, déclare-t-il, nous substituer à l'implication directe des parties elles-mêmes... Nous ne voulons pas être de ceux qui imposent leurs vues..."[71]. Cette volonté d'impartialité affichée par la Maison Blanche pour louable qu'elle puisse apparaître n'en reste pas moins suspecte, dans la mesure où, la disproportion du rapport de force des parties en présence est telle que la négociation ne peut aboutir à une issue équitable qu'à la condition que la partie la plus faible - en l'occurrence les Palestiniens - voie ses revendications, considérées comme raisonnables par la communauté internationale, bénéficier du soutien, même modéré, de l'intermédiaire attitré, en l'occurrence les Etats-Unis. Or il apparaît à l'évidence que l'objectif poursuivi par Washington n'est pas la satisfaction des aspirations palestiniennes, considérées comme légitimes par la communauté internationale, mais, dans une perspective géo-

---

[70] cité par Alain Gresh, dans *Le Monde Diplomatique*, juillet 1993.
[71] Martin Indyk, "US determined to work for Mideast peace", Centre de documentation Benjamin Franklin, ambassade des Etats-Unis, Paris, cité par Alain Gresh, "Entre Washington et Israël...", *Le Monde Diplomatique*, juillet 1993.

stratégique fondée sur l'alliance centrale Etats-Unis et d'Israël, de favoriser la conclusion d'une paix durable entre Israël et ses voisins arabes, et d'aboutir à la normalisation des relations entre Israël et le monde arabe. Dans cette optique, les pressions de Washington, en vue de faire aboutir les négociations bilatérales, s'exercent essentiellement sur la partie arabe.

Mais à mesure que se succédaient les réunions bilatérales infructueuses, il apparut à l'évidence que la plupart des Etats arabes ne pouvaient envisager une normalisation de leurs relations avec Israël sans qu'une solution ne soit apportée à la question palestinienne.

Cette évidence, avec le coût élevé, humain et financier, de la lutte contre l'intifada, fut, de l'avis de tous les observateurs, à l'origine du revirement de M. Rabin, qui, après avoir refusé obstinément tout dialogue avec l'OLP et M. Arafat, pour lesquels son aversion était bien connue, autorisa M. Pérès à entamer des négociations secrètes directes avec des représentants de la centrale palestinienne, à Oslo, en dehors du parrainage américain.

En quelques mois, la délégation israélienne conduite par M. Uri Savir, un proche collaborateur de M Pérès, put faire état d'un accord susceptible de déboucher enfin sur un règlement pacifique du contentieux israélo-palestinien. Les pourparlers tenus en Norvège aboutirent, en effet, à une reconnaissance mutuelle de la centrale palestinienne et de l'Etat d'Israël, ainsi que sur l'acceptation de l'option " Gaza-Jéricho d'abord".

Il convient ici de souligner le progrès que constitue cette option par rapport aux concessions territoriales initiales proposées par Israël. En effet, au départ, l'Etat hébreu était désireux de se dégager exclusivement de Gaza, où le maintien de l'occupation était considéré, par le gouvernement travailliste dirigé par Yitzhak Rabin, comme trop coûteux en regard de ce qu'y représentait la présence israélienne. Par contre, le transfert de Jéricho sous Autorité palestinienne, concédé par Israël au terme de conversations entre M. Shimon Pérès et le président Moubarak à Ismaïlia[72], a une valeur symbolique autrement plus significative, dans la mesure où il touche l'un des mythes fondamentaux du sionisme, l'édification d'Eretz Israël sur l'ensemble de la Palestine, en laissant entrevoir la possibilité d'un

---

[72] SHA'BAN, Muhammad, *A New Middle East System*, mémoire de maîtrise au CERIS, 1994, non publié, p. 21.

retrait israélien de Cisjordanie, par voie de négociations ultérieures. Toutefois, la perspective d'un dégagement israélien en Cisjordanie est loin de faire l'unanimité dans les rangs des travaillistes: pour M. Shimon Pérès l'instauration d'une paix stable au Moyen-Orient passe par la rétrocession de la presque totalité des terres de Cisjordanie à une Autorité palestinienne[73]; pour la majorité des travaillistes, M. Yitzhak Rabin en tête, Israël devra négocier de manière à exclure la formation d'un Etat palestinien, à limiter les compétences d'une future Autorité palestinienne et à maintenir une souveraineté israélienne effective sur l'ensemble de la Cisjordanie. L'idée directrice qui fonde la stratégie de Rabin est de libérer Israël du fardeau de la répression de l'intifada dans les territoires occupés, principalement à Gaza, et de confier le maintien de l'ordre à une Autorité palestinienne autonome, laissée à la direction d'un Yasser Arafat affaibli, et prêt aux plus grandes concessions. Cette vision des choses est parfaitement explicitée, après l'installation de l'Autorité palestinienne, dans les commentaires faits par un haut responsable des services généraux de sécurité israéliens, pour lequel "les Palestiniens auraient beaucoup à perdre s'ils autorisaient les terroristes à agir librement. Dans un certain sens nous ne sommes plus obligés de faire le sale boulot. Le problème est de savoir s'ils le feront, eux, efficacement"[74]. Les événements qui se sont succédé depuis la signature des accords israélo-palestiniens à Washington, le 13 septembre 1993, semblent indiquer que ce calcul a été payant.

La Cisjordanie et la bande de Gaza dans la perspective des Accords d'Oslo

Les accords d'Oslo furent signés avec emphase à Washington, le 13 septembre 1993, au terme d'une cérémonie qui donna lieu à la publication de la "Déclaration de principes sur des arrangements intérimaires d'autonomie". Ils se présentent explicitement comme le prolongement des accords de Camp David signés en 1978 et prévoient une solution en deux phases: - la première concerne une pé-

---

[73] PERES, Ch., *Le temps de la paix*, Odile Jacob, Paris, 1993, p. 34.
[74] *The Jerusalem Post*, semaine du 29 novembre au 5 décembre 1995.

riode intérimaire de 5 ans prévoyant successivement: la mise en place, le 13 octobre 1993, d'une commission conjointe de liaison israélo-palestinienne, chargée de vérifier la mise en oeuvre de la Déclaration de principes; la signature, le 13 décembre 1993, de l'accord portant sur le retrait - au plus tard dans les quatre mois qui suivent - de l'armée israélienne de Gaza et de Jéricho, qui passent sous administration palestinienne, l'Autorité palestinienne devenant compétente pour les questions touchant à la taxation, l'éducation, la culture, les affaires sociales et le tourisme; la constitution d'une force de police appelée à se renforcer à mesure que s'étendrait le territoire contrôlé par l'Autorité palestinienne; l'élection, au plus tard le 13 juillet 1994, par les Palestiniens (sans préciser si les Palestiniens de Jérusalem-Est sont concernés), d'un Conseil habilité à légiférer; l'extension progressive de l'administration palestinienne à l'ensemble de la Cisjordanie, et le retrait de l'administration civile et du gouvernement militaire israéliens; le redéploiement de l'armée israélienne hors des zones laissées à l'Autorité palestinienne, avant les élections pour le Conseil; la défense contre des menaces extérieures, la sécurité des Israéliens installés dans les territoires occupés et les affaires extérieures restent du ressort de l'Etat israélien; l'Autorité palestinienne ne peut disposer, en fait de forces armées, que d'une force de police. Lors de la deuxième phase, qui devrait débuter au cours de la troisième année de la période intérimaire, seraient abordés le sort des colonies de peuplement, le statut de Jérusalem, le problème des frontières, la question des réfugiés palestiniens et les arrangements de sécurité[75].

Si les accords d'Oslo constituent incontestablement une ouverture appréciable au niveau des futures relations israélo-palestiniennes, nous sommes cependant encore loin d'une solution susceptible de rencontrer les revendications minima du peuple palestinien, qui ne les considère que comme le point de départ de négociations devant conduire à l'évacuation totale d'Israël des territoires occupés et à la constitution d'un Etat palestinien.

Entre les Palestiniens et la majorité des Israéliens les divergences sur l'avenir des territoires occupés restaient donc considérables.

---

[75] *Le Monde, Dossiers et Documents*, juin 1994; BEN ACHOUR, R., "L'accord israélo-palestinien du 13 septembre 1993", dans *Revue générale de droit international public*, Tome 98, 1994.

En outre, nombre d'organisations palestiniennes remarquent, non sans raison, que cet accord rencontre la totalité des exigences essentielles de la partie israélienne, et se révèle globalement défavorable aux Palestiniens, qui n'ont obtenu que la reconnaissance de l'OLP comme représentant du peuple palestinien.

Ainsi, si les accords d'Oslo confortent dans une certaine mesure la position de la tendance favorable à Yasser Arafat au sein de l'OLP, ils contribuent aussi à approfondir les oppositions à la direction de la centrale palestinienne accusée de se plier, sans garanties pour l'avenir, à la totalité des exigences israélo-américaines, pour se maintenir au pouvoir.

Outre la démission de MM. Mahmoud Darwish, Chafik el Hout, et Farouk Kaddoumi - pourtant acquis au principe de la paix avec Israël - du Comité exécutif de l'OLP, et le vote de cet organisme, le 9 septembre 1993, sur les accords d'Oslo - qui a rapporté 8 votes pour, 4 contre, 1 abstention, 1 absence et 4 boycottages[76] - témoigne, de manière significative, du profond malaise qui mine la centrale palestinienne.

L'ampleur des concessions consenties par M. Arafat à Israël est condamnée sans appel, par le Front populaire de libération de la Palestine (FPLP) de M. Georges Habbache, le Front démocratique de libération de la Palestine (FDLP) de M. Nayef Hawatmeh, et le Hamas, qui annonce sa décision de continuer le combat armé (djihad) contre des objectifs israéliens, y compris à Gaza et Jéricho[77].

A la décharge des opposants aux accords d'Oslo, il faut reconnaître que cet accord est le fruit d'un rapport de force totalement déséquilibré, qui se trouve reflété dans la teneur des textes.

En signant les accords, l'OLP reconnaissait l'Etat d'Israël, renonçait à la violence, au terrorisme, mais acceptait qu'il ne soit pas fait mention de résolutions qui lui étaient favorables, notamment la résolution 181 relative à l'existence de deux Etats, et la résolution 194 proclamant le droit au retour pour les réfugiés palestiniens de 1948; seuls sont mentionnées les résolutions 242 et 338, qui sont muettes sur les droits légitimes des Palestiniens.

---

[76] BARON, X., op. cit., p. 346.
[77] *Al Hayat*, 15 septembre 1993.

Les colonies juives à Gaza comme en Cisjordanie renforcent leur implantation dans les régions où elles sont installées sous la protection de l'armée israélienne, et l'on ne relève aucun signe qui puisse indiquer le démantèlement de l'une d'entre elles par la volonté du gouvernement israélien. Or, le démantèlement d'au moins une partie de ces colonies constitue la garantie essentielle de l'instauration d'une paix stable dans la région et la viabilité politique d'un gouvernement palestinien.

Le Conseil Palestinien ne dispose d'aucun des attributs d'un Etat: il n'a pas d'armée, pas d'autorité souveraine à l'intérieur des ses frontières, ni d'autre pouvoir réel que la gestion de la santé, du tourisme et de l'éducation ainsi que celui de l'exercice de la police sur la population palestinienne; la population des colonies israéliennes installée dans les régions de Gaza et de Jéricho échappe à l'autorité de la police palestinienne, et sont placées sous la protection directe des forces armées israéliennes.

Plus grave encore, depuis la signature des Accords d'Oslo, la question des réfugiés a cessé d'être une question de droit international pour devenir un sujet de négociations bilatérales entre Israël, les pays arabes hôtes et l'Autorité palestinienne, ce qui rencontre totalement les souhaits de l'Etat hébreu[78].

Au regard des diverses concessions que comportent les accords d'Oslo, M. Edward Saïd conclu - et c'est là un reproche majeur - que le plan Allon, rejeté quelque 15 ans auparavant par M. Arafat, était nettement plus avantageux pour les Palestiniens, que les arrangements conclus à Oslo[79].

Face à une opposition, qui ne manque pas d'arguments comme nous venons de le constater, M. Yasser Arafat jouit du soutien de la majorité du Fatah - où des dissidences sont apparues - et de l'ancien Parti communiste, devenu le Parti populaire. En outre, une majorité de la population palestinienne, totalement épuisée par des années d'intifada, aspire à en récolter les fruits, aussi pauvres soient-ils.

Il restait alors à la direction de l'OLP à faire la preuve que la voie choisie pouvait effectivement mener à la satisfaction des revendications essentielles du peuple palestinien. Et, sur ce terrain, la marge de manoeuvre des négociateurs palestiniens, qui abordent les

---

[78] USHER, Graham, *Palestine in Crisis*, Pluto Press, London, 1995, p. 79.
[79] SAID, Edward W., *Peace and its discontents*, Vintage, London 1995, p.5.

discussions avec leurs homologues israéliens apparaissait bien étroite; d'autant plus que l'OLP manquait totalement de moyens financiers pour gérer un territoire dépourvu de la moindre infrastructure susceptible de servir de tremplin à l'édification d'une économie moderne, et, où, de surcroît, 27 ans d'occupation israélienne avaient contribué à ruiner l'agriculture palestinienne par la confiscation de terres et de l'eau au profit d'Israël et des colons juifs. Les expropriations de terres sont, en effet, évaluées à 67% de la superficie de la Cisjordanie et à 42,3% de celle de Gaza, entre juin 1967 et mai 1993. En outre, les agriculteurs palestiniens ont connu des problèmes d'irrigation du fait de la limitation du pompage de l'eau imposée par les autorités israéliennes, et de leur refus d'accorder des permis pour l'exploitation de nouveaux puits. Il apparaît alors que sur 760 millions de mètres cubes d'eau disponibles en Cisjordanie et à Gaza, plus des deux tiers sont utilisés en Israël et par les colonies de peuplement.

Sur le plan industriel la situation est plus préoccupante encore: les quelques entreprises légères existantes dépendent totalement d'Israël pour les matières premières, l'équipement et les pièces de rechange. En outre, la politique israélienne a visé à limiter étroitement les possibilités d'extension du tissu industriel palestinien.

Enfin, l'occupation israélienne, par les limitations qu'elle a imposées aux relations extérieures et, partant, au commerce extérieur de la Cisjordanie et de Gaza, a parachevé la dépendance de l'économie palestinienne à l'égard d'Israël. La situation des exportations des territoires occupés en direction du marché européen aurait dû connaître une amélioration sensible, après les pressions exercées par la Communauté Européenne sur Israël, mais les tracasseries administratives imposées à l'exportation de produits palestiniens ont eu pour résultat d'augmenter leur prix et de ralentir la fourniture des marchandises aux importateurs[80]. Obstacle supplémentaire sur la voie d'un développement palestinien autonome, tous les organes de financement locaux avaient été fermés en 1967 par Israël. La Cisjor-

---

[80] "Report of the Secretary General: Economic and social consequences of the establishment of settlements by Israel in the Palestinian Territory, Including Jerusalem, Occupied since 1967, and the Syrian Golan". Nations unies, Assemblée générale, conseil économique et social, cité par Antoine Mansour, "Cisjordanie et Gaza, une économie mutilée", *Le Monde Diplomatique*, octobre 1993.

danie et Gaza se trouvent donc essentiellement dépendantes de sources de financement provenant de la CEE, des Nations unies et d'ONG pour assurer la survie d'une économie résiduelle proprement palestinienne.

Du fait de cette situation créée par 27 ans d'occupation, la population palestinienne, pour assurer sa subsistance, se trouve étroitement dépendante d'Israël, qui occupe plus de 100.000 travailleurs palestiniens, dont les revenus faisaient vivre près d'un demi-million de personnes[81]. Les bouclages des territoires auxquels procédaient les autorités israéliennes en guise de représailles contre les attentats perpétrés par des groupes terroristes palestiniens avaient pour résultat d'accroître dramatiquement la précarité des conditions d'existence de la population palestinienne. En outre, ces mesures avaient aussi pour effet de frapper les exportations des produits palestiniens et les importations de machines, de pièces de rechange et de matières premières nécessaires au fonctionnement de l'industrie et du commerce palestiniens.

Dans ce contexte, il apparut, dès le départ, que la viabilité d'une entité palestinienne autonome dépendait totalement d'une aide internationale massive. Face à cette évidence, les Etats-Unis, après avoir averti leurs partenaires des pays industrialisés que leur contribution ne pourrait être que modeste, convoquèrent d'autorité, à Washington, pour le 1 octobre 1993, une conférence internationale destinée à établir les besoins de la reconstruction économique de la future entité palestinienne autonome[82]. C'était là un indice de plus de l'affirmation d'un leadership américain sur les affaires du Moyen-Orient: Washington décidait des mesures à mettre en oeuvre pour promouvoir l'avènement d'un ordre régional conforme à ses intérêts, et s'adjugeait la distribution des rôles entre ses partenaires, mobilisés pour la réalisation de ses objectifs.

---

[81] MANSOUR, Antoine, "Cisjordanie et Gaza, une économie mutilée", *Le Monde diplomatique*, octobre 1993.
[82] *International Herald Tribune*, September 15, 1993.

Le rôle de l'Europe dans le processus de paix israélo-palestinien

Evincée politiquement de la scène du Moyen-Orient, dans le courant des années 80, et totalement écartée de l'élaboration du processus de paix israélo-arabe, l'Europe allait tenter de jouer, à nouveau, un rôle minimum dans la région à la faveur des accords d'Oslo, et par le biais de sa "politique méditerranéenne rénovée". Mais il fut évident, dès le départ, que le rôle de l'Union Européenne au Moyen-Orient se limiterait à celui de bailleur de fonds pour la mise en oeuvre d'une politique régionale dans laquelle elle n'avait aucun pouvoir de décision, et pour la réalisation de laquelle elle ne serait même pas consultée.

Contre toute vraisemblance - du moins dans un avenir prévisible - l'Union Européenne caresse l'espoir de pouvoir jouer, dans le "nouvel ordre international", un rôle politique à la mesure de sa puissance économique, grâce à la création d'un vaste espace économique méditerranéen intégré, où son poids économique lui permettrait d'exercer, de manière inductive, un leadership politique de fait. Il était attendu du renforcement de l'interdépendance économique des pays de la région, et de leur dépendance à l'égard de l'Union Européenne, qu'ils contribuent à apaiser les tensions existantes et rendent improbable le déclenchement de nouveaux conflits entre Etats méditerranéens.

Dans cet esprit, l'Union Européenne, après la signature des accords d'Oslo I, en septembre 1993, a consacré un volet de sa politique méditerranéenne rénovée à la mise en oeuvre d'un programme d'aide à la mise en place des structures administratives et économiques de l'autonomie palestinienne.

Par ce biais, il n'est pas interdit à l'Europe d'espérer retrouver une relative influence politique au Moyen-Orient, et de contrebalancer les effets de la présence hégémonique des Etats-Unis, qui considèrent comme leur espace politique réservé cette région vitale pour les intérêts des pays industrialisés.

En fait, la politique développée à partir de 1993 ne constitue pas la première tentative de l'Europe pour redevenir un acteur politique sur la scène moyen-orientale. Déjà, dans les années 70, à l'occasion de la création - obtenue, il est vrai, sous la pression des Etats arabes - du Dialogue Euro-Arabe, l'Europe, dont les Arabes avaient espéré faire le contrepoids aux influences américaines et soviétiques, avait failli devenir un élément politique clé au Moyen-Orient. Depuis l'ouverture du Dialogue Euro-Arabe, la Communauté Européenne avait été amenée à s'impliquer de plus en plus dans le conflit israélo-arabe, et à prendre des positions de plus en plus nettes sur la question palestinienne.

Dans ce contexte, la déclaration de Venise, du 13 juin 1980, apparaît comme l'un des moments les plus achevés au plan de la formulation d'une politique commune européenne. A ce moment, l'Europe fut bien près de devenir une puissance dont la position dans le contentieux israélo-palestinien aurait dû être prise en compte.

Cette déclaration énonçait une série de principes dont la prise en compte conditionnait, pour la Communauté Européenne, l'établissement d'une paix équitable et durable entre les parties en conflit. Cinq principes généraux étaient ainsi avancés, qui prévoyaient:
- l'évacuation des territoires occupés par Israël depuis 1967
- le droit du peuple palestinien à l'autodétermination
- la reconnaissance de l'OLP comme interlocuteur obligé dans de futures négociations concernant l'avenir du peuple palestinien
- l'arrêt, dans les territoires occupés, des implantations juives considérées comme illégales au regard du droit international, et comme un obstacle majeur à l'établissement d'une paix équitable entre Israël et ses voisins arabes
- la nécessité d'apporter une solution globale au contentieux israélo-arabe.

Dans la déclaration de Venise, l'Europe se présentait comme partie prenante à la recherche d'une solution qui mettrait fin au conflit, vieux à l'époque d'environ 32 ans, qui apparaissait comme un élément permanent de déstabilisation de la région.

Dans le prolongement de la déclaration de Venise, le président en exercice du Conseil des ministres de la Communauté Européenne, Gaston Thorn, effectue une tournée au Moyen-Orient, afin de préciser, auprès des parties concernées par le conflit, la position de l'Europe et les solutions qu'elle préconise pour y mettre fin.

Plus concrètement encore, à l'issue du sommet des chefs d'Etat et de gouvernement à Luxembourg, en décembre 1980, un plan de paix pour le Moyen-Orient est publié; il repose sur quatre axes essentiels: l'évacuation par Israël des territoires occupés en 1967, l'autodétermination du peuple palestinien, la garantie de sécurité pour tous les Etats de la région conformément aux résolutions 242 et 338 du Conseil de sécurité, et la fixation du statut de Jérusalem.

Cette démarche constitue la dernière manifestation volontariste de la Communauté Européenne sur le terrain politique au Moyen-Orient.

L'accession à la présidence de la République de François Mitterrand et la victoire électorale du Parti socialiste en 1981 vont déterminer, pour un temps, un rééquilibrage de la politique française au Moyen-Orient en faveur d'Israël. Cette évolution de la politique française va amener Paris à prendre ses distances à l'égard de la déclaration de Venise, cassant ainsi la dynamique de la politique commune inaugurée en juin 1980, aboutissement de six années de patientes concertations et de laborieuses réévaluations.

A partir de 1981, l'Europe va se réaligner sur la politique des Etats-Unis et apporter son appui à la mise en oeuvre des accords de Camp David.

Toutefois, si elle renonce à toute initiative politique spécifique au Moyen-Orient, la Communauté Européenne a développé, à partir de 1981, une aide spécifique à l'intention des populations palestiniennes et est devenue le plus grand bailleur de fonds international dans les territoires occupés; en même temps, elle se montre plus ouvertement critique que Washington à l'égard de la politique menée par Israël en Cisjordanie et à Gaza.

De 1981 à 1986, l'aide fournie par la Communauté Européenne passait par l'intermédiaire d'institutions jordaniennes implantées en Cisjordanie avant 1967. A partir de 1986, les douze pourront faire parvenir directement leurs aides à des organismes palestiniens. L'aide financière s'élève, entre 1987 et 1993, à 139 millions d'ECUS[83] elle est destinée à promouvoir les petites industries, l'emploi dans l'agriculture, l'éducation, la formation professionnelle, la santé, ainsi que le fonctionnement des municipalités et des universités. Le 27 octobre 1986, la Communauté accorde un accès préféren-

---

[83] LANNON, Erwan, *l'Union Européenne face à la nouvelle dynamique régionale au Moyen-Orient*, thèse de 3è cycle, Université Libre de Bruxelles, 1994, non publié.

tiel à des produits originaires de Cisjordanie et de Gaza au marché communautaire, ainsi qu'une aide à la promotion des exportations palestiniennes. Enfin, durant l'intifada, la Communauté Européenne a octroyé des aides d'urgence et des aides exceptionnelles, tout particulièrement sous forme de fourniture de denrées alimentaires, de médicaments et d'assistance aux hôpitaux.

En même temps, la Communauté Européenne condamnait régulièrement la politique menée par Israël dans les territoires occupés. Elle fut ainsi amenée à bloquer, le 9 mars 1988, trois protocoles en réponse aux entraves imposées par Israël sur les exportations palestiniennes à destination du marché européen. Ce fut toutefois la seule mesure concrète prise par l'Europe pour appuyer sa désapprobation à l'égard des pratiques israéliennes dans les territoires occupés. Pour le reste, l'Europe se contente de condamnations verbales pour fustiger les excès de la répression israélienne à l'encontre de l'intifada, ainsi que le refus de l'Etat hébreu d'appliquer les résolutions du Conseil de sécurité. C'est ainsi que l'on assiste à la multiplication de déclarations qui précisent la position de la Communauté à l'égard du contentieux israélo-palestinien.

Au sommet de Madrid des 27-28 juin 1989, les Douze invitaient Israël à mettre fin à la répression qu'il exerçait dans les territoires occupés, et à se conformer aux résolutions 605, 607 et 608 du Conseil de sécurité. La Communauté Européenne appelait par ailleurs l'Etat hébreu à permettre la tenue d'élections en Cisjordanie et à Gaza. Le 9 octobre 1989, les Douze invitaient le gouvernement israélien à mettre fin à la fermeture des universités et des instituts supérieurs dans les territoires occupés. A plusieurs reprises, entre 1989 et 1991, La Communauté Européenne prend fermement position en faveur du droit du peuple palestinien à s'autodéterminer et à choisir librement ses propres représentants à d'éventuelles négociations de paix; tant le Parlement que le Conseil des ministres ont maintes fois condamné la politique d'implantation de colonies de peuplement en Cisjordanie et à Gaza, ainsi que les excès de la répression. Le 10 mai 1991, le Parlement européen ira même jusqu'à inviter la Commission à suspendre toute forme d'assistance à Israël tant que cet Etat persistera à vouloir poursuivre sa politique d'implantation dans les territoires occupés et à refuser le droit des Palestiniens à l'autodétermination.

Toutes ces prises de position, en l'absence de l'adoption de mesures de pressions concrètes, comparables au blocage des protocoles en mars 1988, n'eurent aucun effet. Plus même, les mises en garde de la Communauté Européenne sont accueillies par le gouvernement israélien avec une indifférence proche du mépris, même si, par moments, une certaine irritation à l'égard de l'agitation européenne, pointe dans le discours de responsables politiques israéliens. L'Etat hébreu sait, en fin de compte, qu'il n'a rien à craindre de l'Europe fondamentalement alignée sur les positions des Etats-Unis, même si des divergences d'approche apparaissent au niveau des discours.

Pour toutes les parties concernées par le conflit israélo-arabe, la solution se trouve à Washington, et ce sont bien les pressions de l'administration Bush - et elles seules - qui amèneront le gouvernement Shamir à accepter la tenue de négociations de paix avec les Palestiniens et ses voisins arabes. La vision impériale qu'ont les Etats-Unis de leur rôle dans le "nouvel ordre international" et, en particulier, au Moyen-Orient, est confortée par l'acceptation tacite du fait par la communauté internationale. Elle se manifeste de manière évidente à la conférence de Washington, du 1 octobre 1993, où les alliés sont en quelque sorte invités à mettre en oeuvre les moyens financiers nécessaires à l'édification de l'ordre régional conçu par les Etats-Unis.

La Communauté Européenne s'engouffra immédiatement dans ce créneau pour reprendre politiquement pied dans la région, en aidant l'autonomie palestinienne à mettre en place ses infrastructures institutionnelles et économiques, et en contribuant à leur fonctionnement. A cet effet, le Conseil, sur proposition de la Commission, décidait, le 11 juillet 1994, de débloquer, pour une période de 5 ans s'étendant de 1994 à 1998, une somme de 500 millions d'ECUS, sous forme d'un don de 250 millions d'ECUS non remboursables et d'un prêt de 250 millions D'ECUS par la B.E.I.[84]. Les sommes dégagées devaient être affectées à la mise en oeuvre de la "coopération financière et technique avec les territoires occupés en vue de contribuer à leur développement économique et social durable dans le cadre d'un programme d'une durée de cinq ans...." Les domaines prioritaires où devraient s'investir ces montants concernent "les infrastructures, la production, le développement urbain et rural, l'enseignement, la

---

[84] *Le nouvel espace économique européen*, étude, le Club de Bruxelles, 1996.

santé, l'environnement, les services, le commerce extérieur, la mise en place et le renforcement des institutions nécessaires au bon fonctionnement de l'administration publique et à la promotion de la démocratie et des droits de l'homme..."..."La stratégie de l'Union Européenne repose sur deux objectifs:
- à court terme, l'accent sera mis sur la mise en oeuvre de projets en faveur du logement, des crédits et de l'assistance en faveur des PME, de l'élimination des déchets solides, des égouts, de l'hôpital de Gaza...
- à moyen terme, l'action devrait se focaliser sur l'amélioration des infrastructures économiques et sociales (télécommunications, liaisons routières, électricité, parcs industriels...)"[85].

En outre, lors d'une réunion informelle à Ionnina, le 28 mars 1994, les ministres des Affaires étrangères avaient proposé au Conseil, qui l'avait accepté, l'octroi d'une aide de 10 millions d'ECUS à l'établissement de la force de police palestinienne. Dans la foulée, il fut décidé que la Communauté Européenne soutiendrait "la présence temporaire d'une force internationale dans les territoires occupés et la mise en oeuvre d'un programme coordonné d'assistance à la préparation et à l'observation des élections en Cisjordanie et à Gaza"[86].

Par ces mesures, la Communauté Européenne devient, certes, le principal soutien financier de la mise en oeuvre du processus de paix israélo-arabe, mais n'en acquiert pas pour autant la stature nécessaire pour exercer une influence déterminante sur l'évolution politique du Moyen-Orient. Elle n'apparaît, tout au plus, dans ce domaine, que comme un auxiliaire efficient des Etats-Unis. C'est dans cette position de second couteau que l'Europe tentera de limiter l'hégémonie des Etats-Unis au Moyen-Orient, et de promouvoir ce qui pouvait être de ses intérêts dans la région à l'occasion de rencontres internationales comme le sommet de Casablanca qui traduisirent, entre 1993 et 1996, l'évolution des relations israélo-arabes.

---

[85] Articles 1, 2 et 3 du règlement 1734/94, cité par Erwan LANNON, op. cit., pp. 41-42.
[86] Article 4 et 5 de la décision du Conseil du 19/4/94, *JOCE* n° L119 du 7/5/1994, p. 1, et 1778è session du Conseil, communication à la presse 8480/94 (presse 146) du 18/7/1994, cités par E. LANNON, op. cit., p. 42.

Les retombées des Accords d'Oslo sur les relations israélo-arabes

Les accords d'Oslo I, qui semblaient annoncer le règlement du conflit israélo-palestinien, paraissent avoir été le moment impatiemment attendu par nombre d'Etats arabes désireux de normaliser leurs relations avec Israël afin de développer leurs relations d'affaires avec l'Etat le plus développé de la région. L'une des manifestations les plus caractéristiques de cet état d'esprit est le sommet de Casablanca.

Du sommet économique de Casablanca...

Le sommet économique de Casablanca, qui s'est tenu du 30 octobre au 1 novembre 1994, est l'une des phases de la mise en place du nouveau système régional souhaité par les Etats-Unis. Planifié par le Forum économique mondial et par le Conseil sur les relations extérieures (New York) et patronné par les Etats-Unis et la Fédération de Russie, il rassemble 61 Etats et 1114 représentants du monde des affaires et de l'industrie, réunis dans la métropole marocaine pour promouvoir un projet de coopération économique régional pour le Moyen-Orient, qui devrait y favoriser, à terme, la libre circulation des capitaux, des biens et de la force de travail. Des stratégies y sont également étudiées pour favoriser la levée des obstacles au développement du commerce, de l'investissement privé et des échanges entre milieux d'affaires.

D'entrée de jeu, les Etats-Unis et Israël tentent d'orienter les débats comme si les résultats des négociations de paix en cours entre Israël, les Palestiniens, la Syrie et le Liban étaient acquis. Pour les Etats-Unis, l'objectif immédiat était de mettre en place les mécanismes nécessaires au fonctionnement global d'un nouveau système régional de nature à protéger leurs intérêts vitaux. Israël, quant à lui, considérait le sommet comme le début de son intégration économique dans la région par la levée du boycott économique arabe à son encontre, et par l'ouverture consécutive des marchés arabes à ses produits.

Deux tendances vont dès lors s'opposer tout au long des débats: la première, à la suite des Etats-Unis et d'Israël, préconisait la mise en oeuvre d'une politique de coopération régionale sans attendre les résultats définitifs des négociations bilatérales israélo-arabes; l'autre, comprenant certains Etats arabes avec l'Egypte comme figure de proue, subordonnait le plein fonctionnement d'une coopération économique régionale à l'aboutissement du processus de paix dans lequel étaient engagés Israël et les Palestiniens, et à l'évacuation par l'Etat hébreu des territoires occupés. Cette dernière tendance emporta un succès relatif dans la mesure où la déclaration finale du sommet mentionnait la liaison entre les processus de paix et de coopération régionale.

En l'absence de résultats concrets, les participants parvinrent néanmoins à se mettre d'accord sur la mise en place d'un groupe d'experts chargés d'examiner les possibilités de création de mécanismes d'investissement, y compris la création d'une Banque de développement pour le Moyen-Orient et l'Afrique du Nord. En outre, le sommet décida la création d'un Comité de direction pour assurer le suivi des décisions prises lors du sommet, ainsi que d'un Secrétariat exécutif destiné à assister le Comité de direction. Apparemment encouragés par ces premiers contacts, les participants décidèrent de réunir de nouveaux sommets à Amman, d'abord, les 29 et 30 octobre 1995, au Caire, ensuite, en novembre 1996.

Quels qu'en aient été les résultats effectifs, le sommet économique de Casablanca permit une fois de plus de mesurer la division du monde arabe face à la conjonction des positions du gouvernement israélien et de l'exécutif américain. Les Etats arabes se sont, en effet, présentés au sommet sans concertation préalable. En outre, un certain nombre de régimes arabes ont déjà entrepris de normaliser leurs relations avec Israël, ou sont sur le point de le faire, sans attendre le résultat final des pourparlers sur l'autonomie palestinienne.

...à la normalisation extensive des relations israélo-arabes

Le 26 octobre 1994, la Jordanie signait la paix avec Israël. Deux semaines plus tard, le roi Husseyn se rendait à Jérusalem pour une visite officielle.

En proie à des difficultés économiques de plus en plus préoccupantes, et en l'absence d'une aide des pays du Golfe, suspendue depuis ses prises de positions lors de la crise du Golfe, le souverain hachémite espère de la normalisation de ses relations avec Israël une coopération économique de nature à sortir son pays du marasme économique et social où il est plongé. A cet égard, le roi Husseyn attendait de sa politique à l'égard d'Israël que les Etats-Unis effacent sa dette à leur égard, et accroissent leur assistance militaire et économique. En outre, La Jordanie espérait pouvoir bénéficier d'investissements occidentaux pour financer une série de projets prévus dans le traité de paix. Enfin, le roi de Jordanie attendait aussi de la paix conclue avec Israël qu'elle contribue à résoudre ses problèmes d'approvisionnement en eau en obtenant la possibilité d'accroître ses prélèvements dans le Jourdain et le Yarmouk, et en programmant, avec Israël, des projets de coopération destinés à augmenter les ressources en eau de la région et à édifier deux barrages, grâce, notamment, à des financements occidentaux. Outre ces avantages économiques, le roi Husseyn voit le gouvernement israélien reconnaître un rôle historique particulier à la dynastie hachémite dans les lieux saints de l'Islam à Jérusalem.

Toutefois, si le roi attend une nette amélioration de la situation économique et politique du pays en raison de ses accords avec Israël, il doit aussi affronter les critiques de l'opposition qui lui reproche de brader les intérêts réels du pays. Pour appuyer ses critiques, celle-ci, invoque les termes du traité israélo-jordanien portant sur les questions de l'eau, de la souveraineté jordanienne, et du règlement du problème des réfugiés.

Dans le domaine des accords relatifs au partage des ressources en eau, les formations d'opposition reprochent au pouvoir d'avoir accepté l'accaparement par les Israéliens d'un volume exorbitant. Il est aussi reproché au roi Husseyn d'avoir aliéné la souveraineté jordanienne sur une partie du territoire national, puisque les accords prévoient la cession à Israël, pour un bail de 25 ans renouvelable, des zones de Baqoura et de Al Ghamr où sont installées des implantations juives agricoles placées sous souveraineté israélienne. Enfin, le traité de paix israélo-jordanien est considéré comme une trahison à l'égard des Palestiniens, dans la mesure où il semble accepter l'installation définitive, en Jordanie, des réfugiés palestiniens, et écarter la perspective de leur réinstallation possible dans une future entité palestinienne autonome à créer dans les territoires occupés [87].

Ces aspects de la politique jordanienne, contestés à l'intérieur, font aussi l'objet de critiques de la part des partenaires arabes du royaume.

Les Palestiniens craignent, à bon droit, que le traité de paix jordano-palestinien ne crée de dangereux précédents pour les négociations de paix à venir à propos des questions de souveraineté palestinienne sur la terre et les ressources en eau, du futur statut de Jérusalem et du droit au retour des réfugiés palestiniens. Quant à la Syrie et au Liban, ils considèrent la démarche jordanienne comme nuisible aux efforts diplomatiques déployés en vue d'obtenir le retrait israélien des territoires arabes occupés. A cet égard, le fait d'avoir accepté les conditions israéliennes relatives aux implantations agricoles sur le sol jordanien et à l'exploitation commune des ressources en eau fait craindre aux Syriens qu'il ne soit invoqué, par l'Etat hébreu, comme un précédent dans les discussions bilatérales portant sur la restitution du Golan et l'exploitation de ses ressources en eau. En outre, nombre d'Etats arabes, parmi lesquels l'Egypte, estiment que toute précipitation en matière de conclusion d'accords avec Israël risque de conforter l'Etat d'Israël dans son intransigeance et affaibli la position du monde arabe dans la défense de ses intérêts vitaux.

Ainsi, si dans l'immédiat, le roi Husseyn trouve un certain nombre d'avantages dans les accords qui le lient à Israël, sa position pourrait devenir extrêmement périlleuse si les conditions économiques intérieures ne connaissaient pas une amélioration sensible et si les résultats du processus de paix israélo-palestinien se révélaient négatifs, dans la mesure où il serait désavoué, à la fois, par son opinion publique et par une majorité d'Etats arabes.

Toutefois, dans l'immédiat, sa propension à favoriser à tout prix une normalisation de ses relations avec Israël ne constituait pas à l'époque un acte isolé dans le monde arabe.

Dans le courant de l'année 1994, plusieurs Etats arabes multiplièrent les gestes d'ouverture en direction d'Israël. Jugeant apparemment la question palestinienne comme un problème en voie de règlement, c'est en toute bonne conscience qu'une partie du monde arabe envisage une normalisation rapide de ses relations avec l'Etat

---

[87] propos recueillis en mars 1995, à l'occasion d'une mission au Moyen-Orient.

d'Israël. Certains Etats arabes, pressés par une situation économique préoccupante, espèrent développer avec Israël des courants d'échanges de nature à stimuler leurs économies languissantes; d'autres s'avancent dans la voie de la normalisation essentiellement pour s'inscrire dans le système sécuritaire conçu par les Etats-Unis dont la protection leur est indispensable. On vit ainsi le Maroc, la Tunisie, le Qatar et Oman ouvrir des bureaux de liaison destinés à organiser les échanges avec Israël. Dans le même temps, les Etats membres du Conseil de Coopération du Golfe décidèrent la levée des mesures de boycott secondaire et tertiaire, conditionnant la levée totale de l'embargo à l'égard d'Israël au règlement définitif du conflit israélo-palestinien.

Plus significatif encore, deux membres du C.C.G. poussèrent plus loin encore leurs relations avec Israël. En octobre 1994, le Qatar était en contact direct avec Israël pour la mise en oeuvre de projets d'investissement communs[88]. Le 26 décembre 1994, le Premier ministre israélien, Yitzhak Rabin, se rendait en visite à Oman, où il rencontrait le sultan Qabous pour discuter des moyens à mettre en oeuvre pour faire avancer le processus de paix. Au mois de février 1995, les ministres des Affaires étrangères des deux pays se rencontraient en Israël pour discuter des modalités de création et de fonctionnement de bureau de liaison à Tel-Aviv et à Mascate[89].

Au début de l'année 1995, les Etats-Unis et Israël pouvaient pavoiser. La dynamique de la normalisation s'était rapidement étendue à l'ensemble du monde arabe, et la perspective d'une intégration progressive d'Israël dans la région cessait d'apparaître utopique. Autre motif de satisfaction pour Washington, l'intervention éclair de ses forces armées au Kuwayt, en octobre 1994, face à une menace potentielle de l'Iraq, avait été couronnée de succès; le stockage sur place d'armement lourd et de matériel logistique avait fait la preuve de son utilité. Cette alerte avait, en outre, permis de faire la démonstration de l'efficience de la stratégie et du dispositif militaire américain. L'opération était de nature à rassurer les Etats du C.C.G., qui avaient choisi de se placer sous la protection des Etats-Unis. Le

---

[88] *Le Monde*, 18 octobre, 1994; *International Herald Tribune*, October 17, 1994.
[89] *Le Monde*, 27 décembre 1994 et 12 février 1995; *International Herald Tribune*, December 27, 1994, February 11, 1995.

système régional, à la naissance duquel avaient oeuvré les Etats-Unis, semblait concrètement en voie de réalisation.

Pourtant, les alliés arabes des Etats-Unis supportaient de plus en plus mal la complaisance affichée par Washington à l'égard d'un certain nombre de manquements israéliens à la lettre et à l'esprit des accords d'Oslo.

Les territoires occupés à l'heure d'Oslo

Dès le départ, il fut évident que l'application des accords d'Oslo devait subir des retards importants. Les premières difficultés surgirent à propos de l'étendue que devait recouvrir la notion de "région de Jéricho". De nouvelles difficultés surgirent à propos de l'importance des forces de sécurité israéliennes qui devaient assurer la protection des colons juifs dans la bande de Gaza. Un autre point de controverse portait aussi sur le contrôle à exercer aux points de passage entre Gaza et l'Egypte, et entre la Cisjordanie et la Jordanie.

Le dramatique épisode de l'assassinat de 29 Palestiniens à la mosquée située près du tombeau des patriarches, à Hébron, par un colon juif, Baruch Goldstein, le 25 février 1994, soulevait le problème de la sécurité de la population palestinienne face à des colons armés et contribua à retarder plus encore l'aboutissement des négociations israélo-palestiniennes sur la mise en oeuvre des accords sur l'autonomie. La reprise des négociations conduisit à la signature des accords du Caire du 4 mai 1994, qui constituent le véritable point de départ de la mise en application de la déclaration de principes signée à Washington le 13 septembre 1993. Le 17 mai, l'autorité civile palestinienne est installée à Gaza et à Jéricho; la police palestinienne s'y déploie. Toutefois, la multiplication de heurts entre colons et Palestiniens dans les territoires occupés, et la recrudescence d'actes terroristes revendiqués par le djihad islamique, incitent M. Rabin à postposer à plusieurs reprises l'évacuation des territoires occupés et l'organisation d'élections à Gaza et en Cisjordanie, bien que la police palestinienne ait entrepris la chasse aux extrémistes palestiniens et à leur incarcération, conformément aux accords signés avec le gouvernement israélien. Ainsi, les élections générales pour la formation du Conseil Palestinien prévues pour le 15 octobre 1994 avaient été constamment reportées par le gouvernement israélien qui craignait de voir des extrémistes élus dans la nouvelle assemblée parlementaire. Enfin, autre cause de la remise répétée de la date de ces élections, le gouvernement israélien prétendait ne procéder qu'à un redéploiement temporaire des forces de défense israéliennes pendant la durée des élections, et les ramener sur leurs positions initiales après le scrutin. Cette exigence était, bien entendu, constamment rejetée par M. Arafat comme contraire à l'esprit et à la lettre des accords d'Oslo. En outre, alors que les accords d'Oslo sur l'autonomie palestinienne stipulaient l'arrêt de la colonisation israélienne dans les territoires occupés, le gouvernement israélien poursuivit systématiquement sa politique d'extension des implantations existantes.

Le 18 octobre 1993, l'agrandissement de la colonie de Ma'ale Adumin fut autorisée par le gouvernement Rabin et 150 familles palestiniennes furent expulsées de leurs terres pour permettre cette extension[90]. Entre le 1 septembre et le 13 décembre 1993, 4.600 ha de terres furent confisqués et 5540 arbres furent arrachés en Cisjordanie pour faire place à des implantations israéliennes, dont une partie se constitua en zones militaires[91]. En mai 1995, le gouvernement israélien décidait la confiscation de 53 ha de terres palestiniennes à Jérusalem-Est pour bâtir un nouveau quartier juif de 2.500 logements; cette démarche était présentée comme la première étape de la mise en oeuvre d'un projet d'extension de l'habitat juif qui devait couvrir environ 500 hectares de terres appartenant à des Palestiniens[92].

Cette dernière entorse à l'esprit et à la lettre des accords d'Oslo conduisit les Etats arabes à porter la question devant le Conseil de sécurité. Le projet d'implantations fut condamné par 14 voix. Toutefois, cette résolution ne fut suivie d'aucun effet du fait du veto américain. Ils pressèrent néanmoins M. Rabin à renoncer à ses projets. Le gouvernement israélien, dans le souci d'apaiser l'opinion internationale et, surtout, de ne pas trop compromettre son allié américain, décida de geler son projet de nouvelles implantations, le 22 mai

---

[90] FIORE, A., *Le Monde Diplomatique*, février 1994.
[91] *Revue d'Etudes palestiniennes*, n° 51, printemps 1994, p. 9.
[92] *Le Monde*, 10 mai 1995.

1995[93]. Cette décision fut accueillie avec soulagement, tant par la partie arabe que par les sympathisants d'Israël. Mais, en raison de leur vote au Conseil de sécurité, les Etats-Unis cessèrent d'apparaître comme l'intermédiaire impartial dans le règlement du contentieux israélo-palestinien. De surcroît, cet épisode contribua à éroder un peu plus la confiance déjà fort limitée des Etats arabes à l'égard de la bonne volonté israélienne.

A l'occasion des débats que suscitèrent les initiatives israéliennes au sein de la communauté internationale, chacun put mesurer l'ampleur des divergences d'opinion entre Washington et ses alliés de l'Union Européenne; mais il apparut aussi, à l'évidence, combien celle-ci pesait peu sur les décisions concernant l'avenir du Moyen-Orient.

Les prises de position des Etats-Unis au cours de cette crise permirent aussi de constater la distance qui séparait l'administration Bush de l'administration Clinton.

L'équipe du président Bush avait élaboré une politique cohérente en fonction de finalités et de stratégies clairement établies. A partir de ces données des équilibres avaient été définis entre ce qu'il convenait de concéder à Israël et aux Etats arabes alliés, ainsi que la nature et l'ampleur des pressions à exercer sur chacun des protagonistes.

L'administration Clinton apparaît, quant à elle, comme l'une des plus inconditionnellement alignées sur les décisions israéliennes. La politique moyen-orientale de l'administration Clinton est imprécise et hésitante; elle ne s'inscrit plus, comme sous la présidence précédente, dans un projet politique global au service duquel avaient été mobilisés les instruments adéquats mis au point par le Pentagone. La Maison Blanche hérite d'un processus de paix initié par ses prédécesseurs, mais celui-ci semble désormais conçu, avant tout, comme un instrument de politique interne destiné à renforcer le prestige des Etats-Unis et à donner au Américains et au monde l'image d'un président faiseur de paix; de surcroît, la politique de l'équipe Clinton imprime au processus de paix une direction unilatérale qui tient essentiellement compte des impératifs sécuritaires invoqués par le gouvernement israélien. Logiquement, l'intransigeance de M.Yitzhak Rabin en matière de garantie sécuritaire et la nouvelle

---

[93] AVRAN, I., *Le Monde Diplomatique*, juin 1995.

impulsion donnée à l'extension des implantations juives en Cisjordanie se sont accrues de manière significative depuis l'entrée en fonction de l'administration Clinton.

La leçon que retiendront les Arabes de l'attitude israélienne après la signature des accords d'Oslo I est que le gouvernement israélien profite du moindre relâchement de la pression extérieure pour tenter de limiter la portée de ses concessions en matière d'autonomie. Quant aux Etats-Unis, les Arabes avaient pu évaluer les limites de leur soutien.

Depuis plusieurs mois déjà, le déroulement des négociations bilatérales et l'attitude de l'administration Clinton inquiétaient certaines capitales arabes, dont l'Egypte, interlocuteur arabe privilégié des Etats-Unis dans la région. Aussi le président Moubarak prit-il l'initiative d'inviter le roi Fahd d'Arabie Saoudite et le président Assad de Syrie à se réunir à Alexandrie les 28 et 29 décembre 1994, pour discuter de l'état du processus de paix et des conditions d'une reconstitution de la solidarité arabe, mise à mal par la crise du Golfe de 1990, mais aussi par les négociations secrètes israélo-palestiniennes que Yasser Arafat avait abordées, malgré les engagements pris, en dehors de toute concertation avec les Etats arabes impliqués dans les négociations bilatérales[94].

La réunion de ce mini-sommet devait être considérée comme un événement positif par la Syrie, qui percevait, non sans fondements, les négociations bilatérales comme une manoeuvre destinée à diviser les Arabes et à donner à Israël les moyens d'obtenir de chacun de ses interlocuteurs un maximum de concessions en les jouant les uns contre les autres. Le parcours des négociations israélo-syriennes est, il est vrai, assez chaotique. En janvier 1993, le gouvernement israélien se déclare disposé à envisager le retrait du Golan sur base des résolutions 242 et 338 du Conseil de sécurité. L'administration Clinton affiche, à propos de l'issue des négociations israélo-syriennes, un bel optimisme confirmé par le secrétaire d'Etat, Warren Christopher, au terme de navettes effectuées au Moyen-Orient en février 1993. Dans les mois qui suivirent, les négociations entre Israël et la Syrie stagnèrent. Au mois de septembre 1993, la Syrie, qui n'avait cessé de proclamer la nécessité d'une concertation arabe et la liaison d'accords bilatéraux aux progrès accomplis dans la voie d'une

---

[94] *International Herald Tribune*, December 30, 1994.

solution globale pour le conflit israélo-arabe, critique vivement les termes des accords d'Oslo I. Suite à ces prises de position, les Etats-Unis, tout en l'assurant de son soutien dans les négociations sur le Golan, invitent la Syrie à s'abstenir de tout soutien à l'opposition palestinienne aux accords d'Oslo. Peu après, le 24 septembre 1993, Israël, arguant de considérations sécuritaires, n'envisage plus qu'un retrait partiel du Golan. Une nouvelle perspective de déblocage des négociations semble se dessiner à l'issue de la rencontre de MM. Clinton et Assad à Genève, en janvier 1994, où le président syrien réaffirme sa volonté d'aboutir à un accord avec Israël. Le même mois à Strasbourg, le Premier ministre israélien exprimait ses doutes quant à la sincérité de la Syrie. Dans le même temps, celle-ci avait amplement démontré tout au long des négociations bilatérales qu'elle était à même de bloquer toute avancée dans le processus de normalisation des relations israélo-libanaises, et pouvait, à son gré, entretenir ou calmer les tensions aux frontières nord d'Israël.

Une nouvelle relance des négociations fut entamée à la suite de nouvelles visites de M. Warren Christopher dans les capitales syrienne et israélienne, en décembre 1994. A la fin de ce même mois, les délégations syrienne et israélienne, composées de militaires, se rencontraient au département d'Etat en présence du coordinateur du processus de paix, M. Dennis Ross [95].

Les négociations israélo-syriennes en étaient arrivées à ce stade au moment où se tenait le mini-sommet arabe d'Alexandrie, dont les développements ne manquent pas d'intérêt.

Conscientes de la précarité de la position arabe dans les négociations engagées avec Israël, les trois principales puissances du monde arabe s'accordèrent sur une série de positions de principe.

Tout d'abord, il convenait de restaurer, dans les plus brefs délais, la solidarité arabe et réactiver, à cet effet, le rôle d'une Ligue arabe rénovée. De leur capacité à réaliser ces objectifs dépendait, de l'avis des trois participants à la réunion d'Alexandrie, la capacité du monde arabe à influer sur les négociations concernant l'évacuation par Israël de tous les territoires occupés en 1967, ainsi qu'à amener l'Etat hébreu à signer le traité de non-prolifération des armes nucléaires et à reconsidérer sa position sur les problèmes de réduction des forces armées dans la région. Face aux dérives qui marquaient

---

[95] *International Herald Tribune*, December 24, 1994.

l'évolution du processus de paix, les trois Etats réunis à Alexandrie exprimèrent clairement leur volonté d'en revenir au principe de l'échange de "la paix contre la terre", et de refuser de se laisser entraîner dans la voie, souhaitée par Israël, de l'échange de la "paix contre la paix". Dans le même élan, Saoudiens, Egyptiens et Syriens réaffirmèrent leur soutien à l'Autorité palestinienne et au droit du peuple palestinien à disposer d'un Etat, après l'évacuation par Israël des territoires occupés, y compris Jérusalem-Est, conformément aux dispositions de la résolution 242[96]. Le message adressé aux Etats-Unis et à Israël par les trois chefs d'Etat réunis à Alexandrie était on ne peut plus clair: la normalisation effective des relations israélo-arabes passe obligatoirement par le retrait israélien de tous les territoires occupés et par la conclusion d'une paix globale entre Israël et la totalité de ses voisins arabes, y compris les Palestiniens. Cette prise de position ferme de trois des principales puissances arabes de la région avait pour résultat de relativiser sensiblement la portée du succès diplomatique que représentait pour Israël le rapprochement avec certains Etats arabes, comme le Qatar et Oman. Elle n'eut toutefois pas pour effet d'infléchir significativement la position d'Israël à l'égard de la Syrie, après une brève embellie, les négociations bilatérales israélo-syriennes connurent un nouvel arrêt au début de l'année 1995, après qu'Israël eût exigé d'installer des postes de surveillance dans la partie du Golan qui devait être restituée à la Syrie.

L'affirmation sans équivoque du soutien apporté, par une coalition arabe déterminée, à l'Autorité palestinienne et aux revendications du peuple palestinien venait à point nommé pour renforcer la position de Yasser Arafat, de plus en plus déforcé aux yeux de son opinion publique. Il se trouvait, en effet, contraint de mettre en oeuvre, à l'encontre de son peuple, des mesures de contrôle sévères pour garantir la sécurité d'Israël; de surcroît, il était constamment placé, sans pouvoir réagir, devant des faits accomplis israéliens qui constituaient autant d'accrocs aux accords intérimaires.

La nouvelle détermination manifestée par les Etats arabes réunis à Alexandrie n'eut donc pas pour effet immédiat d'assouplir fondamentalement la politique du cabinet Rabin dans les territoires occupés.

---

[96] *International Herald Tribune*, December 30, 1994.

Le découragement gagne ainsi du terrain dans la population palestinienne, qui attend, en vain, de l'application des accords d'Oslo une amélioration de ses conditions de vie précaires et un allégement des rigueurs de l'occupation israélienne.

Le gouvernement israélien semble, quant à lui, bloqué dans sa capacité de faire avancer le processus de paix. M. Yitzhak Rabin et la majorité des travaillistes ne parviennent pas à faire progresser les négociations sur le front syrien, hantés par la crainte d'une réaction négative de l'opinion publique, en cas d'opposition violente des colons juifs à une évacuation israélienne des hauteurs du Golan. En outre, M Rabin et ses partisans, en proie à leurs obsessions sécuritaires, ne peuvent concevoir un retrait du Golan sans le maintien d'un dispositif de surveillance sous contrôle israélien; ce qui est inacceptable pour les Syriens.

La même incapacité à faire bouger les choses se manifeste au niveau de la conduite du processus de paix israélo-palestinien, où de toute évidence les concessions sont distillées au compte-gouttes, d'une part, dans le souci de ménager les éléments les plus indécis de la majorité électorale qui avait porté le Parti travailliste au pouvoir, d'autre part, par conviction idéologique, dans la mesure où M. Rabin reste viscéralement attaché à une certaine vision sioniste des droits inaliénables des juifs sur la Judée et la Samarie. D'où les retards apportés à la mise en oeuvre des accords d'Oslo.

Seuls, comme en 1991, à pouvoir exercer les pressions nécessaires à un redémarrage du processus de paix, les Etats-Unis se confinent dans un rôle d'arbitre passif et partial. Plus même, loin de contrôler le déroulement des négociations, Washington court après l'événement en se contentant d'en récupérer les résultats, comme tend à le démontrer l'épisode des négociations secrètes israélo-palestiniennes à Oslo.

Avec la politique statique de l'administration Clinton on est loin de la vision dynamique de l'équipe Bush qui faisait du processus de paix un élément actif dans la construction d'un système régional rénové.

La Maison Blanche ne vise plus qu'à maintenir sa suprématie dans la région en misant sur le statu quo des rapports de force existants, en faisant aboutir une pacification des relations israélo-palestiniennes qui satisfasse prioritairement Israël et permette aux alliés arabes des Etats-Unis de normaliser leurs relations avec Israël et de faire des affaires avec lui, sans perdre la face.

A ce jeu, M.Yasser Arafat et les partisans palestiniens d'une paix négociée avec Israël sont les grands perdants. Non seulement, ils sont sans recours face à la manière arbitraire dont Israël conçoit la mise en oeuvre des accords de paix, mais ils se trouvent encore dans l'impossibilité d'améliorer les conditions de vie de la population palestinienne et de faire fonctionner leurs infrastructures institutionnelles et administratives faute de pouvoir disposer en temps voulu des moyens financiers que leur avaient promis les pays donateurs principalement européens.

En décembre 1993, un programme d'aide d'urgence avait été présenté aux donateurs qui s'étaient proposés d'apporter leur concours au développement économique de l'Autonomie palestinienne. Deux réunions du Comité de liaison ad hoc, dans la première moitié de l'année 1994, ne furent suivies d'aucun effet sur le terrain. Une nouvelle réunion de ce Comité se tint à Bruxelles les 29 et 30 novembre 1994, et s'engagea à fournir à l'Autonomie palestinienne une aide d'urgence d'un montant global d'environ 250.000 millions de dollars[97]. Mais les retards s'accumulèrent à nouveau.

L'Union Européenne, premier bailleur de fonds avec une aide de 500 millions d'ECUS étalée sur une période allant de 1994 à 1998, justifie les retards mis à remplir ses engagements par le fait que l'OLP n'a pas mis en place les structures nécessaires pour que les donateurs soient assurés que les aides mobilisées soient utilisées aux fins pour lesquelles elles avaient été conçues[98]. Arguments spécieux, rétorquent les responsables palestiniens, qui attribuent l'absence de structures d'accueil adéquates aux retards apportés par l'Union Européenne à fournir les moyens nécessaires à leur mise en place, ainsi qu'au paiement du personnel chargé de faire fonctionner l'appareil administratif. Même si l'on convient que les rigidités bureaucratiques de l'appareil palestinien, ainsi que l'excessive centralisation des prises de décision décisives n'ont guère facilité les choses, les affirmations des responsables palestiniens nous ont été confirmées par les témoignages d'observateurs de l'O.N.U. et de membres

---

[97] *International Herald Tribune*, December 1, 1994.
[98] Communication à la presse 8480/94 (presse 146) du 18-07-1994.

d'associations caritatives que nous avons rencontrés lors de notre séjour dans les territoires occupés.

En conséquence, sur le terrain, l'Autorité palestinienne donne une impression d'impuissance désespérante. Et à mesure que s'effrite sa crédibilité, l'opposition radicale aux accords d'Oslo, et principalement le Hamas gagnait du terrain.

En cette première moitié de l'année 1995, le processus de paix apparaissait donc bien mal en point.

TROISIEME PARTIE

DES ACCORDS D'OSLO II AUX ELECTIONS PALESTINIENNES

CHAPITRE V

OSLO II ET SES RETOMBEES

Pour prévenir les effets désastreux que pouvait engendrer l'enlisement des négociations israélo-palestiniennes sur une normalisation des relations entre Etats du Moyen-Orient, compatible avec la protection de leurs intérêts vitaux et de leur crédibilité politique dans la région, les Etats-Unis se devaient de relancer la dynamique de la paix entre Israéliens et Palestiniens.

C'est là, sans doute, qu'il faut rechercher les raisons essentielles des nouvelles pressions exercées par l'administration Clinton sur les deux parties en vue de les amener à faire progresser leurs négociations sur la mise en oeuvre des accords d'Oslo.

Après plusieurs mois de stagnation, de crises et d'atermoiements, les négociateurs israéliens et palestiniens parvinrent à sortir les négociations de l'enlisement et aboutirent à la signature d'un accord qui se présente comme une nouvelle mouture, plus détaillée, de l'accord du 13 septembre 1993. Cet accord, repris sous l'appellation de: "Accord intérimaire israélo-palestinien sur la bande de Gaza et la Cisjordanie", ou encore "Accords d'Oslo II", fut confirmé à Washington, les 28 et 29 septembre 1995; la conclusion de cet arrangement fut fêtée en grande pompe à la Maison Blanche le 29 septembre.

Les nouveaux arrangements prévoyaient essentiellement: l'extension de l'autonomie palestinienne en Cisjordanie, l'organisation d'élections présidentielles et législatives dans les territoires occupés, le transfert de pouvoirs, des dispositions en matière de sécurité, le règlement de questions juridiques, des arrangements en matière de relations économiques et de coopération israélo-palestiniennes.

Les Accords Oslo II, rassemblés en un volumineux document de quelque 400 pages, comprenant 26 cartes, prévoient l'élection d'un Conseil Palestinien pour une période intérimaire n'excédant pas cinq ans, "à compter de la signature de l'Accord Gaza Jéricho d'abord"; c'est-à-dire jusqu'en mai 1999 au plus tard. Les négociations sur le statut définitif de Gaza et de la Cisjordanie devaient commencer au plus tard en mai 1996. Au cours de cette dernière phase des discussions seraient abordés les problèmes en suspens, à savoir: le statut de Jérusalem, la question des réfugiés, les accords de sécurité et de frontières, la coopération et les relations avec les pays voisins.[99]

Le contenu des Accords intérimaires

1. Les élections

Les accords intérimaires prévoient l'organisation d'élections démocratiques ouvertes à tous les Palestiniens de Gaza et de Cisjordanie âgés d'au moins 18 ans enregistrés sur les listes d'électeurs à constituer par l'Autorité palestinienne. Les élections devraient se tenir 22 jours après l'achèvement du redéploiement de l'armée israélienne. Les élections présidentielles et législatives devraient avoir lieu simultanément. Tout individu, parti ou coalition de partis développant des thèmes racistes ou prônant le recours à la violence doivent être écartés des listes électorales. Les Palestiniens résidant à Jérusalem sont autorisés à participer à l'élection du Président de l'Autonomie et du Conseil Palestinien sous certaines conditions: seuls seront autorisés à voter les Palestiniens de Jérusalem qui possèdent, en outre, une adresse à Gaza ou en Cisjordanie; un petit nombre d'électeurs pourra être admis à voter à Jérusalem, dans des bureaux de poste d'où les bulletins, placés dans des enveloppes spéciales, seront envoyés au Comité Electoral Central; les autres seront appelés à voter dans des bureaux de vote situés hors de Jérusalem.

Toute l'organisation des opérations électorales sera contrôlée par des observateurs internationaux pour assurer que celles-ci seront libres et honnêtes. A la demande des parties signataires des accords, l'Union Européenne est invitée à assurer la coordination des missions d'observation internationales; celles-ci devraient comprendre des délégations de l'Union Européenne, des Etats-Unis, des Nations unies, de la Norvège, de la Fédération de Russie, du Canada, du Ja-

---

[99] *Mideast Mirror*, "Official Summary of Oslo Two", Monday September 25, 1995, p. 9.

pon, de l'Egypte, de la Jordanie, de la Turquie, de l'Afrique du Sud, du Nigeria, de l'Organisation de l'Unité Africaine, du Mouvement des non-alignés, de l'Organisation de la Conférence islamique[100].

2. Le Conseil Palestinien

Dès l'installation du Conseil Palestinien, le gouvernement militaire israélien disparaîtra avec l'administration civile, dont une partie des fonctions sera assumée par la nouvelle institution palestinienne. L'Etat d'Israël gardera les pouvoirs non transférés au Conseil. Ce Conseil, composé de 82 membres, détiendra le pouvoir législatif, le pouvoir exécutif étant exercé par l'Autorité palestinienne, composée pour partie d'élus au Conseil et d'un petit nombre de personnalités désignées. Le Conseil n'a pas dans ses attributions les relations internationales, qui restent du seul ressort du gouvernement israélien. L'OLP peut, néanmoins, conclure, au nom du Conseil, certains types d'accords de caractère économique, avec l'extérieur, notamment dans le domaine du développement régional; il est aussi habilité à mener des négociations avec des Etats donateurs et à conclure certains arrangements avec eux[101].

3. Questions de sécurité et redéploiement

L'armée israélienne se déploiera en Cisjordanie selon un calendrier prévu par les accords. Dans une première phase destinée à instaurer un climat favorable à la tenue d'élections, les forces armées israéliennes se retireront de six des grandes villes de Cisjordanie: Djénine Naplouse, Toulkarem, Qalqilya, Ramallah Bethléhem, et de 450 localités et villages qui les entourent. La ville de Hébron fait l'objet d'arrangements spéciaux. D'une manière générale, les autorités israéliennes sont entièrement responsables de la sécurité extérieure et de celle des implantations et de leurs habitants.

En matière de sécurité interne, l'accord divise le territoire de Cisjordanie en trois zones:

---

[100] *Mideast Mirror*, op cit., pp. 9-10.
[101] idem, p.10.

- La zone "A" comprend les six villes évacuées par l'armée israélienne, où l'Autorité palestinienne dispose d'une autonomie pleine pour ce qui concerne la gestion administrative, la sécurité et le maintien de l'ordre public.
- La zone "B" englobe les petites localités et villages de Cisjordanie, où se concentrent environ 68% de la population palestinienne; l'Autorité palestinienne y détient le pouvoir administratif et la responsabilité du maintien de l'ordre, comme en zone "A"; toutefois, les forces de défense israéliennes sont seules responsables en matière de lutte contre le terrorisme, ainsi que de la sécurité des citoyens israéliens établis en Cisjordanie et à Gaza. La police palestinienne, quant à elle, disposera de 25 postes dans des villages spécifiés dans l'accord intérimaire afin d'éviter tout contact entre les policiers et les colons, et sera responsable du maintien de l'ordre public dans ses secteurs. Toutefois, le déplacement des policiers ne pourra s'effectuer qu'en coordination avec les forces de défense israéliennes.
- Dans la zone "C", qui comprend les colonies juives et les territoires inhabités d'intérêt stratégique, les forces de défense israéliennes sont seules responsables de la sécurité et de l'ordre public. Le Conseil Palestinien ne détient ici que des responsabilités relatives à des questions économiques, à la santé et à l'éducation[102].

4. Redéploiements futurs

Dans les six mois qui suivent l'installation du Conseil Palestinien, de nouveaux déploiements sont programmés, qui prévoient le transfert sous juridiction palestinienne d'une partie des zones "B" et "C". Echappent à ce redéploiement les parties de territoire qui doivent faire l'objet des négociations dans le cadre des discussions sur le statut final de la Cisjordanie et de Gaza: entre autres, le statut des implantations juives, les implantations militaires, le statut de Jérusalem, etc.[103]

---

[102] idem, p. 10.
[103] idem, p. 10.

5. L'amendement de la Charte palestinienne

L'accord intérimaire prévoit, dans les deux mois qui suivent l'installation du Conseil Palestinien, l'abrogation des articles de la Charte palestinienne appelant à la destruction de l'Etat d'Israël[104].

6. La politique de sécurité pour la prévention du terrorisme et de la violence

Les forces de sécurité palestiniennes se composent de 12.000 policiers, dont le déploiement, l'équipement logistique, l'armement et les modes d'action sont spécifiés dans l'Accord intérimaire. La coopération des forces de sécurité palestiniennes et israéliennes en matière de prévention de la violence et du terrorisme est définie de la manière suivante: - La police palestinienne est la seule Autorité palestinienne autorisée en matière de sécurité. - La police palestinienne interviendra systématiquement contre toute forme d'expression de la violence ou de la terreur. - Le Conseil aura à délivrer les permis de possession et de port d'arme pour les civils; toutes les armes détenues sans permis devront être confisquées. - La police palestinienne aura pour mission d'arrêter et de poursuivre tout individu suspecté de préparer des actes terroristes. Les parties israélienne et palestinienne s'engagent à prendre toutes les mesures qui s'imposent pour lutter contre l'incitation à la violence et le terrorisme, qu'ils soient le fait d'Israéliens ou de Palestiniens. Dans cette perspective, Israéliens et Palestiniens procéderont à l'échange d'informations et coordonneront leurs politiques et leurs actions. Des Commissions de Sécurité Conjointes seront créées pour assurer la coordination des forces de police palestiniennes et des forces de sécurité israéliennes. Des Offices de Coordination fonctionneront 24 heures sur 24. Des patrouilles conjointes assureront la liberté de circulation sur des routes expressément mentionnées dans la zone "A". Des unités mobiles conjointes auront pour tâche d'intervenir rapidement en cas d'urgence ou d'incidents[105].

---

[104] idem, p. 10.
[105] idem, pp. 10-11.

7. Transfert des pouvoirs civils et de responsabilités

Dans la zone "C", les pouvoirs et responsabilités, autres que ceux relatifs au territoire, seront transférés de l'administration civile israélienne au Conseil Palestinien. Les pouvoirs et responsabilités relatives au territoire seront transférés parallèlement à l'étendue du redéploiement. Ce transfert de pouvoir est accompagné de dispositions particulières destinées à préserver le droit des Israéliens sur la terre, ainsi que de dispositions touchant les services à fournir aux implantations, tels l'électricité, l'eau et les communications[106].

8. La liberté de mouvement pour les Israéliens

Les forces de défense israéliennes et les citoyens israéliens doivent jouir d'une liberté de circulation totale sur les routes de Cisjordanie et de Gaza. En zone "A", les véhicules israéliens seront escortés par des patrouilles conjointes. Il ne sera pas permis à la police palestinienne d'arrêter ou d'emprisonner un citoyen israélien; tout au plus sera-t-il tenu de présenter ses papiers d'identité et les documents relatifs à son véhicule.

Sur les routes où circulent des patrouilles conjointes, seuls les soldats israéliens sont habilités à procéder au contrôle des papiers d'identité[107].

9. La recherche des personnes disparues

Les deux parties sont tenues de coopérer et de se prêter assistance, notamment par l'échange d'informations, dans la recherche de personnes disparues[108].

---

[106] idem, p. 11.
[107] idem, p. 11.
[108] idem, p. 11.

10. Dispositions légales

L'annexe relative aux dispositions légales concerne les relations que devront légalement entretenir les autorités israéliennes et le Conseil Palestinien. Ces dispositions définissent notamment la juridiction pénale et civile du Conseil et comporte des arrangements destinés à favoriser la coopération dans les domaines juridique et pénal, ainsi que la collaboration au niveau des enquêtes de police[109].

11. Les sites religieux

Au terme de l'Accord intérimaire, la responsabilité des sites religieux sera transférée au Conseil Palestinien pour ce qui concerne les zones "A" et "B". Dans la zone "C", ce transfert s'opérera graduellement pendant la phase de redéploiement ultérieure. Les parties israélienne et palestinienne s'engagent à respecter et à protéger les droits religieux des juifs, des chrétiens, des musulmans et des samaritains, à savoir:
  a) Protéger les lieux saints
  b) Assurer le libre accès aux lieux saints
  c) Garantir la liberté du culte
  Suit une liste des lieux saints juifs.
Les dispositions concernant l'accès aux lieux saints situés dans les zones "A" et "B" font l'objet de définitions minutieuses. Des arrangements particuliers sont prévus pour la tombe de Rachel à Bethléhem et pour la tombe de Joseph à Naplouse, où seront maintenues des forces de sécurité et des unités d'intervention rapide israéliennes[110].

12. Hébron

En raison du problème épineux que pose la présence, au coeur de Hébron, de quelque 450 juifs, considérés comme des fanatiques

---
[109] idem, p. 11.
[110] idem, p. 11.

religieux par nombre d'observateurs israéliens et irréductiblement opposés à toute forme de reconnaissance d'une Autorité palestinienne dans la ville, des arrangements particuliers ont été prévus afin d'y permettre la cohabitation des musulmans et des juifs. Aux termes de l'Accord intérimaire, la police palestinienne sera responsable du comportement et de la sécurité des résidents palestiniens, tandis qu'Israël prendra en charge la protection des résidents israéliens et assurera leur libre circulation vers les lieux saints. Le redéploiement des forces de sécurité israéliennes devra être achevé six mois après la signature de l'accord intérimaire. Israël conservera néanmoins, à Hébron, une présence militaire destinée à assurer la sécurité du noyau juif et sa libre circulation sur un certain nombre de voies de communications dûment définies; Israël gardera, en outre, le contrôle des lieux saints[111].

13. Droits de l'homme

Israël et le Conseil Palestinien s'engagent à exercer leurs pouvoirs respectifs dans le respect des droits de l'homme, tels que définis par la Charte des Nations unies et le droit international[112].

14. Le problème de l'eau

Aux termes de l'Accord intérimaire, Israël s'engage à augmenter de 28 millions de mètres cubes le quota d'eau alloué à la population palestinienne. Toute augmentation de ce quota sera fonction de l'accroissement des ressources en eau disponibles, à rechercher, notamment, à l'extérieur. Les deux parties conviennent également de créer un Comité de l'eau, qui sera chargé de gérer les ressources en

---

[111] idem, pp. 11-12.
[112] idem, p. 12.

eau dans l'intérêt général, et de prévenir une exploitation abusive des sources d'approvisionnement disponibles[113].

15. La libération des prisonniers palestiniens

Dans le but d'instaurer un climat de confiance et de désir d'entente mutuelle entre Israéliens et Palestiniens, l'accord intérimaire prévoit la libération de prisonniers palestiniens détenus dans les prisons israéliennes. Cette libération sera effectuée en trois phases, selon le calendrier suivant:

a) libération d'un premier contingent de prisonniers à la signature de l'accord.

b) libération d'un deuxième contingent à la veille des élections législatives palestiniennes.

c) libération ultérieure d'un dernier contingent selon des modalités à définir.

Une commission israélo-palestinienne aura à discuter des détails de la mise en oeuvre de ces décisions[114].

16. Coopération et relations économiques

Les parties israélienne et palestinienne conviennent d'étendre leur coopération aux domaines suivants: économie, agriculture, sciences, technologie et environnement. Les deux parties multiplieront les contacts pour le développement de l'éducation par des initiatives conjointes dans la promotion des curricula, la formation d'instructeurs sportifs, des programmes d'échanges de jeunes, la lutte contre la drogue.

Les contractants joindront leurs efforts pour promouvoir la protection de l'environnement par la recherche de sources d'énergies non polluantes et l'évacuation rationnelle des déchets. Enfin, Israël et le Conseil Palestinien mettront en oeuvre des initiatives commu-

---

[113] idem, p. 12.
[114] idem, p. 12.

nes en matière de promotion du tourisme, et procéderont, de commun accord, à une série d'investissements dans ce domaine[115].

17. Education à la paix

Les parties contractantes s'engagent à développer, dans leurs systèmes éducationnels, des matières destinées à former les mentalités des jeunes aux principes de paix, de tolérance, d'ouverture à l'altérité. Des échanges entre classes israéliennes et palestiniennes, dès le cycle d'enseignement primaire, sont prônés dans l'accord[116].

Les réactions à ces accords

Ces accords, signés en présence du Président Hosni Moubarak et du Roi Husseyn de Jordanie, furent salués par la communauté internationale comme un grand pas fait en direction de l'établissement d'une paix juste et durable au Moyen-Orient. Toutefois, sur le terrain, la permanence de l'occupation sur près de trois quarts du territoire de la Cisjordanie reste la réalité quotidienne. Les accords intérimaires ne sont pas la paix, loin s'en faut. La paix ne sera réalisée que le jour où tous les problèmes en suspens auront reçu une solution acceptable pour toutes les parties.

Les accords conclus restent donc extrêmement fragiles. En effet, comme le fut l'accord "Gaza-Jéricho d'abord" en septembre 1993, le nouvel Accord intérimaire est dénoncé par les opposants à M. Arafat, Hamas, FPLP et FDLP en tête, comme une capitulation face à l'intransigeance israélienne et l'abandon de la perspective de pouvoir créer un Etat palestinien indépendant. Le risque est donc grand de voir le Hamas reprendre ses campagnes d'attentats contre des cibles israéliennes, dans l'espoir de faire capoter les accords de paix.

Quant à la population palestinienne, concernée au premier chef par les accords d'Oslo II, elle aspire majoritairement, après des an-

---

[115] idem, p. 12.
[116] idem, p. 12.

nées de luttes et de privation, à la paix; son adhésion au processus de paix en cours dépend essentiellement des effets concrets qu'aura l'application des accords de paix sur son vécu quotidien. Pour cela, il est impératif que l'aide internationale promise pour édifier les infrastructures de base et jeter les fondements d'une économie palestinienne viable, soit versée, en quantité suffisante, dans les plus brefs délais, et n'accuse plus les retards enregistrés pour le paiement des aides promises à l'Autorité palestinienne après la signature des accords d'Oslo I.

En outre, en raison de la situation économique créée, en grande partie, par plus de 27 ans d'occupation, une coopération technique israélienne à l'effort international pour le développement de la Cisjordanie et de Gaza, est indispensable, principalement sous forme d'offres d'emploi en Israël, si l'on veut apaiser les tensions sociales, source majeure d'instabilité politique, dans les territoires appelés à devenir autonomes.

Le deuxième test de crédibilité des accords d'Oslo II auprès de la population palestinienne résidait dans l'attitude qu'allaient observer les autorités israéliennes sur le terrain. Allaient-elles considérer - comme ce fut le cas pour les région de Jéricho et de Gaza au lendemain de la signature de l'accord "Gaza-Jéricho d'abord" - les régions autonomes comme des foyers potentiels d'insécurité et filtrer les mouvements de populations entre zones "A" et "C" en multipliant entre elles des postes de contrôles d'identité rigoureux; allait-on, de même, assister à l'érection de nombreux points de barrages routiers dans les zones "B"? La condition essentielle d'une réconciliation en profondeur entre peuples palestinien et israélien passe essentiellement par une mise en oeuvre du processus de paix qui puisse persuader les Palestiniens que l'on a tourné la page de l'occupation et de ses humiliations. Si, au contraire, les Palestiniens devaient en arriver à se sentir plus que jamais sous la botte israélienne pendant la période intérimaire, alors il est à prévoir que M. Arafat et le camp de la paix enregistrent une perte de confiance significative et que la position des opposants aux accords intérimaires s'en trouve renforcée.

Il est significatif, en tout cas, que, malgré un désir de paix évident, le scepticisme prévaut dans l'opinion publique palestinienne, et que l'avenir des relations israélo-palestiniennes reste marqué par la suspicion et l'aléatoire.

Cette situation incertaine est rendue plus inquiétante encore du fait de la réaction de la droite israélienne qui n'hésite pas à traiter publiquement MM. Shimon Pérès et Yitzhak Rabin, les architectes des accords de paix, de traîtres et d'assassins, le dernier cité étant alors souvent représenté par des éléments de droite extrémistes en uniforme nazi. Pour cette droite, en effet, la conclusion de l'accord intérimaire signifiait la fin du rêve d'"Eretz Israël"; à ses yeux, de surcroît, les territoires autonomes devaient inévitablement devenir des bases terroristes aux portes d'Israël. A l'appui de leurs préventions, les colons font état des 149 Israéliens tués au cours d'opérations terroristes depuis la signature de l'accord Gaza-Jéricho d'abord, en 1993.

Dans son combat contre la restitution des territoires occupés depuis 1967, cette opposition peut compter sur l'appui des quelques 145.000 colons installés en Cisjordanie, entre 1967 et 1995, dans 145 implantations.

Ces implantations, peuplées, dans la plupart des cas, par des juifs extrémistes, majoritairement originaires des Etats-Unis, considérés par de nombreux Israéliens, y compris par des militaires que nous avons rencontrés lors de notre séjour en Cisjordanie, comme des fanatiques déterminés à s'opposer par tous les moyens à l'instauration d'une autorité palestinienne autonome sur la Judée et la Samarie qu'ils considèrent comme faisant partie intégrante de la patrie biblique des Juifs. Ces éléments irréductibles, que le ministre Yossi Beilin qualifiait de "petite minorité", évaluée à plus ou moins 15% de l'ensemble des colons, sont néanmoins puissamment armés et ont constitué dans les implantations des groupes de vigiles prêts à assurer leur propre protection en cas de redéploiement des soldats jusque-là préposés à leur sécurité. C'est ainsi que les implantations de Gush Etzion, Efrat et Kiryat Arba, pour ne citer que celles avec lesquelles nous sommes entrés en contact, apparaissent comme de véritables forteresses assiégées. Ces colons ont clairement signifié, par l'entremise notamment de l'un de leur porte-parole, Motti Cohen, "qu'ils ne tiendraient aucun compte des décisions du gouvernement ni des injonctions de l'armée, et qu'ils n'entendaient pas recevoir d'ordre des policiers palestiniens"; le cas échéant affirmait leur porte-parole, "ils n'hésiteraient pas à tirer sur eux." D'autres porte-parole, comme Aharon Domb, n'hésitent pas à prédire, pour la région de Hébron, où résident quelque 7450 juifs, en cas d'application des accords de paix, "une guerre civile entre juifs et Arabes débouchant sur un bain de sang sans précédent, dans la mesure où le gouvernement ne laisse d'autre choix aux colons." [117]

Des rabbins n'hésitent pas à inviter les soldats à désobéir à tout ordre qui viserait au démantèlement d'implantations ou à l'évacuation des centres urbains mentionnés dans l'accord intérimaire. Répondant à leur appel, mille réservistes ont signé un document dans lequel ils annonçaient leur refus de participer à une éventuelle expulsion de colons [118].

Les Palestiniens à l'heure des accords intérimaires

Arrangements combien précaires que ceux conclus ce 29 septembre 1995, après un si long parcours chargé de haines accumulées et de tortueuses négociations. Résultats d'autant moins assurés que rien dans les solutions retenues dans l'accord intérimaire n'est de nature à apaiser les insatisfactions des populations en présence, si ce n'est au terme de la dernière phase des négociations qui doit démarrer en mai 1996. Jusqu'au terme de ce nouveau marathon, toutes les composantes du mélange explosif qui déterminait l'instabilité fondamentale de la région restent potentiellement activées, et le moindre malentendu, la moindre provocation risquent, à tout instant, de provoquer l'étincelle qui mettra le feu aux poudres.

Considérons un instant la carte de Cisjordanie mise au point pour la période intérimaire, fruit de négociations laborieuses entre Israéliens et Palestiniens. Rien ne permet d'attendre que ce tracé des zones de l'autonomie en forme de peau de léopard soit de nature à satisfaire durablement la partie palestinienne, si les négociations à venir ne débouchaient rapidement sur la perspective d'une véritable autonomie, prélude à la création d'un Etat indépendant. L'absence de continuité entre les zones contrôlées par l'Autorité palestinienne rend l'ensemble pratiquement ingérable et le laisse, en fait, totalement dépendant du contrôle d'Israël. La gestion de la terre et des

---

[117] *The New York Times*, September 25, 1995.
[118] idem.

ressources naturelles, surtout de l'eau, reste concrètement du ressort d'Israël.

Autre question capitale que se posent les populations palestiniennes: que vont devenir les implantations israéliennes de Cisjordanie? Vont-elles être démantelées en totalité ou en partie? La question est à ce point ressentie comme sensible que les signataires de l'Accord intérimaire ont préféré ne pas rendre public le détail des dispositions finales concernant les implantations. Il n'empêche que la question reste éminemment explosive. Si la population palestinienne peut admettre, durant la période intérimaire, que les implantations restent soustraites à la juridiction et aux lois de l'Autorité palestinienne, elle n'entend pas que les implantations puissent rester indéfiniment des entités représentatives de la souveraineté d'un Etat étranger en Palestine. A ce propos, l'opinion publique palestinienne est divisée entre deux tendances: celle qui envisage le démantèlement de toutes les colonies de peuplement israélien, et celle qui admet le maintien de certaines implantations à la condition que celles-ci acceptent de se soumettre aux lois édictées par le législateur palestinien. Or la majorité des colons israéliens est irréductiblement opposée à l'une et à l'autre de ces issues.

Mais là ne s'arrêtent pas les motifs de frictions futures entre Israéliens et Palestiniens: Israël devrait s'employer logiquement à réclamer, autour de Jérusalem, une bande de terre rassemblant le triangle des implantations de Beitar au sud, Ma'ale Adumin à l'est et Givat Zeev au nord; en outre, non moins vraisemblablement, l'Etat hébreu va essayer d'intégrer d'autres implantations importantes comme le bloc de Gush Etzion, ainsi que les concentrations situées, comme Ariel, entre Qalqiliya, Toulkarem et Naplouse; enfin, sans que l'on parle ouvertement d'annexion de la vallée du Jourdain, Yitzhak Rabin, lui-même, n'a cessé d'affirmer qu'il était indispensable pour la sécurité d'Israël de pouvoir contrôler militairement la région afin de prévenir une éventuelle invasion venant de la Syrie ou de l'Iraq.

A ces motifs de frictions futures s'ajoute le problème majeur, pour l'avenir des relations israélo-palestiniennes, du statut définitif de la Cisjordanie et de Gaza. Remarquons, à cet égard, que l'Accord intérimaire ne fait pas la moindre allusion à un futur Etat palestinien, et ne contient rien qui puisse faire présager l'octroi d'une quelconque forme de souveraineté palestinienne sur la Cisjordanie et Gaza. En fait, ces territoires bénéficient, tout au plus, aux termes des accords de septembre 1995, d'une sorte de statut de province jouissant d'une certaine autonomie administrative, dont les limites apparaissent de manière évidente lorsqu'il s'agit de gestion de la terre, de celle des ressources naturelles, de problèmes de sécurité et de maintien de l'ordre public, comme l'indique, de manière significative, le fait que, dans les patrouilles mixtes, seule la partie israélienne est habilitée à procéder aux contrôles d'identité, et qu'aucun citoyen israélien ne peut être mis en état d'arrestation par un policier palestinien.

Les problèmes liés au transfert de souveraineté sont le point où se situent avec le plus de netteté les limites de l'entente possible entre Israéliens et Palestiniens au lendemain de la signature, à Washington, des accords d'Oslo II: pour la majorité des premiers - même ceux convaincus de la nécessité du processus de paix - il n'est pas question de déboucher sur la création d'un Etat palestinien; pour les seconds, l'accord intérimaire n'est qu'un pas qui doit nécessairement ouvrir la voie à l'édification d'un Etat palestinien indépendant.

A la lumière de ces éléments, on mesure mieux le caractère potentiellement explosif de la situation sur le terrain. Tant il est vrai, comme nous le faisait remarquer un commentateur palestinien à Washington, qu'il "est plus facile de conclure la paix sur papier, que de l'installer dans le coeur des hommes".

En dépit de ces sombres perspectives, les signataires des accords de Washington se préparent, avec un enthousiasme certain, à mettre en oeuvre les dispositions de l'Accord intérimaire.

Tandis que le gouvernement israélien planifie son retrait - avancé au mois de novembre 1995, au lieu du mois de février 1996 initialement prévu - des grands centres de Cisjordanie et son redéploiement consécutif, l'Autorité palestinienne prépare les élections en Cisjordanie, à Gaza et à Jérusalem, sous l'oeil bienveillant, mais vigilant de l'Union Européenne, qui se préparait à envoyer sur le terrain une mission d'observateurs pour couvrir l'opération.

Le 4 novembre 1995, l'assassinat du Premier ministre israélien, M. Yitzhak Rabin, par un opposant au processus de paix, eut, sur l'opinion publique israélienne, un effet contraire à celui attendu par les extrémistes. Le courage politique de M. Yitzhak Rabin, qui sut, au nom du sens de l'Etat et de l'intérêt général, revenir sur ses positions politiques initiales et devenir le premier martyr de la cause de la paix, contribua, plus que toutes les actions déployées jusque-là, à renforcer la majorité des Israéliens favorables à la paix. La droite israélienne fut, dans le prolongement de l'émotion suscitée par l'assassinat de M. Rabin, amenée à modérer ses attaques contre les artisans des accords d'Oslo II. Cette accalmie du climat politique interne fut mise à profit par M. Shimon Pérès, le nouveau Premier ministre israélien, pour poursuivre plus avant, avec le soutien ferme de la communauté internationale, les processus de paix israélo-palestinien et israélo-arabe.

Tant du côté israélien que du côté palestinien tout fut mis en oeuvre pour que les diverses phases de l'Accord intérimaire soient exécutées dans les plus brefs délais et pour que les élections palestiniennes se déroulent dans les meilleurs conditions.

Il était indispensable pour M. Shimon Pérès que la suite des opérations prévues dans les accords d'Oslo II prouve que les options choisies étaient les bonnes, et pour cela que Yasser Arafat, son partenaire essentiel dans la conduite du processus de paix, acquière la légitimité des urnes, qui seule pouvait lui offrir l'assise nécessaire pour imposer un certain nombre de décisions impopulaires.

Pour M. Yasser Arafat, il convenait de démontrer à l'opinion israélienne, par une collaboration adéquate avec les forces de sécurité israéliennes et un contrôle draconien de l'opposition palestinienne au processus de paix, que les choix de M. Pérès étaient les bons; il permettait ainsi au parti travailliste de préparer les élections pour octobre 1996 dans des conditions favorables et contribuait à augmenter les chances d'élection de M. Pérès, qui s'était révélé être l'homme politique israélien le plus à même de satisfaire, par la largesse de sa vision géopolitique, les aspirations essentielles des Palestiniens.

Préparation des élections palestiniennes et retour de l'Union Européenne sur la scène du Moyen-Orient

L'organisation d'élections pour la présidence et le Conseil de l'autonomie palestinienne apparaît comme la pierre angulaire du processus de paix israélo-palestinien, condition sine qua non d'une paix globale entre Israël et les Etats arabes.

Dans la perspective d'une progression positive des accords de paix israélo-palestinien, il était indispensable que les promoteurs palestiniens d'un règlement négocié puissent se réclamer du soutien du peuple palestinien pour accepter de souscrire à certaines exigences israéliennes concernant notamment les implantations de colons juifs qui constituent des empiétements flagrants sur l'exercice, déjà fort limité, de l'autonomie palestinienne en Cisjordanie.

Outre ces difficultés non négligeables, M. Yasser Arafat et ses partisans devaient aussi obtenir du Conseil Palestinien, où ils ne comptent pas que des alliés, qu'il abroge, comme convenu dans les accords conclus avec Israël, les articles de la Charte nationale palestinienne préconisant la destruction d'Israël.

Il convenait, dans ce contexte difficile, de donner à M. Yasser Arafat et à ses partisans, l'instrument légal qui leur permette de contrer leurs adversaires au sein de l'OLP et du Conseil Palestinien. Il était, par ailleurs, tout aussi indispensable de démontrer que les mouvements d'opposition aux accords d'Oslo, tel le Hamas, ne représentaient qu'une minorité des Palestiniens des territoires occupés.

Les objectifs assignés à l'opération électorale mise sur pied par l'équipe de Yasser Arafat, avec l'appui, principalement, d'Israël, des Etats-Unis et de l'Union Européenne, étaient de légitimer, par l'expression de la volonté du peuple, la direction de Yasser Arafat et d'apporter aux thèses des partisans des accords d'Oslo l'appui d'un parlement élu, capable de contrebalancer l'avis éventuellement négatif d'une majorité du Conseil National Palestinien, institution non élue.

Le choix de la date du 20 janvier 1996 - fixée officieusement dès octobre 1995 - pour la tenue des élections était politiquement judicieux, si l'on souhaitait conforter dans leur position les partisans de la poursuite des accords de paix. En effet, M. Yasser Arafat, artisan de l'évacuation successive de larges portions de Cisjordanie par les troupes israéliennes, pouvait aborder l'élection présidentielle auréolé de ses récents succès diplomatiques. Bien sûr, les divers opposants à la politique du président de l'Autonomie palestinienne, mais aussi des personnalités favorables à sa démarche dans le cadre des accords d'Oslo, ne manquèrent pas de dénoncer la précipitation dans laquelle se déroulait la préparation des élections; ils soulignaient notamment l'impossibilité où se trouvait l'opposition à M. Yasser Arafat de s'organiser pour se présenter aux élections avec quelque chance de succès.

Toutefois, les populations palestiniennes de Cisjordanie et de Gaza, fortement éprouvées par plusieurs années "d'intifada", aspiraient, dans leur majorité, à la paix et à un mieux-être économique et social qui ne pouvait résulter que d'une stabilisation politique rapide de la région.

Les conditions semblaient donc réunies pour que des élections démocratiques aboutissent au résultat escompté par toutes les parties prenantes à l'aboutissement positif des accords de paix israélo-palestiniens. Les élections palestiniennes doivent donc essentiellement être considérées comme un acte politique destiné à donner une assise crédible aux exécutants des constructions géopolitiques conçues par les gestionnaires de l'ordre international.

Pour assurer la crédibilité des résultats électoraux, et éviter toute dérive résultant de pressions exercées soit par les Israéliens, soit par des éléments palestiniens détenteurs d'une quelconque autorité institutionnalisée ou non, les garants du processus de paix favorisèrent la mise en place d'un système de contrôle international destiné à surveiller l'élaboration du processus électoral dans ses diverses phases, et à établir, de manière indiscutable, le caractère démocratique d'une Autorité palestinienne soutenue par des puissances occidentales qui fondent la légitimité de leur gestion de l'ordre international sur le respect des droits de l'homme et du citoyen.

Ce fut alors l'occasion pour l'Union Européenne, qui confirma, en cette occasion, son rôle d'appoint de la diplomatie américaine, de réapparaître sur la scène moyen-orientale comme promoteur et coordinateur d'une mission d'observation internationale des élections palestiniennes.

Cette mission conçue en accord avec Israël et l'Autorité palestinienne, prévoyait l'envoi, par l'Union Européenne, d'observateurs sélectionnés par les Etats membres. Une première vague de 66 observateurs, dits de longue durée, est ainsi arrivée en Israël entre le 9 et le 18 novembre. Sa mission était de vérifier, à Gaza et en Cisjordanie, la régularité des diverses opérations préparatoires à la tenue des élections présidentielle et législative le 20 janvier 1996. Il convenait, avant tout, pour la communauté internationale, de prévenir d'éventuelles tentatives de fraude et de veiller à ce que les électeurs puissent exprimer leur choix en toute liberté, à l'abri de toute pression de nature à entraver l'exercice de leur libre arbitre.

L'organisation électorale conçue pour la Cisjordanie et Gaza par la direction de l'Autonomie palestinienne prévoyait la division du territoire en 16 circonscriptions électorales; dans le chef-lieu de chacune des circonscriptions était installé un Bureau électoral central, dont dépendent des équipes d'enseignants chargées de l'enregistrement des électeurs palestiniens; chacune des circonscriptions possède un certain nombre de stations électorales installées dans les écoles du chef-lieu et des villages, qui servent de centre de travail aux équipes d'enregistrement; celles-ci transmettent les bulletins d'enregistrement dûment remplis au Bureau électoral du chef-lieu, qui collationne les données et les transmet aux services informatiques de l'Office palestinien des statistiques à Ramallah, lequel est chargé de l'impression des listes des électeurs. La Cisjordanie et Gaza se sont ainsi trouvé quadrillées par un réseau de stations électorales afin de permettre un travail rapide et efficient, malgré la pauvreté des moyens logistiques disponibles. Au jour de l'élection, les stations électorales locales étaient destinées à fournir les bureaux de vote, tandis que les équipes d'enregistrement fourniraient les assesseurs et le président de bureau.

Outre ces dispositions concernant l'organisation électorale régionale, un décret présidentiel n° II, du 15 décembre 1995, prévoyait pour le futur Conseil National Palestinien l'attribution de 83 sièges répartis entre les circonscriptions selon des dosages visant à instaurer un équilibre politique entre les diverses entités (voir *infra* tableau I).

Sur ces 83 sièges, un quota de 6 sièges fut réservé aux chrétiens (voir *infra* tableau II).

En outre, à Naplouse, 1 siège fut réservé aux samaritains.

Ce nombre de sièges fut ensuite porté à 88 sièges par le décret présidentiel du 29 décembre 1995. Aux termes de ce document, les circonscriptions suivantes se virent attribuer des sièges supplémentaires (voir *infra* tableau III):

L'organisation des élections comprenait cinq phases: une phase d'enregistrement des électeurs qui débuta le 12 novembre et devait être clôturée le 2 décembre; une phase prévoyant l'examen des listes d'électeurs par ceux-ci et une période de recours; une phase de dépôt des candidatures pour les élections parlementaire ou présidentielle;

TABLEAU I
Nombre de sièges par circonscription[119]

Circonscription	nombre de sièges
Bethléhem	4 sièges
Djénine	6 sièges
Hébron	9 sièges
Jéricho	1 siège
Naplouse	8 sièges
Qalqiliya	2 sièges
Ramallah	7 sièges
Salfit	1 siège
Toubas	1 siège
Toulkarem	4 sièges
Jérusalem	6 sièges
Gaza ville	10 sièges
Gaza Nord	7 sièges
Deir al Balah	5 sièges
Khan Younis	7 sièges
Rafah	5 sièges
Total	83 sièges

[119] *Al-Nas wa'l-Intikhabât*, 20 janvier 1996.

TABLEAU II
Nombre de sièges par circonscription[120]

Circonscription	Nombre de sièges
Gaza :	1 siège
Ramallah :	1 siège
Bethléhem :	2 sièges
Jérusalem :	2 sièges

TABLEAU III
Nombre de sièges et d'électeurs par circonscription électorale[121]

Circonscription	siège	nombre d'électeurs
Bethléhem	4	55.134
Djénine	6	82.314
Hébron	10 (+ 1)	133.084
Jéricho	1	12.906
Naplouse	8	111.651
Qalqilya	2	27.278
Ramallah	7	79.108
Salfit	1	18.996
Toubas	1	15.914
Toulkarem	4	56.319
Jérusalem	7 (+ 1)	80.051
Gaza-Nord	7	61.123
Gaza-Ville	12 (+ 2)	122.724
Dayr al-Balah	5	56.015
Khan Younis	8 (.+ 1)	71.629
Rafah	5	44.034
Total	88	1.028.280

---

[120] idem.
[121] idem.

une période pour la campagne électorale; les opérations de vote. L'enregistrement des électeurs fut confié à des équipes d'instituteurs, qui devaient être étrangers au village ou à la ville où ils opéraient. Chaque équipe, qui devait comprendre au moins une femme, procédait, par le système du porte à porte, au recensement des habitants de chaque foyer.

Outre l'enregistrement des électeurs, l'opération visait aussi à procéder au recensement de la population palestinienne. C'était là une tâche considérable qui donna lieu à une mobilisation sans précédent des ressources humaines disponibles: pour la circonstance, quelque 7000 enseignants furent dispensés de leurs tâches d'enseignement afin de terminer l'enregistrement dans les délais extrêmement courts prévus pour la réalisation de cette opération. Celle-ci se révéla rapidement beaucoup plus ardue que prévu, dans la mesure où un nombre non négligeable de villageois et de citadins, travaillant en dehors de leur lieu de résidence - le plus souvent en territoire israélien, ils ne pouvaient être recensés pendant la journée. Les recenseurs furent ainsi amenés à revenir trois à cinq fois au même endroit, souvent au soir.

Le rôle des observateurs de l'Union Européenne consistait à suivre des équipes d'enregistrement et à s'assurer qu'aucun foyer n'avait été oublié, ou intentionnellement exclu, par les recenseurs.
En raison des difficultés logistiques de l'opération et de la modicité des moyens dont disposaient les équipes d'enregistrement, un certain nombre d'erreurs furent commises et les délais d'enregistrement ne furent pas toujours respectés. En outre, certains résidents qui n'avaient pu être contactés lors des passages successifs des équipes d'enregistrement furent invités à se faire enregistrer au chef-lieu du district électoral; déplacement qu'un certain nombre de personnes non enregistrées répugnèrent à effectuer. Ces déficiences n'affectèrent toutefois même pas 1% de la population électorale, selon l'ensemble des estimations réalisées à ce propos.

Parmi les difficultés rencontrées au niveau de l'enregistrement, l'absence de carte d'identité, indice d'une situation politique et d'une organisation administrative confuse dues au régime d'occupation israélienne, posa un certain nombre de problèmes, la possession d'une carte d'identité étant, en effet, la condition indispensable pour pouvoir être enregistré. Les individus dépourvus d'une carte d'identité furent dirigés par les équipes d'enregistrement vers le centre administratif de Ramallah, où devaient leur être délivrés de nouveaux papiers d'identité, après quoi il leur était possible de se faire enregistrer au Centre électoral du chef-lieu de la circonscription électorale. Il est impossible d'évaluer, à ce jour, le nombre de personnes qui accomplirent le voyage vers Ramallah, et, parmi ceux qui consentirent le déplacement, le nombre d'individus qui revint se faire enregistrer ensuite au Centre électoral du chef-lieu. L'ensemble des évaluations opérées à ce sujet font état néanmoins de moins de 1% du corps électoral non enregistré du fait de ce problème.

Ces divers problèmes expliquent que la clôture des opérations d'enregistrement prévue pour le 2 décembre dut être postposée de quelques jours. Il s'ensuivit que l'on continua à procéder à l'enregistrement d'électeurs durant la période initialement prévue pour la présentation d'appels contre d'éventuelles erreurs ou irrégularités constatées au terme des opérations d'enregistrements.

A Jérusalem, l'enregistrement des citoyens en âge de voter s'avéra plus laborieux que partout ailleurs. C'est qu'un grand nombre de résidents de la ville craignaient de perdre leur droit de résidence, ou les avantages sociaux (notamment le système de sécurité sociale) réservés aux habitants de Jérusalem, s'ils figuraient sur les listes électorales de l'Autonomie palestinienne. Mettant un terme aux rumeurs alarmistes propagées par des sources incontrôlées, Mme Hanan Ashrawi et M. Fayçal Husseyni tinrent à mettre les choses au point au cours d'une conférence de presse tenue le 6 décembre 1995, où il fut précisé que les élections qui devaient se dérouler à Jérusalem n'affecteraient ni les droits ni le statut des habitants arabes de Jérusalem comme convenu entre les autorités palestiniennes et israéliennes. Les orateurs, au cours de leurs allocutions, mirent les Palestiniens résidant à Jérusalem en garde contre les dangers de l'abstentionnisme. Ils soulignèrent, en effet, la nécessité pour les Palestiniens de Jérusalem de démontrer à la communauté internationale qu'ils "constituent une majorité dans une ville majoritairement arabe et musulmane", et fustigèrent les abstentionnistes coupables, à leurs yeux, de mettre en danger la consolidation de la présence palestinienne à Jérusalem et le futur statut de la ville[122]. Mais, malgré, ces appels au sens civique de la population, 76.400 électeurs poten-

---

[122] *Biladi, The Jerusalem Times,* December 8, 1995.

tiels seulement, sur un total estimé à 110.000 individus, avaient été enregistrés au 30 décembre 1995[123]. En raison de l'enjeu politique que représente l'enregistrement de la population palestinienne, en vue des futures négociations israélo-palestiniennes sur le statut final de Jérusalem, les responsables de l'organisation des élections gardèrent les listes ouvertes, au moins jusqu'au 15 décembre.

Au 5 janvier, quelque 1.028.280 électeurs étaient recensés, et, en dépit de quelques déficiences dans l'organisation, au moins 95% des électeurs potentiels, en moyenne, avaient été enregistrés dans la bande de Gaza et en Cisjordanie[124].

Si l'on excepte donc le problème posé par Jérusalem ainsi qu'un nombre, globalement peu élevé, d'erreurs, voire de négligences, on peut considérer la campagne d'enregistrement comme un modèle d'efficience, même s'il a fallu retarder de quelques jours la clôture des opérations en raison des nombreux obstacles matériels et logistiques rencontrés par les équipes d'enregistrement, dont il convient de souligner, de manière générale, le dévouement et le zèle.

*
*   *

Si donc les opérations d'enregistrement aboutirent à un résultat extrêmement satisfaisant, la phase de publication des résultats de l'enregistrement se déroula dans une certaine confusion.

Les listes d'électeurs dressées par les services informatiques basés à Ramallah, sur base des documents de recensement transmis par les équipes d'enregistrement locales, qui devaient être distribuées dans les bureaux d'enregistrement locaux, dès le 10 décembre, afin d'être examinés par les électeurs, ne le furent qu'à partir du 13 décembre. Encore faut-il signaler que, dans de nombreux cas, ces listes ne furent portées à la connaissance du public qu'à des dates plus reculées encore. Après examen, il apparut que ces listes contenaient quelque 20% à 25% d'erreurs, dues principalement aux déficiences des services informatiques. Ces erreurs furent, dans leur majorité, corrigées par les instituteurs composant les équipes locales d'enregistrement. Le zèle déployé, une fois encore, par celles-ci permit de

---

[123] *Palestine Report*, January 5, 1996, vol.1, n°32, p. 8.
[124] idem.

compenser les insuffisances manifestes des centres informatiques. Si donc les résultats finaux des opérations d'enregistrement s'avérèrent plus que satisfaisants, le mérite en revient essentiellement à la mobilisation de la plupart des instituteurs formant les équipes locales d'enregistrement, ainsi qu'au travail accompli par les Bureaux électoraux centraux des circonscriptions.

Il reste toutefois que les retards enregistrés au niveau de l'enregistrement des électeurs, de la publication des listes des électeurs aux fins de vérification, et de la période de dépôts éventuels de recours, empiétèrent sur la période prévue pour le dépôts des candidatures à l'élection, dont le début était initialement fixé au 14 décembre. Ce qui ne manqua pas de susciter les critiques des candidats potentiels et des opposants à la politique de M. Yasser Arafat.

*
*   *

Aux critiques formulées à l'égard de la conduite d'opérations électorales menées au pas de charge s'ajoutèrent celles formulées à l'égard des retards apportés à la publication d'une loi électorale, dont les termes ne furent connus qu'à peine six semaines avant la date prévue pour la tenue des élections. En fait, la loi électorale fut promulguée le 7 décembre et la date des élections fut officiellement fixée au 20 janvier 1996 par un décret présidentiel du 13 décembre 1995[125]. Le texte lui-même fut loin de faire l'unanimité, mais son adoption confirma le contrôle que M. Arafat continuait à exercer sur la marche des affaires politiques palestiniennes. Les opposants au courant majoritaire dominé par M. Arafat dénoncèrent avec virulence la division de la Cisjordanie en circonscriptions électorales et l'adoption du système majoritaire, qui, selon eux, favorisait indûment le Fatah, le vote tribal, le clientélisme traditionnel des grandes familles, et les protégés de l'appareil politique dominant. Défendant le point de vue selon lequel il convenait de favoriser la participation du plus grand nombre de courants d'opinion à l'édification d'institutions équilibrées pour la nouvelle entité palestinienne, les détracteurs de la politique suivie par l'Autorité palestinienne préconisaient l'adoption d'un système proportionnel. En outre, les courants les plus

---

[125] renseignement récolté sur le terrain.

radicaux de l'opposition - principalement le Hamas, le FPLP et le FDLP - réclamaient le droit de vote pour les Palestiniens de la diaspora, et le report des élections à une date postérieure à l'évacuation totale de Hébron par les troupes israéliennes. Enfin, le système des quotas réservés aux chrétiens et aux samaritains fit l'objet de critiques sévères même dans les rangs de ceux qui soutenaient globalement la politique suivie par M. Yasser Arafat et ses partisans.

Malgré les nombreuses réticences exprimées au cours des discussions engagées à propos du texte de loi, celui-ci fut adopté moyennant quelques amendements mineurs.

Il n'empêche que la date tardive à laquelle a été publié le texte de loi a entraîné certaines irrégularités et n'a pas permis de corriger nombre de dysfonctionnements et d'incohérences.

Parmi ceux-ci, il convient de remarquer, au premier chef, que la première phase du processus électoral, à savoir l'enregistrement, a été menée à son terme avant la promulgation de la loi électorale. Il a aussi fallu apporter, en quelque trois jours, au pas de charge, des modifications à caractère technique à certaines dispositions de la loi. En outre, les diverses catégories de personnes impliquées dans le processus électoral: personnel chargé de l'administration des opérations électorales, candidats à l'élection et leurs agents, membres des bureaux de vote, partis politiques, n'ont eu que fort peu de temps pour prendre connaissance de la loi et intégrer ses diverses dispositions. Plus encore, la Commission Electorale Centrale, n'est entrée en fonction qu'au 22 décembre, et était tenue de rendre un avis sur les plaintes introduites à propos de l'enregistrement pour le 25 du même mois, c'est-à-dire trois jours après la date limite (22 décembre) fixée pour le dépôt des candidatures à une élection, alors que les candidats devaient préalablement faire la preuve qu'ils avaient été enregistrés. Dans le même esprit, les candidats d'un parti devaient produire une copie de leur document d'affiliation à cette formation politique pour le 22 décembre au plus tard, alors même qu'une Cour Electorale d'Appel, entrée en fonction le 23 décembre, avait jusqu'au 28 décembre pour émettre un avis sur des appels relatifs à l'enregistrement de partis. Enfin, le texte de loi semble être en recul par rapport aux dispositions de l'annexe II, article III. 2 de l'Accord intérimaire qui rejette tout enregistrement ou candidature d'un individu, parti ou coalition prônant le racisme ou la violence pour faire triompher leur opinion; en effet, la loi électorale ne prévoit explicitement que l'exclusion de formations politiques adeptes du racisme ou du recours à la violence, laissant à celles-ci la possibilité de présenter des candidats comme indépendants[126].

*
*   *

C'est dans une atmosphère de fébrilité, suscitée par la volonté de l'Autorité palestinienne de mener l'organisation des élections à la hussarde que fut publié, le 13 décembre, le décret présidentiel fixant au 14 décembre le début des dépôts de candidatures; la date limite pour la présentation de candidats fut initialement fixée au 22 décembre, puis prolongée jusqu'au 23 décembre à minuit, ensuite reportée au 31 décembre.

Pour être éligible, chaque candidat à un mandat au Conseil Palestinien devait déposer une caution de 1.000 dollars et obtenir l'appui de 500 signataires; les candidats à la présidence de l'Autonomie palestinienne devaient faire état de 5.000 signatures et déposer une somme de 3.000 dollars[127].

Le chevauchement des diverses phases de l'opération, en raison des retards enregistrés dans la réalisation de chacune d'elle, favorisa un certain nombre d'incohérences. Ainsi, l'affichage des listes d'électeurs dans les stations électorales locales ne put commencer, au mieux, qu'à partir du 11 décembre; dans de fort nombreux cas, la vérification des listes par les électeurs ne fut rendue possible qu'à des dates plus tardives. Il restait, dès lors, fort peu de temps aux candidats pour vérifier d'abord si leur nom figurait correctement sur les listes, ensuite si les signataires de leur liste de soutien, souvent dispersés dans plusieurs stations électorales, étaient convenablement repris sur les listes. Mieux encore, comme l'enregistrement des partis et les vérifications ultérieures n'étaient pas encore terminés à la date fixée pour l'ouverture des dépôts de candidature, seuls les candidats indépendants purent s'inscrire dès le 14 décembre sur les listes prévues à cet effet.

---

[126] textes consultés en Cisjordanie.
[127] texte consulté en Cisjordanie.

Enfin, une série de décrets présidentiels publiés coup sur coup apportèrent un certain nombre de modifications techniques, ajoutant à la confusion et à la méfiance nourrie à l'endroit des visées du président de l'Autorité palestinienne. Ainsi, le 26 décembre, est publié un décret présidentiel annonçant la création de 5 nouveaux sièges: deux pour Gaza Ville, un pour Khan Younis, un pour Jérusalem et un pour Hébron, et la réouverture des dépôts de candidature pour ces quatre circonscriptions, jusqu'au 29 décembre. Le 29 décembre, un nouveau décret annonce la réouverture des dépôts de candidature pour toutes les circonscriptions et le prolongement de deux jours de la période d'enregistrement des candidatures[128]. Cette dernière mesure fut considérée par de nombreux observateurs, dont nous sommes, comme une manoeuvre de retardement destinée à permettre, d'une part, au Fatah, en proie à certaines difficultés, de finaliser ses listes de manière à assurer sa victoire dans l'ensemble des circonscriptions, d'autre part, de laisser ces mêmes listes ouvertes pour d'éventuels transfuges du Hamas.

Dans cette optique, des négociations entre l'Autorité palestinienne et le Hamas se poursuivaient régulièrement depuis la signature d'un protocole d'accord limité en août 1995. Les négociations réactivées au Caire en décembre 1995 avaient suscité, au départ, de réels espoirs chez tous ceux qui souhaitaient intégrer la formation islamiste dans le processus de paix et attendaient de sa part l'arrêt des attaques armées contre Israël et sa population. Le 20 décembre, toutefois, un porte-parole du Hamas, M. Muhammad Nazzal, annonçait sans ambiguïté l'intention de sa formation de boycotter les élections. Le 23 décembre, le chef de la délégation du Hamas, M. Khaled Mishaal, se montrait relativement optimiste sur l'avenir des relations entre l'Autorité palestinienne et le Hamas. Les deux parties, déclarait-il, ont décidé de condamner les luttes fratricides entre palestiniens, et de régler leurs contentieux par la négociation. Dans cet esprit, même si le Hamas reste résolu à poursuivre sa lutte contre l'occupant israélien, il se dit tout aussi disposé à éviter "d'embarrasser" l'Autorité palestinienne[129].

---

[128] textes consultés en Cisjordanie.
[129] *Biladi, The Jerusalem Times*, December 22, 1995, p. 1; idem, January 12, 1996, p. 6.

Enfin, un dernier décret daté du 29 décembre 1995, qui visait à reculer la date d'ouverture de la campagne électorale jusqu'au 5 janvier 1996, suscita une levée générale de boucliers et une sévère mise en garde de l'Unité Electorale de l'Union Européenne. Devant l'ampleur des réactions provoquées par cette dernière décision, le début de la campagne électorale fut fixé au 2 janvier par décision de la Commission Electorale Centrale, devenue enfin opérationnelle.

Toutefois, en dépit de ces controverses et de cette agitation, la population palestinienne a, dans sa grande majorité, vécu ces mois de novembre et décembre comme l'une des périodes les plus enthousiasmantes de son histoire à mesure que se précisait le retrait israélien des six grandes villes de Cisjordanie.

CHAPITRE VI

LA CISJORDANIE A L'HEURE DU REDEPLOIEMENT ISRAELIEN

La passation de pouvoir dans les cités de Cisjordanie

La période qui vit le retrait des six grandes villes de Cisjordanie par les forces de sécurité israéliennes fut chargée d'intenses moments d'émotion.

Installés comme observateurs européens à Bethléhem, depuis le 20 novembre 1995, nous avions, chaque jour un peu plus, l'impression d'assister à la préparation d'une de ces grandes festivités qui marquent les moments capitaux de l'histoire d'un peuple. A mesure que les jours passaient, des guirlandes de drapeaux palestiniens et de photos de Yasser Arafat, accrochées aux maisons de part et d'autre de la rue, formaient une voûte colorée par-dessus les rues étroites de la vieille ville, ou les routes défoncées des chaussées principales. Les murs des maisons elles mêmes se garnissaient, en de nombreux endroits, de drapeaux palestiniens, dont, signe des temps nouveaux, l'autorité israélienne n'interdisait plus l'exposition. Même les étroits trottoirs surélevés, qui séparaient, dans la rue principale, les deux voies de circulation, étaient peints aux couleurs du drapeau palestinien. Tout était mis en oeuvre pour fêter dignement le jour de la "libération", et recevoir, comme il convenait, le chef de l'Autorité palestinienne, dont la visite était attendue peu après l'évacuation des forces israéliennes, et, en tout cas, pour les fêtes des Noëls catholique et orthodoxe.

Des images de T.V., ou celles prises par des caméras d'amateurs, témoignent toutes de l'allégresse manifestée par les foules palestiniennes venues des campagnes environnantes dans leur chef-lieu pour y assister au départ des policiers et militaires israéliens, et à leur relève par les forces de police palestiniennes. De la fin novembre au 21 décembre, date de l'évacuation de Bethléhem, avant-dernière étape du retrait israélien des grandes villes de Cisjordanie, c'était bien la libération de leur terre, après plus de 28 ans d'occupation, que les populations fêtaient dans l'allégresse. Pour une foule de jeunes gens et d'adolescents, qui n'avaient connu d'autre régime que l'occupation et un ordre sécuritaire imposé par une autorité étrangère, s'ouvrait un nouvel espace de vie, aux contours indéfinis mais riche en promesses. Pour les aînés la vie valait à nouveau la peine d'être vécue; on allait pouvoir reconstruire l'avenir et préparer celui des jeunes. C'était tout cela que les gens amassés sur la place de la Nativité, à Bethléhem, essayaient de nous faire comprendre en ce jour où l'occupation étrangère prenait fin.

Bethléhem, jeudi 21 décembre, 17 heures, la place de Nativité est noire de monde; les rues qui y mènent sont encombrées d'une foule dense au point qu'il devient impossible de s'y frayer un chemin. Juchés sur un toit, en compagnie d'amis palestiniens, nous observons la scène. La foule entoure le commissariat central cerné de ses hautes barrières de métal destinées à protéger les forces de sécurité israéliennes d'éventuels jets de pierres; à l'intérieur de l'enceinte, les policiers et les militaires israéliens préparent leur départ et amènent le drapeau israélien, sous les yeux attentifs des spectateurs muets, qu'un service d'ordre palestinien en civil canalise de manière à dégager la chaussée. Une à une les voitures israéliennes sortent de l'enceinte et se rangent en file indienne sur la chaussée; les véhicules transportant les policiers palestiniens arrivent en sens inverse; à la porte de l'enceinte, la passation des pouvoirs entre officier israélien et palestinien s'effectue dans une atmosphère correcte mais glaciale; les policiers palestiniens pénètrent dans l'enceinte du commissariat, tandis que les voitures israéliennes s'éloignent, sans incident, dans un silence pesant, entre une haie de spectateurs que l'on sent hostiles.

A peine le dernier véhicule israélien a-t-il tourné le coin, et tandis que les couleurs palestiniennes sont hissées sur le toit du Commissariat, c'est l'explosion. La foule hurlante, déchaînée, se rue à l'intérieur de l'enceinte dont les portes ont été ouvertes par les policiers palestiniens. Elle investit cet espace clos dont l'occupation avait fait un lieu symbolique de son exclusion sur sa propre terre.

Des policiers sont portés en triomphe, tandis que des jeunes gens porteurs de drapeaux se hissent sur les palissades métalliques et escaladent les murs du commissariat. Sur le toit du commissariat, au son d'airs martiaux diffusés par des hauts parleurs tonitruants installés tout autour de la place, les officiers de police saluent la foule en délire, qui les acclame frénétiquement.

Dominant la musique et les hurlements du public, les cloches des églises orthodoxes, catholiques, maronites... sonnent à toute volée pour célébrer l'événement.

Sur les toits environnant la place, malgré les interdictions formelles lancées par les autorités, des coups de feux éclatent pour fêter le grand jour.

Soudain, avec une violence inouïe, la foule se précipite spontanément sur les hautes grilles métalliques bétonnées dans le sol, qui entouraient le commissariat central. Des hommes les escaladent et se mettent à les secouer frénétiquement jusqu'à ce qu'elles s'effondrent au sol. Ce symbole d'aliénation abattu, et le bâtiment une fois rendu à la Place et à sa ville, la foule ne pense plus qu'à manifester sa joie.

Des amis palestiniens installés sur le toit où nous nous trouvions placés se congratulent et nous embrassent en pleurant. Nous descendons dans la rue où, parmi la foule en effervescence, on distingue des groupes exécutant des danses locales. J'y retrouve des instituteurs rencontrés lors de nos missions d'enquêtes, qui nous donnent l'accolade. Sur la Place, nous sommes accostés par des villageois des villages d'Artas, de Wadi Rahal, de Wadi al Nis, de Hindaza, de Beyt Ta`mar, Beyt Fadjar, Tqou'a, Za`tara et d'autres encore; ils nous serrent dans leurs bras émus jusqu'aux larmes. Nous les entendons nous dire leur joie de nous voir là, et nous affirmer avec assurance: "A partir de maintenant nous allons pouvoir recommencer à vivre et, grâce à votre aide, tout ira bien, in cha'a Allah".

Sur la place et dans les rues la fête bat son plein. Elle durera toute la nuit ainsi que les jours suivants jusqu'au nouvel an. Pour nombre de nos interlocuteurs en liesse, le plus dur était fait. Dans l'esprit de nombreux citadins et de villageois en fête, que nous rencontrions dans les rues et sur la place de Nativité, c'était la marche vers l'indépendance qui avait commencé et c'était bien un début de libération que l'on fêtait ainsi.

Le 24 décembre, comme il l'avait fait dans les cinq villes précédemment évacuées par les forces israéliennes, Yasser Arafat fit sa joyeuse entrée à Bethléhem, où il prononça, du toit du commissariat central, un discours musclé et mobilisateur à l'intention de la foule compacte, assemblée sur la place de Nativité et dans les rues avoisinantes.

Ici, comme à Djénine, Toulkarem, Qalqilya, Naplouse et Ramallah, le Président de l'Autorité palestinienne se comporta en libérateur de la ville. Son discours était celui d'un vainqueur qui vient annoncer à son peuple que sa longue lutte a débouché sur un premier succès, prélude à de nouvelles victoires qui verront enfin la terre de Palestine débarrassée de l'occupation étrangère. Il répète à la foule massée sur la place de la Nativité que le processus de paix mènera à un Etat palestinien, dont Jérusalem sera la capitale, au terme de la phase finale des négociations. La foule, enthousiaste, savourait ces moments qui lui semblaient totalement improbables il y a quelques mois encore; après ce qu'elle vient de vivre rien, de ce que lui annonce son libérateur ne lui semble inaccessible. Dans l'esprit de nombre d'habitants de Bethléhem, ce jour-là, la victoire finale était bien pour demain.

M. Arafat avait, depuis un mois, mené, de ville en ville, une campagne politique exemplaire, et avait capitalisé une série de succès personnels indéniables. Après ce que nous avions pu voir, depuis novembre, dans les reportages télévisés, nous ne doutions plus un seul instant, au contact des ces femmes et de ces hommes venus l'écouter sur cette place de la Nativité, que M. Arafat ne soit élu, à une majorité écrasante, à la Présidence de l'Autonomie palestinienne, si les élections se déroulaient bien le 20 janvier.

Les Palestiniens vivaient, depuis le début des retraits israéliens, des moments magiques. Tout au long des années de lutte, on leur avait parlé de liberté, de dignité, de démocratie; au nom de ces principes, nombre de jeunes, aux côtés de leurs aînés, avaient combattu, au premier rang, les forces de sécurité israéliennes; ils avaient été fort nombreux à connaître les tabassages et la dure réalité des prisons israéliennes. Demain, les festivités passées, ils allaient découvrir ce que recouvraient au quotidien les principes pour lesquels ils s'étaient battus et avaient connu les rigueurs de la répression. Demain serait un saut dans l'inconnu; mais un inconnu riche en promesses. Il restait à ces gens, pour lesquels la soumission à l'autorité avait été jusque-là synonyme de capitulation face à l'occupant, à découvrir que la liberté n'excluait pas la discipline, et que celle-ci n'avait pas pour seule définition l'esclavage et l'humiliation.

Avec le transfert, aux autorités de l'Autonomie palestinienne, des responsabilités en matière de gestion administrative, et, au moins partiellement, de politique interne, les Palestiniens de Cisjordanie allaient devoir réapprendre à vivre dans une société organisée. Jusque-là, les forces de sécurité israéliennes, avaient pour mission essentielle d'assurer la souveraineté d'Israël sur un territoire, non sur les résidents non-juifs qui l'habitaient mais n'étaient pas considérés comme citoyens israéliens. Dans ce contexte, la notion de maintien de l'ordre public était limitée à une vision purement sécuritaire concernant l'Etat d'Israël et les colonies juives; elle consistait principalement, pour les autorités israéliennes, à prévenir toute contestation Palestinienne de la souveraineté israélienne sur les territoires occupés depuis 1967. La charge d'administrer la population palestinienne, stricto sensu, était dévolue aux autorités municipales locales, dont les moyens de gestion étaient fort limités, et qui ne disposaient d'aucune force de police pour faire respecter l'ordre public dans les domaines qui n'intéressaient pas la sécurité d'Israël. Les cadres de la police palestinienne étaient conscients des problèmes qu'allait susciter la réorganisation des régions autonomes de Cisjordanie.

Le hasard voulut que l'hôtel où nous étions logés, à Bethléhem, fût aussi celui où étaient logés les officiers supérieurs de la police palestinienne, qui étaient chargés de préparer le passage du témoin avec les responsables israéliens de la sécurité. Ils considéraient leurs contacts avec les Israéliens comme tout à fait positifs, mais ne cachaient pas la préoccupation que faisait naître en eux la mentalité qui s'était développée dans la population locale au bout de plus de 28 ans d'occupation étrangère. Le sens du civisme et d'élémentaire discipline qui conditionne la bonne marche des diverses démarches de l'activité sociale avait été totalement évacué des mentalités, tant parmi les gens âgés que parmi les jeunes. La circulation automobile dans la ville de Bethléhem était, à leurs yeux, l'exact reflet de la vie sociale en Cisjordanie: aucune règle de conduite ne régulait le comportement des automobilistes; on se sortait des embouteillages permanents par l'intimidation, la négociation ou la débrouille. Constat d'anomie sociale, qui rejoignait l'opinion que l'on pouvait se faire de la société palestinienne après près d'un mois d'enquêtes dans la région, et qui devait se trouver confirmée dans les mois qui suivirent. Une remise en ordre radicale du fonctionnement du corps social tout entier s'imposait donc, pour nos interlocuteurs de la police palestinienne, si l'on voulait remettre la société palestinienne en marche sur des bases fonctionnelles, et créer les conditions nécessaires à l'édification d'une véritable démocratie; ce qui passait nécessairement, pour eux, par l'existence de citoyens responsables. Le danger existe, en l'occurrence, que la nécessaire remise en ordre de la société peut tout aussi bien conduire, si l'on n'y prenait garde, à des dérives autoritaires, sous le prétexte bien connu d'éviter l'anarchie et la perte de temps en matière d'implantation des indispensables réformes économiques.

Mais, outre le problème que posait la réorganisation interne de la société palestinienne autonome, passée l'euphorie des journées de fêtes qui avaient accompagné la "libération" des villes, les populations de l'Autonomie palestinienne allaient prendre rapidement la mesure des limites de l'autonomie et redécouvrir les dures réalités, un moment oubliées, du rapport de force qui déterminait les relations entre Palestiniens et Israéliens.

Politique sécuritaire israélienne et crédibilité du processus de paix.

En fait, tout au long des mois de novembre et de décembre 1995, alors même que les villes de Cisjordanie se paraient de guirlandes lumineuses, de banderoles et de drapeaux pour fêter l'évacuation des forces israéliennes, les tensions sont restées vives entre Palestiniens et forces de sécurité israéliennes, tandis que les incidents se multipliaient en plusieurs points de Cisjordanie entre ses habitants et l'autorité israélienne.

La raison essentielle des ces incidents réside dans l'existence même, en Cisjordanie, des colonies de peuplement, dont les habitants refusent radicalement de reconnaître une quelconque autorité palestinienne, et entendent que ces implantations soient intégralement intégrées au territoire national israélien. Pour éviter, autant que possible, des affrontements directs entre Palestiniens et colons israéliens, le gouvernement israélien a décidé de construire des voies de contournement considérées comme territoire israélien, et réservées aux seuls Israéliens. Ces voies d'accès permettent de relier directement les implantations à l'Etat d'Israël de manière à éviter tout contact avec les territoires de l'Autonomie palestinienne.

Ces mesures sécuritaires, décidées unilatéralement par les autorités israéliennes, s'accompagnent, une fois de plus, de confiscations de terres palestiniennes, qui réduisent d'autant plus la surface exploitable d'un territoire déjà considérablement réduit, et causent de graves préjudices aux villageois vivant péniblement de l'agriculture. Commentant les expropriations de terres palestiniennes au cours de la Conférence nationale pour la défense de la terre, les participants évaluaient à 380.000 dounoums (soit environ 35.750 hectares), soit 32% de la surface de la circonscription de Hébron, l'étendue des terres confisquées par Israël depuis 1967, et signalaient que cette région était actuellement pourvue de 67 kilomètres de voies de détournement construites au détriment de la surface cultivable du district. Face à cette situation, la Conférence nationale pour la défense de la terre invitait l'Autorité palestinienne et son président à prendre une position ferme à l'égard de l'appropriation, par Israël, de terres palestiniennes, principalement celles situées sur le territoire soumis au régime de l'Autonomie. Cette démarche ne fut suivie d'aucun effet, dans la mesure où l'Autorité palestinienne ne disposait d'aucun pouvoir effectif lui permettant d'influer sur le cours des choses. Quelques exemples d'expropriations réalisées durant la période de redéploiement illustrent bien l'état de la question.

Dans la circonscription de Hébron, les autorités israéliennes ont confisqué, au début du mois de décembre 1955, 300 dounoums (soit plus de 28 ha) de terres appartenant au village de Beyt Kahel, situé à trois kilomètres à l'Ouest de Hébron et à cinq kilomètres de la ligne verte de 1948, pour y construire un poste militaire israélien destiné au contrôle des pièces d'identité des Palestiniens se rendant en Israël. Aux protestations émises par les villageois, les autorités israéliennes opposent l'agrément donné au projet par l'Autorité palestinienne, qui nie avoir été consultée. La confiscation fut néanmoins maintenue et les manifestations des villageois réprimées.

Le 5 décembre encore, les autorités israéliennes confisquaient 50 dounoums (soit environ 4,70 hectares) appartenant au village de Tarqoumiya, au sud-est de Hébron, pour la construction d'un "couloir de sécurité" entre la Cisjordanie et la bande de Gaza.

Dans la circonscription de Ramallah, ce sont, cette fois, des colons de l'implantation de Beyt Horon, près du village de Al Tireh, qui enfoncent, au début du mois de décembre, la clôture entourant le champ du fermier, Atweh Djaber, et entreprennent la construction, à l'aide de bulldozers, d'une route qui traverse son champ. Une réaction rapide des habitants du village a réussi à stopper les travaux.[130]

Le 20 décembre, après l'évacuation de Qalqilya, l'armée israélienne se préparait à construire une nouvelle route de contournement dans la région, lorsque les habitants de la ville ont pratiqué un "sit-in" pour empêcher la poursuite des travaux. Les officiers palestiniens et israéliens du Bureau de Coordination du District sont intervenus en qualité de médiateurs. Réfutant les allégations des autorités israéliennes, le chef des Forces de sécurité palestiniennes, le général-brigadier Hadj Ismaël Abou Djaber, affirme qu'aucun document n'a été signé par l'Autorité palestinienne avec la partie israélienne, autorisant les travaux de construction d'une route à cet endroit[131].

Les incidents de ce type, résultant de la construction de nouvelles routes et de voies de contournement, outre dans les régions citées ci-dessus, n'ont cessé de se produire dans celles de Djénine, Toulkarem, Qalqilya, Naplouse et Betléhem.

Les quelque 15 voies rapides de contournement, destinées à relier les implantations entre elles et à Israël, et éviter aux Israéliens de devoir passer par les territoires de l'Autonomie, ont pour effet de couper ceux-ci en cantons isolés les uns des autres. Cette absence de continuité territoriale rend quasiment impossible toute forme de gestion politique et économique globale par l'Autorité palestinienne, et posera des problèmes sérieux pour la réalisation des projets de développement préparés par des Etats donateurs, notamment ceux de l'Union Européenne.

Dans l'immédiat, les confiscations de terres, qui ont pour effet de réduire d'autant les sources de revenus déjà extrêmement limitées des fermiers palestiniens, devraient au moins faire l'objet d'études et

---

[130] *Biladi, The Jerusalem Times*, December 8, 1995.
[131] *Biladi, The Jerusalem Times*, December 22, 1995.

de concertations préalables avec l'Autorité palestinienne; elles devraient en tout cas donner lieu à une indemnisation équitable des agriculteurs lésés. Faute de mesures concrètes allant dans ce sens, l'Autorité palestinienne a vu s'éroder sa crédibilité, tandis que le fragile espoir mis par la population dans les effets bénéfiques du processus de paix se trouvait sensiblement ébranlé. D'autant plus qu'à l'usage la mainmise d'Israël sur les "territoires" finissait par devenir plus apparent encore qu'avant la mise en application des premières dispositions de l'accord intérimaire.

Depuis l'évacuation des grandes agglomérations palestiniennes par les forces de défense israéliennes, celles-ci ont constitué autour des zones A un véritable cordon de sécurité. En effet, pour passer d'une zone A à une zone B, l'automobiliste doit obligatoirement passer par des postes de contrôle placés sur toutes les routes d'accès menant vers les centres palestiniens autonomes, qui apparaissent véritablement encerclés par un dispositif militaire impressionnant.

Ainsi, pour sortir de Bethléhem pour accomplir nos missions dans les campagnes, nous devions passer par des postes de contrôle qui n'existaient pas avant le 21 décembre. Un seul point n'avait pas changé: le caractère tracassier, mesquin et hostile des contrôles que nous faisaient subir, depuis le début de notre mission, la majorité des militaires en poste, malgré nos cartes d'accréditation et les plaques internationales de nos véhicules. De toute évidence, nous n'étions pas les bienvenus dans la mesure où notre mission d'observation était ressentie comme un soutien à la tenue d'élections palestiniennes, première étape conduisant à l'autodétermination du peuple palestinien.

Le difficile apprentissage de la coexistence pacifique

Outre les problèmes que suscitent les mesures sécuritaires accompagnant le redéploiement, celui-ci ne débouche pas sur la pacification totale et automatique des rapports israélo-palestiniens escomptée par les architectes des accords d'Oslo, tant il est vrai que l'appréhension traditionnelle de l'autre au terme de 47 ans de conflit, et les rancoeurs accumulées continuent encore à régir nombre de comportements des parties en présence. Plusieurs accrochages, en effet, ont opposé des Palestiniens aux forces de sécurité israéliennes, dont certains nous ont paru significatifs d'un certain état d'esprit.

Le 28 novembre 1995, dans Kabatiya, village situé dans la zone B du district de Djénine, les forces de sécurité israéliennes appréhendent un membre d'une unité des panthères noires normalement assigné à résidence à Jéricho. Cette arrestation provoque une émeute dans la localité.

Peu après, deux gardes-frontières israéliens sont enlevés, en rétorsion, par deux panthères noires. A l'intervention de Yasser Arafat, les deux gardes-frontières sont échangés contre l'homme arrêté à Kabatiya. Tandis que celui-ci regagne sa résidence surveillée, les deux auteurs de l'enlèvement sont condamnés à neuf ans de prison par une cour de sûreté palestinienne.

Le 30 novembre, des incidents graves opposent, à Naplouse, des groupes de manifestants palestiniens aux forces de sécurité israéliennes et font 18 blessés parmi les premiers.

Toujours dans la région de Naplouse, 2 soldats israéliens sont blessés par balles dans une embuscade le 5 décembre. Deux jours plus tard, trois soldats sont à nouveau blessés dans la région de Djénine.

Le 9 décembre, des Palestiniens ouvrent le feu contre un véhicule conduit par un colon israélien, près de l'implantation de Neveh Daniel, blessant sérieusement le conducteur.

Ces divers incidents apportent naturellement de l'eau au moulin des opposants israéliens au processus de paix et contribuent à nourrir le scepticisme d'une importante partie de la population qui éprouve bien du mal à considérer ses relations avec les Palestiniens autrement qu'en termes de rapports de force.

CHAPITRE VII

PERCEPTIONS ISRAELIENNES ET PALESTINIENNES DU PROCESSUS DE PAIX

Réserves israéliennes à l'égard du processus de paix.

Des divers contacts que nous avons eus sur place avec des Israéliens, ainsi qu'à la lecture de la presse locale, il nous apparaît que le nombre de supporters convaincus du processus de paix restait fort limité, même si une majorité de la population aspire à la paix. C'est que peu d'Israéliens, conditionnés par quelque 50 ans de guerres israélo-arabes et choqués par l'intifada, croient en la possibilité d'une coexistence pacifique avec les Palestiniens. Pour le citoyen moyen, sa sécurité ne peut reposer que sur la puissance de son armée et sur sa capacité à exercer une surveillance étroite sur ses voisins palestiniens. Dans cette optique, l'Autorité palestinienne est suspectée de duplicité tandis que l'Autonomie Palestinienne est nécessairement considérée comme une base de départ potentielle pour des actes terroristes dirigés contre Israël.

Il est ainsi significatif de constater qu'aucun des Israéliens qu'il nous arrivait de côtoyer lors de nos visites à Jérusalem ne concevait de se rendre en Cisjordanie sans craindre pour sa vie. La question rituelle, lorsque notre interlocuteur israélien apprenait que nous habitions Bethléhem et que nous circulions dans des localités de Cisjordanie, était du genre: "Et vous n'avez pas peur de recevoir un coup de couteau? " Notre réponse négative suscitait invariablement chez nos vis-à-vis israéliens une moue dubitative et une remarque du type: "En tout cas, pour nous, ce n'est pas possible."

Dans ce contexte, il convient toutefois de signaler qu'à l'initiative d'un groupe palestinien militant pour la paix une réunion discrète avait été organisée à Bethléhem afin de réunir des étudiants palestiniens et israéliens et leur permettre de se parler. Nombre des étudiants israéliens avouaient ne pas avoir signalé leur participation à cette rencontre de crainte de se faire mal voir par leurs compatriotes. De l'aveu même de ces étudiants, la majorité des Israéliens voulaient la paix, mais ne concevaient pas de développer des contacts étroits avec les Palestiniens, souvent par crainte de se faire molester. Deux rencontres de ce type ont eu lieu du temps de notre séjour en Cisjordanie. Une rencontre qui devait avoir lieu fin janvier 1996 fut annulée. Il a été, à ce jour, impossible de savoir si d'autres rencontres de ce type ont pu être organisées.

Ceci semble bien indiquer que, même en cas d'aboutissement optimum du processus de paix, la possibilité d'une cohabitation harmonieuse avec les Palestiniens semble, pour la majorité des Israéliens, une perspective parfaitement utopique. Dans cette optique, la naissance d'un Etat palestinien apparaît comme peu souhaitable, et seule une autonomie palestinienne sous haute surveillance des forces de sécurité israéliennes paraît de nature à satisfaire le besoin de sécurité de l'homme de la rue.

Ce point de vue est renforcé par les prises de position de certains généraux de l'armée israélienne, selon lesquels "les armes technologiques les plus sophistiquées n'aideront en rien Israël à surmonter les délicats problèmes de sécurité générés sur le terrain par les accords d'Oslo II". En effet, remarque-t-on dans les milieux compétents, aucun des armements les plus performants, qui font la supériorité militaire d'Israël dans la région, ne peut protéger les citoyens contre un attentat suicide programmé par le Hamas. La prévention de telles éventualités passait par la capacité israélienne de pouvoir procéder à la collecte de renseignements; capacité qui sera nécessairement affaiblie par le redéploiement de Tsahal, dans la mesure où l'accès aux villages et aux villes sera fort limité et où il sera de plus en plus difficile de recruter des informateurs. Dans le nouveau contexte défini par l'extension de l'Autonomie palestinienne, les services généraux de sécurité israéliens dépendront essentiellement de la bonne volonté des autorités palestiniennes pour la collecte de renseignements. Or il est patent que, non seulement les parties d'opposition, mais aussi les chefs militaires et une bonne partie des membres du parti travailliste mettent en doute la bonne volonté palestinienne. Aussi, même si le chef d'état-major, le général

Amnon Lipkin-Shahak, énonce l'opinion que l'accord d'Oslo II est un arrangement "avec lequel on peut vivre", nombreux sont les politiques et les militaires qui estiment "qu'il est vrai que le terrorisme existait lorsque Israël contrôlait les territoires, et qu'il ne saurait être jugulé en un seul jour. La question est de savoir si la problématique du redéploiement s'avérera payante au plan de la sécurité personnelle des citoyens israéliens vivant dans les grandes villes du pays. Ou bien si les attentats se multiplieront encore davantage en deçà de la ligne verte, en provenance des zones et des villes autonomes."[132] Et c'est bien là ce que redoute la majorité des Israéliens.

Cette vision des choses, née de la crainte instinctive éprouvée par une grande partie de la population israélienne à l'égard d'un environnement arabe considéré comme potentiellement hostile, est exploitée par les partis de droite ainsi que par les associations de colonies juives installées dans les territoires occupés, lesquelles représentent, sans nul doute, l'élément le plus déstabilisant dans la voie d'un règlement pacifique du contentieux israélo-palestinien.

Des implantations juives dans les territoires occupés comme obstacle majeur au processus de paix

L'existence et le statut des implantations juives en Cisjordanie et à Gaza se trouvent au centre même des négociations concernant le statut définitif des territoires occupés, qui devaient débuter au mois de mai 1996 entre le gouvernement israélien et le nouvel Exécutif palestinien issu des élections du 20 janvier 1996.

Ces colonies de peuplement constituent actuellement autant d'éléments de négation d'une véritable souveraineté palestinienne, présente ou à venir, sur les territoires de Cisjordanie et de Gaza. Ces implantations sont majoritairement des lieux de peuplement juif sans finalité économique, la plupart des habitants occupant des fonctions professionnelles en Israël. Nombre de ces implantations, financées par des associations américaines à caractère messianique, sont peu-

---

[132] *The Jerusalem Post*, du 29 novembre au 5 décembre 1995.

plées de juifs rigoristes sur le plan religieux. Ceux-ci - selon les propos de colons des implantations de Efrat et Goush Etzion avec lesquels nous avons pu échanger quelques mots malgré l'hostilité qui nous était manifestée en raison de notre fonction d'observateurs de l'Union Européenne - considèrent la Cisjordanie - qu'ils désignent par les appellations bibliques de "Judée" et "Samarie" - comme des parties inaliénables de la terre promise par Dieu au peuple juif, dans l'Ancien Testament. Ils considèrent, dès lors, non seulement comme un devoir, mais comme une obligation religieuse pour les juifs d'occuper la terre promise par Dieu au peuple élu[133]. Il ne peut donc être question pour ces colons, qui ignorent superbement leurs voisins palestiniens, de reconnaître une autorité autre que celle de l'Etat juif; et surtout pas celle d'une quelconque autorité émanant des Palestiniens, considérés comme occupant illégitimement une terre juive de par la volonté divine. Pour toutes ces raisons, les habitants de ces implantations considèrent que toute démarche, même initiée par une autorité israélienne, visant à les démanteler ou à les soustraire à la souveraineté israélienne, constitue une opération illicite à laquelle certains d'entre eux se déclarent prêts à s'opposer par la force des armes.

Face à la détermination de ce courant d'opinion, le gouvernement de M. Shimon Pérès s'est trouvé considérablement embarrassé. S'il voulait faire aboutir son projet de paix pour le Moyen-Orient tout en préservant la crédibilité de ses partenaires palestiniens - et en tout premier lieu celle de Yasser Arafat - aux yeux de leur opinion publique, il lui fallait nécessairement procéder au démantèlement d'au moins une partie des implantations - exception faite des "implantations stratégiques " comme celles alignées le long du Jourdain - et négocier pour les autres un statut acceptable pour l'Autorité palestinienne. Toutefois, le Premier ministre israélien était bien conscient du fait que la majorité de l'opinion publique israélienne, même si elle se révèle favorable à la conclusion d'une paix durable avec les Palestiniens, accepterait difficilement l'usage de la force pour déloger les colons extrémistes, ou un retrait israélien qui abandonnerait ceux-ci à leur sort. C'est pourquoi M. Pérès, lui-même, multipliait les déclarations apaisantes, mais combien ambiguës dans

---

[133] KONOPNICKI, M. et S. PETERMANN, *Le processus de paix au Moyen-Orient*, Que sais-je?, PUF, Paris 1995, p. 53.

leur finalité, tel cette interview du 12 décembre 1995, au Jérusalem Post, où il déclare ne pas vouloir s'efforcer d'annexer les implantations de Ma'ale Adoumin, Guivat Zeev et Goush Etzion, au moment de la signature d'un accord de paix avec l'OLP, mais qu'il "n'accepterait pas que le droit à l'existence soit dénié à une implantation juive", même si, par ailleurs, il n'est pas favorable à l'expansion des implantations[134]. Toutefois, les responsables politiques israéliens se rendent parfaitement compte que le maintien pur et simple des implantations juives sous souveraineté israélienne créerait une situation intenable pour l'Autorité palestinienne, qui devrait justifier, auprès de sa population, l'abandon de terres en Cisjordanie, alors que déjà l'exiguïté du territoire rend à peine crédible la viabilité économique de l'Autonomie palestinienne. Ce qui fait dire à un parlementaire travailliste, qui exprimait par là ce qui semble aussi être l'une des convictions profondes du Premier ministre, qu'"Il n'y a pas d'autre solution que de faire la paix avec les Palestiniens, et cela suppose l'évacuation de nombreuses implantations."[135]

Conscient du danger que représente le courant juif messianique, même minoritaire, pour l'aboutissement du processus de paix, le gouvernement israélien, ainsi que des hommes politiques appartenant au parti travailliste multiplièrent, au lendemain de la signature des accords d'Oslo II, les initiatives pour tenter de nouer le dialogue avec les colons installés dans les territoires occupés. C'est dans cet esprit que fut organisé, dans le courant du mois de novembre 1995, une rencontre à la Knesset entre des députés travaillistes et des membres du Conseil des localités juives de Judée-Samarie et de la bande de Gaza. Très vite il apparut que les positions des deux camps restaient fondamentalement opposées; ce dont témoigne cette remarque d'un député travailliste à l'intention des représentants des colons: "Si votre foi entre en conflit avec les principes démocratiques de notre société, la démocratie doit prendre le pas sur vos croyances religieuses". Néanmoins, malgré l'impossibilité où se sont trouvés les colons et les partisans travaillistes de la poursuite des négociations de paix jusqu'à leur aboutissement final de trouver un terrain d'entente, la volonté de poursuivre le dialogue a été exprimée par l'un des députés travaillistes dans sa conclusion à la séance

---

[134] *The Jerusalem Post*, du 13 au 19 décembre 1995.
[135] *The Jerusalem Post*, du 29 novembre au 5 décembre 1995.

de travail: "Il est indubitable que les divergences idéologiques qui nous séparent subsisteront. Vous continuerez à croire au Grand Israël, et nous, nous resterons partisans d'un compromis territorial avec les Palestiniens. Cependant, il est de notre devoir de poursuivre nos efforts de réconciliation et de rechercher un consensus sur d'autres sujets."[136]

Quels que soient les efforts diplomatiques déployés par les partisans de concessions territoriales pour faire aboutir le processus de paix, il apparaît à l'évidence à l'observateur de terrain que les colons n'abandonneront leurs positions que contraints et forcés. Déjà pour pallier le déficit sécuritaire qui leur paraît devoir découler du redéploiement de l'armée israélienne, ces implantations ont constitué leurs propres milices d'autoprotection armées jusqu'aux dents, commandées par des résidents reconnus compétents par leur communauté; dans ces entités, qui ignorent systématiquement toute directive gouvernementale allant à l'encontre de leurs convictions, les problèmes de sécurité sont gérés de manière totalement autonome; les éléments de l'armée et leurs officiers encore présents dans les implantations ne sont plus considérés que comme de simples supports des forces de défense locales en cas de coup dur.

Pour l'heure, les implantations créent des situations qu'un pouvoir politique palestinien responsable ne peut tolérer sous peine de perdre toute crédibilité. Et ceci est tout particulièrement vrai pour certaines de ces colonies de peuplement, comme notamment celles de Goush Etzion et Efrat, dans le district de Bethléhem, dont l'attitude de mépris total l'égard de leurs voisins palestiniens, considérés comme des intrus sur une terre juive par destination, est à l'origine de tensions permanentes susceptibles de dégénérer en affrontements violents à la moindre occasion.

Ainsi, le bloc de Goush Etzion ensèrre totalement le petit village de Beyt Zakariya, qui n'est relié à la route principale que par un étroit sentier défoncé. Ce village, délimité par des clôtures de fil de fer, comprend 41 maisons d'habitations pour quelque 450 habitants, et il lui est interdit de bâtir de nouvelles maisons ou d'édifier des étages au-dessus de celles existantes, pour abriter une population en accroissement constant. En outre, les colons s'opposant à la construction d'une école dans le village, les enfants sont conduits chaque

---

[136] *The Jerusalem Post*, idem.

matin dans les écoles de Artas et de Beyt Fadjar situés respectivement à, plus ou moins, 12 et 8 km. Même la mosquée n'échappe pas aux diktats lancés par les colons juifs: le minaret de la mosquée du village s'étant effondré, les villageois avaient entrepris de le reconstruire, quand les responsables de l'implantation voisine leur ont interdit de poursuivre les travaux; actuellement un tronçon de minaret d'une hauteur d'un peu plus de deux mètres subsiste. Les villageois ne disposent d'aucune surface cultivable, ni d'aucune aire de parcours lui permettant d'élever des ovins et des caprins, qui couvrent, en d'autres villages palestiniens, une partie importante des besoins de la population. Celle de Beyt Zakariya a fait face à cette carence en élevant des bovidés parqués dans des enclos exigus, d'où la bouse déborde largement dans des allées du village. Celui-ci n'ayant pas la possibilité de produire et de récolter le fourrage des bestiaux, il doit l'acheter à l'extérieur ce qui occasionne aux habitants des frais qui pèsent lourdement sur leurs conditions de vie extrêmement précaires. De même, le village n'étant plus à même d'assurer une production agricole, doit acheter la quasi-totalité de sa nourriture à l'extérieur - à l'exception des produits laitiers fournis par les vaches. En fait, la capacité des villageois d'assurer leur subsistance provient exclusivement des rémunérations des prestations de travail fournies par les hommes du village en Israël ou, dans une moindre mesure, dans certains centres urbains de Cisjordanie; aussi le village est-il, en semaine, presque totalement déserté par la population masculine en âge de travailler.

En imposant ces conditions de vie extrêmement précaires aux habitants de Beyt Zakariya, les colons juifs poursuivent une politique concertée qui vise à pousser les villageois à abandonner leur village, dont le territoire serait alors intégré à l'implantation juive voisine. Ce dessein se trouve toutefois contrarié par la volonté de résistance manifestée par les habitants du village qui se refusent obstinément à l'abandonner, à moins que les Israéliens ne les y contraignent par la force des armes. Cette perspective leur semble, toutefois, de plus en plus improbable en raison de l'extension prochaine de l'Autonomie palestinienne. Dans leur majorité, les gens de Beyt Zakariya attachent une grande importance aux élections palestiniennes du 20 janvier, dans la mesure où ils semblent persuadés qu'un exécutif palestinien légitime, issu des urnes, sera à même d'imposer aux colons juifs le respect de leur droit à l'existence. Lucides, ils n'envisageaient toutefois pas la possibilité d'un démantèlement des implantations dans le prolongement de l'instauration d'un pouvoir palestinien souverain, même si cette issue leur apparaissait comme la seule solution susceptible de leur garantir une existence décente.

L'autre cas extrême, que nous avons pu observer de près, est celui de l'implantation d'Efrat. Cette implantation, conçue elle aussi dans le courant des années 80, constitue une véritable ville nouvelle à peuplement exclusivement israélien. Elle s'étend, en longueur, sur une large bande de terre qui relie les villages de Wadi al Nis et Wadi Rahal, et s'est installée, notamment, sur la voie carrossable qui reliait le village palestinien de Wadi al Nis aux routes principales qui le reliait à Bethléhem et à Tqou'a. De surcroît, les villageois n'ont jamais été autorisés à construire une voie de contournement pour les relier aux grands axes de communication environnants. Il est ainsi, depuis lors, devenu impossible pour les habitants de ce village d'en sortir et d'y entrer, sans passer par l'implantation, à l'entrée de laquelle sont exercés des contrôles particulièrement sévères et tracassiers. La confiscation de terres, sur lesquelles s'est développée l'implantation, a réduit considérablement la surface cultivable, rendant Wadi al Nis totalement dépendant de l'approvisionnement extérieur pour faire face à ses besoins. Mais ici encore les véhicules qui transportent les marchandises destinées au village ne passent les postes de contrôle israéliens installés aux entrées de l'implantation qu'après avoir fait l'objet de contrôles approfondis. Les habitants du village eux-mêmes dépendent largement pour leur subsistance des revenus que procurent les emplois qu'ils peuvent occuper en dehors du village, dans une ville de Cisjordanie, plus souvent en Israël; pour ceux-ci, la sortie et la rentrée au village s'accompagnent de tracasseries quotidiennes particulièrement éprouvantes. Plus encore, les instituteurs qui enseignent à l'école de Wadi al Nis et venant de l'extérieur sont obligés d'abandonner leur véhicule devant les postes de surveillance qui défendent l'entrée d'Efrat, et d'effectuer, à pied, hiver comme été, la distance de quelque trois kilomètres qui sépare l'entrée de l'implantation de celle du village. La même obligation est faite à tout autre visiteur palestinien désireux de se rendre à Wadi al Nis, celui-ci fût-il un membre de la famille des villageois; encore le visiteur devra-t-il dûment justifier sa visite au service de sécurité israélien. Ces inconvénients sont apparemment appelés à disparaître, puisque les villageois ont enfin été autorisés à construire une voie leur permettant d'avoir directement accès à la grand route reliant la route de Hébron-Bethléhem à celle de Tqou'a; sa construction a débuté au mois de décembre 1995 et devait être achevée aux environs du mois d'avril 1996.

Il n'en reste pas moins que la manière dont les colons d'Efrat voient leurs relations avec les Palestiniens est de nature à susciter des problèmes pour l'avenir.

A cet égard, l'expérience vécue par les observateurs de l'Union Européenne pour les élections palestiniennes indique à suffisance que les problèmes de fond qui minent la coexistence des communautés israéliennes et palestiniennes en Cisjordanie et à Gaza ne seront pas aisément surmontés.

Au début du mois de décembre, les observateurs européens sont avertis par le responsable du Bureau électoral régional, responsable de l'affichage des listes d'électeurs dans les écoles des villages où avaient eu lieu les opérations d'enregistrement de la population, que l'employé du bureau avait été empêché de passer par l'implantation d'Efrat pour remplir sa mission. La teneur des accords intérimaires conclus entre le gouvernement israélien et l'Autorité palestinienne stipulait clairement qu'aucune entrave ne pouvait être apportée au bon déroulement des diverses phases des opérations électorales. Les observateurs européens étaient donc tenus, en tant que garants de la bonne tenue du processus électoral, de veiller à ce que le résultat du recensement soit porté à la connaissance du public afin qu'il puisse en contrôler l'exactitude. Une équipe d'observateurs, à bord d'un véhicule portant les insignes officiels de son accréditation, a donc escorté l'employé du Bureau électoral régional. Arrivés au poste de garde, à l'entrée de l'implantation, les observateurs et l'employé palestinien ont été arrêtés par des colons en armes, qui leur ont refusé l'entrée de l'implantation. Les chauffeurs palestiniens des véhicules européens ainsi que l'employé du bureau électoral étaient interdits de passage puisqu'ils n'étaient pas des habitants du village, ni des parents ni des fournisseurs de quelconques services reconnus. En ce qui concernait le cas des observateurs européens, les gardes, auxquels nous montrions nos papiers d'accréditation qui nous autorisaient la libre circulation sur l'ensemble du territoire, visiblement décidés à faire de l'obstruction, déclarèrent ne comprendre que l'hébreu et ne pas être au courant de directives israéliennes nous concernant, alors même que le commandement israélien de l'Office régional de coordination nous avait assuré, quelques jours auparavant, que les diverses autorités et localités israéliennes du district de Bethléhem avaient reçu des instructions concernant la mission des observateurs européens et avaient été invitées à ne pas y apporter d'entraves. Plus même, une circulaire rédigée en hébreu reprenant ces directives et illustrée de photos représentant des observateurs en uniformes ainsi que les signes distinctifs qui ornaient leurs véhicules avait été distribuée, nous avait-on assuré, à toutes les forces de sécurité et aux responsables administratifs locaux dans l'ensemble de la circonscription. Nous eûmes beau leur exhiber ces documents, nous nous vîmes obstinément interdire le passage par l'implantation. Un officier des forces de sécurité israéliennes, qui parlait anglais, se mêla à la discussion traduisant nos arguments et semblant vouloir convaincre ses interlocuteurs de leur bien-fondé. Très rapidement, il semble avoir été prié de ne pas se mêler de la discussion et s'éloigna, avec un geste d'impuissance. Ces épisodes successifs nous confirmaient dans l'impression que les directives du gouvernement et des diverses instances représentant l'autorité de l'Etat étaient systématiquement ignorées par les colons, et que le seul rôle des forces armées présentes dans l'implantation était d'intervenir aux côtés des forces d'autodéfense au cas où elles auraient à faire face à une menace extérieure, et non à faire respecter les décisions du pouvoir central.

A force d'insistances nous parvînmes à convaincre, au bout d'une heure et demie de palabres, les gardiens de l'entrée, rejoints par d'autres colons en armes visiblement irrités par notre présence, d'appeler le responsable de la sécurité de l'entité. Celui-ci nous déclara d'entrée de jeu qu'il ne comprenait, outre l'hébreu, que l'italien. Par bonheur, le responsable européen de la sécurité des observateurs du district de Bethléhem étant lui-même italien, le dialogue put reprendre sur des bases plus détendues. Le responsable israélien de la sécurité, devenu plus conciliant, fit la navette entre nous et les colons, gardiens et spectateurs venus en renfort, pour tenter de trouver un terrain d'entente de nature à permettre notre passage. Il revint à plusieurs reprises porteur de propositions. Parmi celles-ci relevons celle qui consistait à laisser à l'entrée de l'implantation nos chauffeurs palestiniens et l'employé du bureau électoral et d'aller porter nous-mêmes les listes d'électeurs au village. Nous refusâmes, bien entendu, cette proposition qui allait à l'encontre des dispositions des accords intérimaires, prévoyant l'interdiction d'entraver la liberté d'action des employés palestiniens chargés de mener à leur terme les diverses phases du processus électoral, dont nous étions chargé de vérifier l'application. Au terme d'une heure supplémentaire de conciliabules, il nous fut proposé de prendre dans notre véhicule l'employé palestinien, dont la camionnette, portant des plaques non reconnues par les colons, devait rester à l'extérieur de l'implantation; en outre, nos chauffeurs et l'employé palestiniens durent laisser leurs papiers d'identité au poste de garde. Moyennant cet arrangement, nous pûmes franchir la barrière d'entrée de l'implantation entre une haie de colons visiblement hostiles et nous rendre au village de Wadi al Nis. Là, nous fûmes accueillis avec des manifestations d'intense jubilation par les habitants qui considéraient notre passage comme une sorte de victoire et, comme ils le nous confièrent, comme l'annonce significative de changements en marche. C'est au cours de cette visite que nous apprîmes des habitants les problèmes aigus que posait l'implantation au niveau de leur existence quotidienne. Ils nous montrèrent, à cette occasion, la nouvelle route en construction qui devait les relier directement aux grands axes routiers de la circonscription, mais regrettèrent qu'elle ne puisse être achevée pour le jour des élections, dans la mesure où ils prévoyaient, à juste titre, des réactions négatives de la part des colons à l'égard de cette opération destinée à affirmer et à légitimer l'existence d'une identité palestinienne sur cette terre considérée comme irréductiblement juive.

A notre retour, nous fumes cordialement salués au poste de garde par le responsable de la sécurité, qui nous remit son nom et ses coordonnées, et nous assura que si nous le prévenions avant notre prochaine visite nous passerions sans encombre. Sans mettre sa sincérité en doute, nous accueillîmes ses déclarations avec un certain scepticisme, qui se trouva totalement fondé lorsque nous revînmes sur les lieux quelques semaines plus tard, au jour des élections.

Attentes palestiniennes

Pendant trois mois, il nous a été donné de sillonner en tous sens la circonscription de Bethléhem et une partie de la circonscription de Hébron; pour le reste de la Cisjordanie et pour la bande de Gaza, nos informateurs ont été des observateurs européens et des Palestiniens rencontrés à l'occasion d'une invitation ou d'une réunion politique.

Nous avons pu, de novembre 1995 à janvier 1996, apprendre à connaître, outre les villes de Bethléhem et de Hébron elles-mêmes, 4 camps de réfugiés et quelque 43 villages, visités, d'une part, durant trois semaines, avec des équipes de recenseurs palestiniens, d'autre part, au cours des 34 réunions politiques et des 17 campagnes électorales de différents candidats, auxquelles nous avons assisté du 3 au 17 janvier 1996. Nous avons pu ainsi entendre s'exprimer, dans des salles de réunion toujours trop petites pour contenir la totalité du public intéressé, des villageois, des membres des classes moyennes citadines, des membres de la bourgeoisie d'affaires et des intellectuels représentant divers courants d'opinion. Nous avons pu, en ces occasions, remarquer la maturité politique de l'ensemble de cette population et la vision précise et réaliste qu'elle avait des perspectives offertes par le processus de paix; ce qu'elle attendait, en outre, de l'instauration d'un système démocratique était formulé de manière parfaitement cohérente et pertinente.

Nous fûmes généralement bien reçus partout où nous nous rendions. Seuls quelques rares partisans de formations politiques hostiles aux Accords intérimaires, tels le Front Populaire de Libération de la Palestine (FPLP), le Front Démocratique de Libération de la Palestine (FDLP) et le Hamas, manifestèrent de la méfiance à notre endroit. Ces réticences étaient essentiellement motivées par le fait que, dans l'esprit de nos détracteurs, les représentants de l'Union Européenne avaient pour mission essentielle de veiller à ce que les élections mettent en place M. Arafat et les candidats palestiniens favorables à la mise en oeuvre des Accords d'Oslo sponsorisés par les Etats-Unis et leur alliés, et à légitimer les résultats d'une consultation organisée de manière à aboutir aux résultats attendus. A plusieurs reprises il nous fut demandé - et la question n'émanait pas seulement des opposants radicaux au processus de paix - si l'Union

Européenne cautionnerait, comme elle "l'avait fait en Algérie", l'annulation du résultat des élections si celles-ci ne débouchaient pas sur le résultat escompté par les garants occidentaux des Accords d'Oslo. C'est dire le capital de méfiance dont étaient crédités les Etats-Unis et l'Union Européenne auprès de l'opinion publique! Il fallut, au début de notre séjour, de longues heures de discussions pour dissiper, dans la plupart des cas, la méfiance, par ailleurs argumentée, dont les Occidentaux faisaient l'objet. D'une manière générale, après ces préliminaires, les relations personnelles avec nos interlocuteurs, villageois ou citadins, ont, dans la grande majorité des cas, été empreintes de confiance et de sincérité, quelles qu'aient été nos divergences d'opinion sur certains points.

La très grande majorité des Palestiniens, malgré leur méfiance à l'égard des puissances occidentales considérées, a priori, comme favorables à Israël, se réjouissait de l'envoi d'observateurs européens. Nos interlocuteurs nous avouaient, sans détour, considérer notre présence, durant la phase de préparation des élections et pendant le scrutin, comme une garantie contre toute tentative d'ingérence ou de blocage israélien, mais aussi comme une assurance contre les tentatives de fraude ou d'intimidation de dirigeants palestiniens. Toutefois, si la présence européenne était appréciée en cette circonstance précise, nos interlocuteurs ne nous cachaient pas qu'à leur estimation l'Europe ne pesait d'aucun poids dans la détermination de l'avenir des Palestiniens, et qu'en ce domaine seules comptaient les décisions et les pressions des Etats-Unis.

Notre présence dans les réunions de village ou de quartier étant acceptée comme allant de soi, les participants exprimaient en toute liberté leurs critiques à l'égard de l'Autorité palestinienne et de son président, leurs espoirs, leurs doutes et leur appréciation de la situation politique et sociale présente et prévisible. Leur analyse du processus de paix et la manière dont ils concevaient l'instauration d'une démocratie et d'un Etat palestinien étaient autant de témoignages de leur maturité politique.

Il apparaissait, au gré de ces discussions, que, quelle que soit leur appartenance politique, une majorité de Palestiniens se méfiait de M. Arafat et de ses tendances autoritaires. Cette opinion se trouvait exprimée même par des sympathisants du Fatah. Personne ne doutait, en fait, que des pressions diverses, émanant de l'Autorité palestinienne et de ses antennes régionales, s'exerceraient sur les électeurs pour les inciter à voter dans le sens voulu par les gouvernants. Néanmoins, chacun se disait peu disposé à céder aux pressions et affirmait que, dans l'isoloir, il voterait selon ses convictions. A cet égard, il était unanimement attendu des observateurs internationaux qu'ils soient présents dans les bureaux de vote afin de garantir le secret du vote et le déroulement correct du dépouillement.

L'organisation de la préparation des élections était fortement critiquée, car il était, généralement, considéré qu'elle avait été conçue pour ne pas laisser aux Palestiniens le temps de s'organiser et de créer des partis politiques de leur choix. Il était ainsi reproché à M. Arafat d'avoir voulu créer les conditions nécessaires pour favoriser l'élection des représentants des grandes familles de notables appuyées sur une clientèle traditionnelle, ainsi que celle des représentants des tribus palestiniennes, qui, tous, devaient se présenter sur les listes comme indépendants. C'est dans ce sens qu'était compris le découpage du territoire en circonscriptions électorales, tracées de manière à rencontrer les objectifs de l'Autorité. Le président de l'Autorité palestinienne, en favorisant l'élection des représentants de ces catégories sociales, était ainsi soupçonné d'avoir voulu créer une alliance entre lui et les grandes familles de Cisjordanie, de manière à disposer au Conseil Palestinien d'une majorité acquise à ses vues, ainsi que d'un relais solide et fidèle auprès du corps social palestinien. Si l'on additionnait à ces éligibles choisis les hommes de l'OLP emmenés avec lui de Tunis, on mesurait à quel point le président de l'Autorité palestinienne s'était assuré d'avance une majorité plus que confortable au futur Conseil Palestinien. Mieux encore, en favorisant l'élection d'indépendants acquis à sa politique et en évitant d'assurer, comme il était en mesure de le faire, au Fatah, la formation qui lui était personnellement liée, une majorité écrasante au Parlement, il obtenait une majorité issue d'élections libres et offrant toutes les garanties extérieures d'un choix démocratique.

Cette stratégie avait été clairement perçue par une grande majorité des Palestiniens, villageois ou citadins, que nous avions pu entendre s'exprimer. S'attendant à être l'objet de pressions de la part de divers organismes liés à l'Autorité palestinienne, ils se prépareraient à aborder les élections de manière à faire prévaloir leurs choix propres.

A l'occasion des diverses réunions politiques auxquelles nous avons assisté, il apparaissait à l'évidence que la personnalité de M. Yasser Arafat suscitait des appréciations nuancées. Une majorité de Palestiniens, musulmans et chrétiens, à l'exception des sympathisants du Hamas, du FPLP et du FDLP, considéraient de manière globalement positive l'action de M. Arafat. Certes, les tendances autoritaristes et autocratiques du personnage suscitaient la méfiance chez la plupart des Palestiniens qui le suspectaient de vouloir introduire dans la future entité palestinienne un régime personnel musclé, comparable à ceux que connaissent la plupart des Etats arabes. Néanmoins, il apparaissait aussi comme l'homme capable d'avoir pu faire s'entrouvrir les accès en direction d'un règlement négocié du conflit israélo-palestinien. M. Arafat était aussi, aux yeux de la plupart de ses compatriotes, le seul dirigeant palestinien à bénéficier d'une audience internationale suffisante pour représenter la cause palestinienne avec une certaine efficience. Bien sûr, aucun des Palestiniens qu'il nous a été donné de rencontrer n'estimait que les Accords d'Oslo I et II soient réellement satisfaisants et garantissent la création ultérieure d'un Etat palestinien. Le fait notamment que les Israéliens continuent, comme avant la signature des accords d'Oslo II, à confisquer des terres palestiniennes pour construire des routes de contournement sans que l'Autorité palestinienne soit en mesure de s'y opposer, leur semblait indicatif du degré limité d'autonomie et de pouvoir dont disposaient concrètement les Palestiniens. Le fait aussi que les puissances occidentales, et, en tout premier lieu les Etats-Unis, laissent Israël agir à sa guise en ce domaine, accentue, de l'avis des Palestiniens, le degré de vulnérabilité de leur position face à Israël, visiblement assuré de la sympathie inconditionnelle de Washington. C'est en fonction de cette perception qu'une majorité de Palestiniens rencontrés acceptaient, avec résignation, le fait que des implantations juives en Cisjordanie et à Gaza puissent être maintenues dans les territoires de l'Autonomie en échappant à tout droit de regard de l'Autorité palestinienne. Néanmoins, pour l'ensemble des Palestiniens, cette situation ne pouvait être que provisoire. Les négociations à venir ne pouvaient, dans leurs esprit, que déboucher sur le démantèlement d'une grande partie des implantations; quant à celles qui subsisteraient (une majorité de la population palestinienne, réaliste, semblait se résigner à cette éventualité), il était inconcevable qu'elles n'aient pas à se soumettre aux lois et réglementations administratives en vigueur dans l'ensemble des territoires de l'Autonomie palestinienne, et continuent à être placées sous souveraineté israélienne. Sur ce terrain, la population palestinienne estimait que les négociateurs devaient se montrer intraitables, mais restait, néanmoins, sceptique sur leur capacité à pouvoir faire prévaloir leur point de vue.

Toutefois, réalistes, bien que fort critiques, la plupart des Palestiniens estimaient que, dans l'état de faiblesse où se présentaient leurs négociateurs face à la puissance israélienne, il n'était guère possible d'obtenir plus que ce qui avait été accordé. Le résultat des négociations leur apparaissait, dès lors, comme un moindre mal, à la condition, toutefois, qu'il conduise à l'ouverture de nouvelles négociations susceptibles de déboucher sur la création d'un Etat palestinien, et d'apporter une solution satisfaisante aux problèmes des réfugiés, des implantations juives en Cisjordanie et à Gaza, et du statut de Jérusalem-Est. Dans cette perspective, M. Arafat, en raison de sa notoriété sur la scène internationale, apparaissait à la majorité de ses compatriotes comme la personnalité la plus crédible pour mener à bien les futures négociations, décisives pour l'avenir du peuple palestinien.

Toutefois, si le président de l'Autorité palestinienne apparaissait comme une personnalité momentanément incontournable dans la conduite du processus de paix, les Palestiniens n'entendaient pas pour autant lui délivrer un chèque en blanc. Dans l'édification toute proche des premiers instruments institutionnels de l'Autonomie palestinienne, le Conseil Palestinien et les administrations centrales, les Palestiniens de "l'intérieur" étaient fermement décidés à contrecarrer toute velléité de colonisation des outils de pouvoir par les Palestiniens de "l'extérieur", auxquels il était reproché de vouloir s'assurer le contrôle des leviers de commande de l'entité palestinienne en voie de formation, sans avoir une vision concrète de la réalité quotidienne vécue, sur le terrain, par les habitants de Cisjordanie et de Gaza. Ceux-ci ne se font d'ailleurs pas faute de rappeler à chaque occasion que la crédibilité actuelle de l'OLP repose entièrement sur l'intifada, sans laquelle l'avancée actuelle du problème palestinien n'aurait, selon toute vraisemblance, pas été réalisable. Cette opposition entre "Palestiniens de l'intérieur" et "Palestiniens de l'extérieur" pour la direction des différentes institutions palestiniennes apparaît comme une constante de la vie politique palestinienne. Ainsi, au niveau de l'opposition à M. Arafat, la décision des chefs de file du FPLP, réunis à Damas, de boycotter les élections fut-elle fort mal accueillie par un grand nombre de militants et de sympathisants de "l'intérieur", qui reprochaient à ceux de "l'extérieur" de prendre des décisions en contradiction avec les nécessités concrètes imposées par le terrain et les intérêts à terme du Front au niveau de la formation politique de l'Autonomie palestinienne. La prise de position de M. Riad Melki, l'un des principaux chefs de file du FPLP en Cisjordanie, est particulièrement révélatrice de ces tensions qui règnent à l'intérieur de ce parti dont la direction est basée à Damas. Après avoir retiré sa candidature aux élections pour la formation du Conseil Palestinien, il annonça sa décision de se consacrer prioritairement à la réforme interne du FPLP, dont les principaux dirigeants continuent à vivre un rêve révolutionnaire déconnecté par rapport à la réalité quotidienne vécue dans les territoires occupés. Pour M. Malki, tous les Palestiniens ont le droit de voter et personne n'est autorisé à leur dénier ce droit[137]. Il n'est donc pas surprenant qu'un nombre non négligeable de Palestiniens rencontrés au gré de réunions politiques, dans diverses localités, aient exprimé l'intention de participer aux élections quelle que soit la décision des chefs de file des formations politiques auxquelles ils adhéraient. Cette opposition entre "réalistes" et "jusqu'auboutistes", au sein des principales tendances politiques opposées à M. Arafat et à ses partisans, devait avoir un impact non négligeable sur le résultat des élections du 20 janvier. Mais en attendant ce jour, les discussions, dans les villages et les villes, portaient essentiellement sur les dispositions électorales de M. Arafat.

A cet égard, la décision de l'Autorité palestinienne d'adopter le système du vote majoritaire était considérée comme une manoeuvre pour réduire les possibilités de représentation des petites formations d'opposition, et assurer la représentation des candidats appuyés par l'Autorité palestinienne. Tout aussi contestée, pour les mêmes raisons, fut la décision de l'Autorité palestinienne d'accorder un quota de représentation aux chrétiens et aux samaritains. Sur ce terrain, d'ailleurs, il est intéressant de noter que la majorité des chrétiens,

---

[137] *Biladi, the Jerusalem Times*, January 6, 1996.

toutes classes sociales confondues, se déclara opposée à l'octroi de quotas réservés, dans la mesure où ces dispositions contribuaient à désigner les chrétiens comme une catégorie distincte du reste de la population palestinienne en leur donnant un statut de fait de minorité, et risquaient de ressusciter les divisions confessionnelles au sein de la société palestinienne. Aussi, une majorité de l'opinion publique, toutes religions confondues, s'était-elle prononcée contre les quotas réservés aux chrétiens et pour le système proportionnel. Elle ne fut pas suivie par les instances officielles.

Le trait le plus frappant, qui ressort des réunions politiques auxquelles nous avons assisté dans les villages, était la liberté et la franchise avec laquelle s'exprimaient les villageois jeunes et vieux. Fait remarquable dans ce contexte, les jeunes n'hésitaient pas à parler haut et fort et ne craignaient pas de contredire sans ménagement leurs aînés. Comme nous le faisaient remarquer des villageois âgés de Artas, Wadi Rahal, Bayt Fadjar, al Arrud et al Shouyoukh, pour ne citer que certains de ces villages où s'étaient noués de solides liens d'amitié, l'intifada avait contribué à bouleverser un certain nombre de rapports sociaux, et à favoriser l'émancipation des jeunes gens, qui avaient joué un rôle primordial dans le soulèvement. Aujourd'hui, contrairement à la pratique traditionnelle, les jeunes n'hésitaient plus à remettre publiquement en question les avis de leurs parents et des anciens, et, fait éminemment révélateur de l'évolution en cours, il n'était pas rare, comme nous avons pu le constater en maintes occasions, de voir un fils soutenir une formation politique honnie par son père.

Il reste toutefois à noter que, même si nombre de femmes font entendre leur voix et prennent une part active au débat politique, les diverses réunions politiques auxquelles nous avons assisté dans les villages ne comptaient que des hommes. Toutefois, ceci ne doit pas être interprété comme l'indice d'une exclusion absolue de la femme du champ du politique, mais plutôt comme la permanence de comportements traditionnels indicatifs d'une réticence de mêler la femme à des rassemblements d'hommes. C'est ainsi notamment que des institutrices ayant participé aux campagnes de recensement dans les villages estimaient que leur place n'était pas dans des assemblées d'hommes; ce qui ne les empêchait nullement de militer avec ardeur pour la défense de leurs choix politiques. Il convient donc, pour apprécier à leur juste mesure l'état des relation hommes-femmes dans la société traditionnelle palestinienne, de faire la part entre ce qui relève, d'une part, d'une volonté ségrégationniste délibérée, d'autre part d'une intériorisation de valeurs traditionnelles, qui ne sont appelées à se modifier qu'en fonction de l'évolution du cadre de vie économique, social et politique. Il est bon, à cet égard, de rappeler qu'un véritable mouvement d'émancipation de la femme naquit avec l'intifada. Dans ce cadre, des femmes appartenant aux trois principales factions de l'OLP: le Fatah, le FPLP et le FDLP, jouèrent un rôle de premier plan dans la mobilisation générale des femmes, et dans la prise de conscience de nombre d'entre elles. Mais le fait que les principales militantes s'inscrivent dans des partis, où leur rôle est considéré comme un rôle d'appoint, n'a généré aucun changement qualitatif significatif de leur poids dans la vie politique, sociale et économique de la société palestinienne. En octobre 1993, un Comité technique féminin est mis sur pied et entreprend la formation électorale des femmes en vue de futures élections; formation dont les promotrices ont voulu qu'elle fût aussi politique. Dans leur combat en vue de l'émancipation féminine, les militantes considèrent avec inquiétude la montée du Hamas. Face au danger que constitue ce mouvement et les valeurs islamistes qu'il véhicule, les féministes sont divisées quant aux stratégies à mettre en oeuvre: pour les unes, la société palestinienne étant fondamentalement musulmane et conservatrice, plutôt que de heurter de front les défenseurs des valeurs islamiques, il est préférable de saisir toutes les occasions possibles pour rediscuter et réinterpréter certaines dispositions islamiques dans un sens plus conforme aux exigences du monde moderne; d'autres préconisent la constitution d'un front uni des femmes, au-delà des appartenances partisanes, pour promouvoir le combat pour la défense d'une société laïque axée sur la défense des droits des femmes, et la création d'un front électoral féminin[138]. Mais cette attitude combative est l'apanage d'une faible frange de la population féminine.

Pour l'heure, toutefois, de nombreuses femmes, villageoises et, plus largement, citadines, ont pris une part active aux manifestations de l'intifada, et, à ce titre, revendiquent la reconnaissance, par l'élément mâle, de leur contribution à la lutte contre l'occupation. Cette

---

[138] USHER, Graham, op. cit., 1995, pp. 53-55.

revendication fut notamment reprise avec véhémence, en notre présence, par des femmes de la mouvance du Hamas.

Si, donc, les valeurs traditionnelles continuent à peser d'un poids évident sur nombre de rapports sociaux, il est indéniable que des années de lutte contre l'occupation étrangère a contribué à susciter l'apparition de nouveaux référents susceptibles de modifier, à terme, tout un éventail de relations: hommes-femmes, jeunes-vieux, jeunes gens-jeunes filles - au sein de la société globale. Les listes des candidats aux élections et les résultats du scrutin révèlent, toutefois, la persistance d'un déséquilibre certain pour ce qui est de la situation présente. En effet, sur 725 candidats, on ne relève que 22 femmes; parmi 88 élus on ne compte que 5 femmes[139].

Quoi qu'il en soit, tous les Palestiniens rencontrés, sans exception, affirmaient leur volonté de voir s'instaurer en Palestine un régime démocratique authentique. A l'unanimité, ils se déclaraient irréductiblement opposés à l'implantation d'un régime "de type oriental", où le président est invariablement réélu d'un mandat à l'autre avec 99,9% des voix, et où un parti unique, lié au pouvoir en place, se voyait assuré automatiquement, d'une élection à l'autre, d'une majorité absolue. D'entrée de jeu, l'ensemble de la population manifestait ses exigences en faveur de l'avènement d'une véritable démocratie où l'alternance devenait possible en fonction d'un choix librement exprimé par les électeurs. Aussi, la majorité des Palestiniens qui se déclarait favorable à l'élection de M. Arafat ne manifestait-elle pas un enthousiasme délirant, et se disait-elle décidée à suivre de près la façon dont le président de l'Autorité palestinienne, quel qu'il soit, exercerait son mandat et rencontrerait les attentes de ses électeurs.

---

[139] chiffres fournis par les listes électorales et la liste des élus que nous avons pu consulter lors de notre séjour en Cisjordanie.

CHAPITRE VIII

VERS LES PREMIERES ELECTIONS PALESTINIENNES AUTONOMES

Incidents de parcours et dérives de l'Autorité palestinienne

Les craintes exprimées par nombre de Palestiniens quant aux possibles dérives autoritaires de l'Autorité palestinienne et de ses agents n'étaient pas dénuées de fondement. A plusieurs reprises, des instituteurs se plaignirent d'avoir subi des pressions de la part d'agents du ministère de l'Education, mais aussi de personnes dont la fonction officielle ne fut jamais clairement définie, pour signer des listes de soutien à la candidature de M. Yasser Arafat à la présidence de l'Autonomie palestinienne. Il ne fut pas possible, dans un certain nombre de cas, de déterminer, avec certitude, si ces agissements étaient couverts par l'Autorité palestinienne, ou s'ils étaient le fait d'agents ou de sympathisants trop zélés qui agissaient de leur propre initiative. Plus graves, toutefois, furent les pressions exercées par des instances officielles, comme les forces de sécurité, sur certains candidats pour qu'ils se retirent de la compétition. Le fait remarquable est, dans ces conditions, que, sur un total de moins de 10% d'abandons de candidature, seul un nombre infime (1 cas constaté à Salfit) de ces retraits peut être directement attribué à ces pressions[140]. Il n'en reste pas moins que ce type de manoeuvres se révélait d'autant plus maladroit que le président de l'Autorité palestinienne était assuré d'emporter une large majorité des suffrages pour toutes les raisons que nous avons évoquées plus haut.

En dépit de ces incidents regrettables, il convient de remarquer que, malgré les retards enregistrés à divers niveaux, sitôt publiées,

---

[140] résultat d'une enquête sur le terrain, lors de notre séjour en Cisjordanie.

les réglementations furent correctement appliquées à tous les candidats, dont l'enregistrement ne souffrit d'aucune irrégularité dûment constatée et ne donna lieu à aucun incident sérieux: moins de dix candidatures furent rejetées par la Commission Electorale Centrale et aucun appel ne fut introduit auprès de la Cour d'Appel.

TABLEAU IV
Nombre de candidatures retenues par circonscription[141]

Circonscriptions	Nombre de candidats
Bethléhem	30
Djénine	36
Hébron	72
Jéricho	6
Naplouse	55
Qalqilya	12
Ramallah	46
Salfit	11
Toubas	12
Toulkarem	38
Jérusalem	52
Gaza-Nord	67
Gaza-Ville	92
Dayr al-Balah	50
Khan Younis	66
Rafah	27
Total	672

Toutefois, si les opérations d'enregistrement se déroulèrent de manière satisfaisante, les avantages dont bénéficièrent certains candidats, au prix d'un dévoiement de la loi, méritent d'être relevés. En

---

[141] *Al-Nas wa'l Intikhabât*, 20 janvier 1996.

effet, un certain nombre de ministres et d'agents de l'Autorité palestinienne, inscrits comme candidats sur les listes électorales, restèrent en poste et utilisèrent tous les avantages logistiques que leur offrait leur position officielle pour servir leur campagne.

Déjà privilégiés par la mise à leur disposition d'une intendance et d'une logistique largement supérieures à celles de leurs adversaires, les candidats du Fatah jouirent encore d'un temps de parole plus important que leurs concurrents dans les médias palestiniens. Ainsi, seulement deux des partis en lice ont pu intervenir - le Fatah totalisant 71 minutes de petit écran contre quelque 17 malheureuses secondes pour le Parti du Peuple Palestinien (P.P.P.). La situation était toutefois plus ouverte à la radio palestinienne où six partis ont eu accès aux ondes, mais où le Fatah et ses alliés ont totalisé 72 minutes d'antenne, 31 minutes seulement étant octroyées aux candidats apparentés au Hamas[142].

Les concurrents du Fatah ne furent toutefois pas les seuls à se plaindre de discriminations. Au sein même du Fatah, plusieurs de ses membres se plaignirent des nombreux remaniements arbitraires qui furent opérés au sein de leurs propres listes par les dirigeants du parti.

Manifestes en diverses occasions, les dérives autoritaires de l'Autorité palestinienne furent à maintes reprises dénoncées par l'opinion publique palestinienne qui craignait pour l'avenir de la démocratie dans les territoires de l'Autonomie, et par de nombreux observateurs étrangers[143]. Deux affaires notamment firent grand bruit dans l'opinion publique et dans certains médias: le 25 décembre 1995, le rédacteur en chef du journal Al Qouds, M. Maher Alami, fut enlevé de son domicile, à Jérusalem, par des membres des forces de sécurité palestiniennes et incarcéré à Jéricho pour n'avoir pas publié un éditorial conforme aux voeux du président de l'Autorité, à l'issue de son entrevue avec le patriarche; le 2 janvier 1996, M. Bassam Eid, collaborateur du Centre Israélien d'Information pour les Droits de l'Homme dans les Territoires Occupés, B'Tselem, connu, notamment, pour ses dénonciations de la censure et des arrestations opérées à l'encontre de journalistes, fut, lui aussi, enlevé à Jérusalem

---

[142] *The Jerusalem Post*, du 3 au 9 janvier 1996.
[143] USHER, Jr., op. cit., p. 80; LEMARCHAND, Ph. et L. RADI, *Israël/Palestine demain, Atlas prospectif*, Editions Complexe, Bruxelles, 1996, p. 34.

par des agents des Services de Sécurité Préventifs palestiniens, qui l'emmenèrent à Ramallah, où il fut détenu 24 heures sous l'inculpation d'incitation au racisme et aux divisions entre communautés religieuses[144].

Au titre des démarches arbitraires, il convient aussi de signaler les brèves incarcérations de 5 militants du FDLP à Toulkarem, de 4 militants du FPLP à Naplouse, de 1 candidat à Ramallah et de 1 candidat du Parti du Peuple Palestinien à Salfit[145].

Dans un cadre plus général, des plaintes furent communiquées aux observateurs internationaux, concernant l'interdiction, sans aucun fondement légal, formulée, par des organismes officiels, à l'égard des campagnes en faveur du boycott des élections[146].

En dépit de ces dysfonctionnements, la campagne électorale démarra dans une atmosphère d'enthousiasme populaire. Le peuple palestinien y fut particulièrement attentif car il y voyait les signes précurseurs d'une autonomie politique effective, en attendant la création d'un Etat palestinien.

La campagne électorale et les credo palestiniens

La campagne électorale vit s'affronter quelque 672 candidats - dont 559 indépendants - et 16 partis pour l'obtention d'un mandat de conseiller au Conseil Palestinien, et deux candidats, Mme Samiha Khalil et M. Yasser Arafat, pour la présidence de l'Autorité palestinienne.

Du jour au lendemain, les villes et les villages se couvrirent d'affiches électorales collées un peu n'importe où malgré des directives précises indiquant les endroits où l'affichage était autorisé. Selon les témoignages récoltés auprès des candidats indépendants sur la manière dont ils allaient conduire leur campagne, tous marquaient une préférence pour les traditionnelles réunions de quartier ou de village plutôt que d'utiliser le canal des médias officiels, accusés de

---

[144] *The Jerusalem Post*, idem, 3 janvier 1996; *Biladi, The Jerusalem Times*, January 2, 1996; *Al Qouds*, 26 et 28 décembre 1995, 3 janvier 1996.
[145] plaintes communiquées à des observateurs internationaux.
[146] *Biladi*, op. cit.

faire la part trop belle aux candidats du Fatah, et de ne toucher, de surcroît, qu'un faible taux de la population.

D'après les indications récoltées sur le terrain, principalement dans les circonscriptions de Bethléhem et de Hébron, les mosquées furent très peu utilisées comme lieu de propagande en faveur de l'un ou l'autre candidat. Certaines d'entre elles, néanmoins, surtout à Hébron selon des témoignages qu'il convient de prendre avec précaution, furent des relais par lesquels le Hamas put faire passer ses appels à l'abstention.

TABLEAU V
Liste des partis et nombre de candidats par parti[147]

Partis	nombre de candidats
Fatah	76
Fida	10
Front de libération	4
Front de libération arabe	8
Front de libération islamique	2
Front de la lutte populaire	11
Ligue nationale	3
Ligue nationale démocratique	4
Liste nationale progressiste	5
Liste de l'avenir	4
Liste de l'indépendance et de la liberté	4
Liste de la libre réunion	3
Mouvement national pour le changement	2
Parti ba'th palestinien	1
Parti du peuple	25
Régiments al-Aqsa	4
Total	166

---

[147] *Al-Nas wa'l Intikhabât*, 20 janvier 1996.

C'est en vain, par ailleurs, que les observateurs de la scène politique palestinienne essayèrent d'évaluer exactement l'assise du parti islamiste. Il est hors de doute que cette formation bénéficiait de la sympathie d'un grand nombre de Palestiniens en raison de son action en qualité d'association d'entraide et de sa combativité face à l'occupant israélien; néanmoins, il est non moins évident, comme cela put être observé sur le terrain, que, si certaines des objections du Hamas aux Accords d'Oslo étaient approuvées par une large frange de la population palestinienne, celle-ci aspirait majoritairement à la paix.

Certains ont voulu évaluer la représentativité du Hamas à l'aune des rassemblements de foule organisés par cette formation. Et il est vrai que, sur ce terrain, le mouvement islamiste atteignait des résultats impressionnants. Ainsi, lors de la manifestation organisée place de Nativité, à Bethléhem, pour protester contre l'assassinat du principal artificier des groupes armés du Hamas, Yahya Ayyash, cette formation réunit plus de 10.000 personnes, dont plus de 2.000 femmes, selon les estimations des forces de sécurité.

Parmi la foule, plusieurs villageois, interrogés sur l'appartenance idéologique des participants à cette manifestation, affirmèrent que la plupart d'entre eux n'étaient pas membres du Hamas, mais se trouvaient là pour manifester leur solidarité avec la famille du défunt et pour saluer la mémoire d'un combattant pour la cause palestinienne, car, affirmaient-ils, même si l'on "n'était pas d'accord avec les méthodes utilisées par les groupes armés du Hamas et qu'on souhaitait avant tout la paix, il fallait condamner la répression israélienne qui s'exerçait contre des opposants à l'occupation".

Des appréciations semblables furent encore formulées à l'occasion d'autres rassemblements de masse organisés dans la bande de Gaza et à Doura dans la circonscription de Hébron. Il est donc évident que le simple comptage des participants à un rassemblement porteur d'une charge émotionnelle du type de celui évoqué ci-dessus, ne peut rendre compte de la représentativité réelle d'une formation politique.

A ce propos, il convient de remarquer que cette formation, malgré des prises de position très nettes, ne put pas empêcher certains de ses adhérents de se présenter aux élections comme indépendants; le même phénomène fut constaté dans les rangs du FPLP et du FDLP.

A un autre niveau de la vie politique palestinienne, de vives inquiétudes agitèrent l'opinion publique à propos de la campagne électorale à Jérusalem-Est, où les règlements édictés par l'Autorité palestinienne pour Gaza et la Cisjordanie n'étaient pas applicables. La campagne électorale dans la capitale de l'Etat hébreu était, en effet, soumise à une réglementation spécifique, fruit d'un accord israélo-palestinien, dont les autorités israéliennes étaient chargées d'assurer l'application. Ainsi, la campagne électorale à Jérusalem devait se limiter à "des réunions d'intérieur", et la pose d'affiches n'était autorisée qu'à 35 endroits.

Les freins au déroulement de la campagne électorale furent multipliés: restriction de la liberté de mouvement pour les candidats, leurs supporters et les électeurs qui ne possédaient pas la carte d'identité de résident à Jérusalem; plus même, un certain nombre d'habitants de Jérusalem possédant les documents d'identité requis furent éconduits[148]. En outre, seuls 4.500 électeurs palestiniens habitant Jérusalem, sur 76.400 individus recensés, étaient autorisés à voter dans la ville; les autres devaient gagner un bureau de vote situé dans les territoires de l'Autonomie palestinienne.

Mais les entraves mises par Israël à la libre circulation des personnes ne se limitaient pas seulement à la capitale de l'Etat hébreu; les fouilles et les contrôles d'identité toujours tracassiers, souvent humiliants restaient, comme purent le constater les observateurs internationaux, la règle dans les zones B et C, toujours sous surveillance des forces de défense israéliennes. A ces problèmes néfastes pour le bon déroulement de la campagne électorale, il faut ajouter l'arrestation d'un candidat à Hébron sous le prétexte, d'ailleurs peu clairement établi, qu'il entendait organiser illégalement un meeting dans un endroit non autorisé[149]. Tout ceci n'empêcha pas les candidats à un mandat de se lancer dans la campagne avec d'autant plus d'ardeur que le temps leur était compté.

L'un des traits les plus marquants de ces campagnes électorales menées à un rythme effréné, est l'uniformité générale des discours électoraux, et l'absence, dans la plupart des cas, d'un véritable programme. L'autre fait frappant était la franchise des propos et la liber-

---

[148] plaintes déposées par des candidats et des électeurs auprès des observateurs internationaux.
[149] idem.

té de ton qui caractérisait les propos de la grande majorité des candidats dont il fut possible de suivre la campagne.

Tous les candidats rencontrés, et ceux dont le discours nous était rapporté, convenaient, unanimes, que les Accords d'Oslo constituaient des arrangements fort désavantageux pour le peuple palestinien. Mais ils ajoutaient tout aussitôt que, dans le contexte actuel, il était impossible d'espérer mieux. Il fallait considérer les Accords d'Oslo simplement comme le point de départ de futures négociations qui devraient décider, elles, de l'avenir du peuple palestinien. Les négociateurs palestiniens des Accords d'Oslo, avançaient certains candidats, n'avaient pas fait le poids face au professionnalisme des négociateurs israéliens. Aussi, en prévision des négociations décisives, le peuple était appelé à choisir en conscience des gens compétents, capables de rivaliser de rigueur avec leurs homologues israéliens.

Sur le plan économique, tous les candidats soulignaient avec force détails la situation désastreuse où se trouvait l'Autonomie. Toutes les infrastructures de base étaient à créer et ne pourraient voir le jour sans une aide massive des Etats occidentaux, parmi lesquels l'Union Européenne était considérée comme le principal soutien à l'économie palestinienne en voie d'édification. Toutefois, chacun admettait que, même en cas de mobilisation maximale de l'aide internationale, l'Autonomie palestinienne serait encore étroitement dépendante des emplois offerts aux Palestiniens par Israël pour réduire partiellement un sous-emploi dramatique. La situation économique, même si certaines perspectives s'annonçaient positives, était considérée par tous les candidats comme dramatique.

Sur le plan sanitaire, la situation était décrite comme particulièrement critique, dans la mesure où les hôpitaux des territoires de l'Autonomie manquaient cruellement d'équipements de base. Dans ce domaine encore, le recours était de se faire hospitaliser en Israël, à condition d'en avoir les moyens. Là encore, tous les espoirs reposaient sur une aide internationale d'envergure.

Dans le domaine de l'éducation, le ton était relativement optimiste. Chaque candidat constatait certes, ici comme en d'autres domaines, la pénurie en équipements de base, mais soulignaient aussi le haut degré de mobilisation du personnel enseignant et des diverses instances organisatrices. Le relatif optimisme affiché par les candidats en cette matière, même si des améliorations d'ordre qualitatif étaient souhaitées, confirmaient les observations récoltées sur le terrain. En effet, dans des villes comme Bethléhem ou Hébron, les écoles sont nombreuses et la scolarisation dans le cycle primaire atteint la quasi-totalité des enfants des deux sexes; les établissements secondaires visités comptent également une population nombreuse. Toutefois c'est surtout dans les villages qu'apparaît, à l'évidence, l'importance accordée à l'éducation. En effet, si l'on excepte quelques cas, comme celui de la localité de Beyt Zakarya dont nous avons parlé plus haut, tous les villages visités possédaient au moins une école primaire. La totalité des enfants des deux sexes y étaient scolarisés, l'enseignement étant dispensé séparément aux filles et aux garçons. Tradition oblige! Les infrastructures et l'équipement scolaire étaient, il est vrai, rudimentaires: les enfants travaillaient dans des conditions d'inconfort manifeste, dans des classes non chauffées en hiver. Toutefois, enseignants et pouvoirs organisateurs visaient des objectifs ambitieux: atteindre quantitativement et qualitativement le niveau d'Israël, dans la mesure où ce pays avait fait la preuve que "le niveau de compétences techniques et scientifiques pouvait faire d'un petit Etat une puissance avec laquelle il fallait compter". Ces objectifs furent également exposés aux électeurs par la plupart des candidats, qui voyaient dans la promotion de l'éducation le plus sûr moteur du développement du futur Etat palestinien.

Contrairement à l'optimisme affiché dans le domaine de l'éducation, l'analyse des candidats en matière de souveraineté palestinienne et du problème posé par les implantations juives en Cisjordanie et à Gaza débouchait sur des constats plus pessimistes.

Le discours tenu par les candidats face à leur électorat était clair. Les Accords d'Oslo ne constituaient en aucune façon la reconnaissance d'une souveraineté palestinienne; celle-ci ne pourrait être acquise qu'au terme des négociations prévues à une étape ultérieure de la mise en oeuvre des arrangements intérimaires. Ce n'est qu'à ce stade que pourra être discuté le problème essentiel posé par l'existence d'implantations juives en Cisjordanie et à Gaza. Aucune de celles-ci n'acceptait de reconnaître, à quelque stade que ce soit, une quelconque Autorité palestinienne; elles continuaient à se réclamer d'une souveraineté israélienne, qui selon eux devait s'exercer légitimement sur toute partie du territoire biblique sur laquelle étaient installés des juifs. Cette vision des choses était, à juste titre, contestée par les Palestiniens, mais, affirmaient les candidats, en attendant les résultats des négociations à venir, les Palestiniens devaient vivre avec ces faits accomplis. Selon les avis exprimés par tous les candidats, la seule solution réellement satisfaisante serait le démantèlement de la totalité des implantations juives installées en Cisjordanie et à Gaza. Toutefois, personne ne pouvait croire à cette issue, du moins dans un avenir prévisible. Selon toute vraisemblance, prédisaient les candidats, il faudra accepter, au terme des négociations finales, le maintien d'un certain nombre d'implantations sur le territoire de l'Autonomie palestinienne; mais à la condition, toutefois, qu'elles acceptent de respecter les lois élaborées par les nouvelles institutions palestiniennes issues des élections du 20 janvier 1996. Sur ce terrain, nul ne doutait que les négociations seraient laborieuses et les résultats incertains.

Enfin, sur le problème du quota réservé aux candidats chrétiens, point de discussions hautement polémiques, la totalité des candidats musulmans et l'écrasante majorité des candidats chrétiens interrogés se prononcèrent en faveur de la suppression de cette disposition jugée dangereuse pour la préservation de la solidarité nationale.

Dans tous les cas observés, les candidats en campagne jouirent apparemment d'une totale liberté d'expression; du moins lors des réunions publiques où ils prirent la parole, les médias officiels se montrant, comme il a été signalé plus haut, nettement plus restrictifs.

Et tandis que la campagne électorale se déroulait dans un climat de ferveur et de fébrilité intenses, l'ensemble des Etats du Moyen-Orient se mettait à croire réellement à l'instauration d'une paix durable dans la région.

CHAPITRE IX

LES RELATIONS ISRAELO-ARABES DANS LE PROLONGEMENT D'OSLO II

La signature, par Israël, des Accords intérimaires d'Oslo II avait fait naître, chez les Etats arabes du Moyen-Orient, la conviction qu'à l'approche d'une solution globale pour le conflit israélo-palestinien, plus rien ne s'opposait à une avancée significative des projets de coopération économique régionale. C'est donc dans un climat d'optimisme rayonnant que se réunirent à Amman, du 29 au 31 octobre 1995, les représentants de 63 Etats et quelque 1000 personnalités issues des milieux de l'industrie et des affaires. Malgré la réticence de certains chefs d'Etat arabes, la réunion aboutit à une série de résultats positifs: un projet d'association pour la promotion du tourisme au Moyen-Orient est signé par l'Egypte, la Jordanie, Israël et l'Autorité palestinienne; en outre, malgré les réserves émises par l'Union Européenne, il est envisagé de créer une Banque pour la coopération économique et le développement au Moyen-Orient[150]. Enthousiastes, les participants au sommet d'Amman programment un troisième sommet économique qui devait se tenir au Caire en novembre 1996.

Témoin aussi du nouveau climat qui présidait aux relations israélo-arabes, le nombre de chefs d'Etat arabes présents aux obsèques du Premier ministre, Yitzhak Rabin, et les commentaires de nombreux organes de presse arabes saluant son courage politique.

C'est donc dans un climat particulièrement favorable que le nouveau Premier ministre, Shimon Pérès, reprend les négociations pour mettre un terme au conflit israélo-syrien.

Contrairement à son prédécesseur, M. Pérès n'aborde pas le problème d'un point de vue militaire, à partir de la mise en place d'un système de sécurité préventif basé sur le territoire dont la Syrie réclame la restitution, mais fonde la sécurité ultime d'Israël sur

---

[150] *International Herald Tribune*, November 2, 1995.

l'élaboration d'une solution politique globale engageant l'ensemble des Etats du Moyen-Orient.

La démarche initiée par M. Pérès, après l'investiture de son gouvernement par la Knesset, le 22 novembre 1995, va à l'encontre des déclarations formulées, le 31 octobre 1995, par son prédécesseur devant la commission des Affaires étrangères. En cette occasion, M. Rabin avait accusé la Syrie de constituer un sanctuaire du terrorisme international et considérait que ce pays, en raison de ses capacités militaires, constituait un danger certain pour la sécurité d'Israël. En conclusion, M. Rabin n'espérait pas une reprise significative des négociations bilatérales avant un an[151]. Trois semaines après ce discours, le nouveau Premier ministre, après avoir perçu des signes encourageants du côté syrien, annonçait son intention de relancer les négociations avec Damas sur des bases nouvelles. Israël, déclarait M. Pérès, doit "s'assurer que la paix avec la Syrie différerait de la paix froide prévalant depuis seize ans entre Jérusalem et l'Egypte. Nous savons que la Syrie réclame le plateau du Golan... mais nous ignorons le prix qu'elle est prête à payer. Quant à la Syrie, nous avons besoin d'une paix active aussi tangible que le Golan, avec des liens économiques, diplomatiques et touristiques et la résolution des différends sur l'eau. Nous devons aussi nous assurer que tous les pays arabes mettront fin à leur état de belligérance avec nous."[152] Dans cet esprit, M. Pérès estime indispensable pour la paix la tenue d'un sommet avec le président Assad.

Lors de son voyage aux Etats-Unis, du 10 au 12 décembre 1995, M. Pérès réaffirmait son souhait d'aboutir, dans les plus brefs délais, à la signature d'un accord de paix avec la Syrie. "La majorité des Israéliens, déclarait-il, savent très bien quel est le coût territorial qu'Israël est prêt à payer sur le Golan en contrepartie de la paix avec la Syrie" [153]. Tout au long de son séjour aux Etats-Unis, M. Pérès s'est employé à paraître celui par qui la paix globale au Moyen-Orient arriverait. Il répondait ainsi totalement aux voeux de l'administration Clinton, qui avait fait savoir, depuis un certain temps déjà, au Premier ministre que ses futures relations militaires

---

[151] *The Jerusalem Post*, du 1 au 7 novembre 1995.
[152] *The Jerusalem Post*, du 29 novembre au 5 décembre 1995.
[153] *The Jerusalem Post*, du 13 au 19 décembre 1995.

avec Israël dépendraient de l'avancée des négociations de paix avec la Syrie.

Dans le même temps, Damas faisait état de sa volonté de sortir de l'impasse où étaient engagées les négociations bilatérales. "La Syrie", déclarait à l'Agence Reuter un haut responsable syrien, au 5 décembre 1995, "espère que les obstacles ayant bloqué jusque-là le processus de paix seront prochainement écartés...Il est temps pour les Israéliens de réaliser que la paix ne pourra progresser s'ils n'annoncent pas être disposés à se retirer de la totalité du plateau du Golan...Israël doit abandonner ses exigences concernant la création de stations de contrôle avancé en terre syrienne et accepter des arrangements de sécurité symétriques et équilibrés."[154]

Pour M. Pérès, il était capital de ramener de sa rencontre avec les responsables américains un engagement ferme des Etats-Unis à assurer la sécurité d'Israël, en échange de l'avancée des négociations israélo-syriennes; muni de cette assurance, il était mieux armé pour affronter une opinion publique divisée sur la question du retrait du Golan. Sur ce terrain, les tensions demeuraient vives entre le gouvernement et le Comité des résidents du Golan qui avait décidé de relancer ses campagnes contre tout retrait israélien. Dans cet affrontement, le Premier ministre pouvait toutefois compter sur le soutien de la "Voie de la paix", mouvement de colons opposé au Comité et disposé à accepter l'évacuation du plateau moyennant certaines compensations.

Malgré le soutien chaleureux manifesté par Washington à l'égard de la politique moyen-orientale du Premier ministre, une majorité des membres de l'état-major israélien continuait à considérer l'éventualité d'un retrait du Golan comme un risque militaire majeur, dans la mesure où "aucune arme et aucun dispositif électronique, aussi sophistiqués soient-ils, ne pourraient se substituer" à une présence israélienne sur la position stratégique essentielle que constitue le Golan[155]. Leur méfiance à l'égard des intentions réelles de la Syrie était par ailleurs confortée par la persistance des attaques lancées à partir du Sud-Liban, par les formations shiites, principalement le Hezbollah, contre des objectifs israéliens en Haute Gali-

---

[154] idem.
[155] idem.

lée[156]. Les Etats-Unis, étant pressés de voir progresser le processus de paix au Moyen-Orient, mirent à profit les bonnes dispositions des gouvernements israéliens et syriens, pour dépêcher le secrétaire d'Etat, M. Warren Christopher, au Moyen-Orient les 14 et 15 décembre 1995. A l'issue de ses contacts avec le président Hafez al Assad et le Premier ministre israélien, le secrétaire d'Etat fut en mesure d'annoncer une reprise des négociations israélo-syriennes aux Etats-Unis[157].

Le 27 décembre, dix négociateurs: 4 Américains, 3 Israéliens et 3 Syriens, se retrouvaient, dans une ambiance qualifiée de détendue, à la Wye Plantation, dans le Maryland, pour réactiver les négociations bilatérales[158].

Le 30 décembre, une salve de tir par le Hezbollah sur une localité de Haute Galilée, en riposte au tir d'un tank israélien sur un village libanais, fait d'importants dégâts matériels et un blessé. La Syrie, considérée comme responsable des actions entreprises par le Hezbollah dans le Sud-Liban, en raison du contrôle qu'exerce son armée au pays du Cèdre, essuie une sévère mise en garde de la part des Etats-Unis. Tout cela n'entrave pourtant pas la poursuite des pourparlers syro-israéliens, qui reprennent le 3 janvier 1996, sous le patronage américain, après un week-end de repos accordé aux négociateurs[159].

Fort des résultats encourageants obtenus lors des négociations qui s'étaient terminées au début du mois de janvier, M. Warren Christopher entama sa seizième tournée au Moyen-Orient, pour préparer de nouvelles rencontres. Au terme de son périple, il put annoncer, le 13 janvier 1996, la reprise des négociations israélo-syriennes pour le 24 janvier dans le Maryland.

Ces perspectives prometteuses, en ce qui concerne la normalisation des relations avec le négociateur arabe le plus intransigeant, contribuèrent grandement à renforcer l'optimisme de ceux qui voulaient croire à la possibilité de pacifier durablement la région.

La foi en cette issue était fermement installée dans l'esprit des pays industrialisés décidés à soutenir l'effort de développement de

---

[156] idem; *International Herald Tribune*, January 3, 1996.
[157] *The Jerusalem Post*, du 20 au 26 décembre 1995.
[158] *The Jerusalem Post*, du 3 au 9 janvier 1996.
[159] idem.

l'Autonomie palestinienne. Réunis à Paris, en présence du ministre israélien des Affaires étrangères et du président de l'Autorité palestinienne, 50 pays donateurs s'engagèrent à consacrer une somme de 1 milliard 365 millions de dollars au développement de l'Autonomie palestinienne. L'Union Européenne était le principal bailleur de fonds avec 120 millions de dollars, suivie par la Banque mondiale avec 90 millions de dollars, et les Etats-Unis avec 71 millions de dollars. Les fonds prévus devaient être étalés sur une période allant de janvier 1996 à mars 1997[160].

---

[160] *The Jerusalem Post*, du 17 au 23 janvier 1996; *Biladi, The Jerusalem Times*, January 12, 1996.

QUATRIEME PARTIE

DE L'EUPHORIE AU DESENCHANTEMENT

CHAPITRE X

DES ELECTIONS PALESTINIENNES DU 20 JANVIER AUX ELECTIONS ISRAELIENNES DU 29 MAI 1996

Les élections palestiniennes du 20 janvier 1996

C'est dans une atmosphère d'euphorie générale que la communauté internationale s'apprêtait à suivre les élections palestiniennes qui devaient dans l'esprit des Etats, tant occidentaux qu'arabes, constituer une étape décisive dans l'établissement d'une paix juste et durable au Moyen-Orient.

Pour la circonstance, 679 observateurs internationaux, dont 289 envoyés par l'Union Européenne, furent répartis en Cisjordanie et à Gaza. Des personnalités, comme l'ancien président des Etats-Unis, Jimmy Carter, vinrent superviser les opérations. De nombreux parlementaires européens, et d'autres issus de parlements nationaux, figurèrent parmi les observateurs internationaux. Outre les Etats, des organisations internationales, comme l'Organisation de l'Unité Africaine, le Mouvement des Non-Alignés et l'Organisation de la Conférence Islamique marquèrent l'événement de leur présence. La communauté internationale était donc massivement représentée en ce 20 janvier 1996, où l'intense degré de mobilisation constaté à tous les niveaux donnait la mesure de l'importance accordée à la tenue de ces premières élections palestiniennes, considérées à l'évidence comme la clé d'une paix globale au Moyen-Orient.

Pour les autorités israéliennes, ce 20 janvier était, par contre, le jour porteur de tous les risques de débordements. Aussi les "territoires" furent-il totalement bouclés: interdiction pour tout Israélien ou étranger non accrédité de s'y rendre.

Le 20 janvier, dès 7 heures, les bureaux de vote accueillirent les présidents et leurs assesseurs chargés d'installer les urnes et les isoloirs, généralement formés d'une simple caisse en carton, suffisante néanmoins pour dissimuler l'électeur. Sur les 1700 bureaux de vote, seuls 18 ont ouvert après 8 heures, pour raison technique; ce qui constitue un succès pour l'organisation administrative du scrutin, en dépit de l'inexpérience et des déficiences logistiques constatées à plusieurs reprises.

La qualité du travail des observateurs internationaux fut critiquée par certains commentateurs; notamment en raison du fait qu'un grand nombre de bureaux ne fit l'objet d'aucun contrôle. On a, à ce propos, souvent parlé de négligence et de désinvolture. Sans écarter, a priori, l'hypothèse de l'existence de certaines déficiences, ce genre de critique semble largement exagéré et ne tient pas compte de certaines réalités du terrain.

En raison de la quantité d'effectifs disponibles, les observateurs internationaux ne purent assister qu'à l'ouverture de 338 bureaux sur 1700. Toutefois, des dispositions avaient été prises pour que chaque bureau puisse être visité afin de constater la régularité du déroulement du scrutin. Au total, il est estimé que près de 99% des 1700 bureaux de vote ont été visités par les observateurs internationaux.

Dans la circonscription de Bethléhem, par exemple, où la situation put être directement observée, les équipes d'observateurs, au nombre de 17 pour couvrir 88 bureaux de vote, avaient été organisées de manière à ce que chaque bureau de vote puisse être visité au moins deux fois. Les prévisions horaires furent toutefois sérieusement perturbées par les difficultés rencontrées pour contrôler le déroulement du scrutin à Wadi al Nis, village dont la situation a déjà été évoquée plus haut.

Pour rappel, Wadi al Nis n'était accessible par route qu'en passant par l'implantation d'Efrat. Le jour des élections étant jour de Shabbath, l'entrée de l'implantation et la circulation à l'intérieur de celle-ci étaient interdites à tout visiteur. Prenant prétexte de ces circonstances, les colons avaient refusé, aux équipes électorales et aux policiers chargés de la surveillance de l'opération, l'accès au village. Peu avant le 20 janvier, un compromis avait été atteint entre les autorités palestiniennes et les autorités israéliennes: les équipes électorales et les policiers non armés pourraient, sans passer par l'implantation, s'installer dans le village en empruntant les pentes escarpées du ravin qui séparait le village de la route de Tqou`a. Les urnes et les isoloirs furent transportés, par cette voie, à dos d'homme et d'âne.

La mission de l'équipe d'observateurs internationaux consistait non seulement à vérifier la régularité des opérations électorales, mais aussi à constater qu'en dépit des obstacles susceptibles d'affecter la bonne marche des opérations, le scrutin se déroulait dans des conditions acceptables. Aussi nous présentâmes-nous, le 20 janvier à 10h30 du matin, devant l'entrée de l'implantation d'Efrat, pour gagner le village de Wadi Nis, comme nous y autorisaient les accords conclus entre représentants de l'Union Européenne, d'Israël et de l'Autorité palestinienne. Bien que nos véhicules fussent munis des plaques internationales et des signes distinctifs de l'Union, malgré la présentation de nos papiers d'accréditation, que l'on nous rendit sans même les avoir examinés, l'autorisation de passer nous fut refusée.

Comme si notre arrivée était attendue, outre la garde habituelle logée dans son poste de garde, des colons en armes et des enfants brandissant des pancartes se tenaient derrière la barrière qui commandait l'entrée, pour en interdire le passage. Comme convenu lors de notre premier passage à Efrat, nous fîmes appeler le responsable de la sécurité d'origine italienne, qui nous accueillit aimablement. Pendant près d'une heure il fit la navette entre notre véhicule et l'attroupement groupé derrière la barrière d'entrée; il finit par nous proposer d'entrer dans l'implantation, mais sans notre chauffeur palestinien qui aurait dû rester sous surveillance au poste de garde. C'était une proposition contraire aux accords conclus avec les autorités israéliennes; en outre, nous ne pouvions prendre le risque de laisser le chauffeur palestinien au milieu de toute cette agitation. Nous fîmes alors appel, selon la procédure convenue, à l'Office de Coordination Régional pour faire respecter les accords. Peu après, deux véhicules de l'armée et deux voitures de police israéliens furent sur place pour nous ouvrir le passage. Après environ trois quarts d'heure de vaines palabres, notre voiture pilotée par un observateur européen franchit la barrière, encadrée par deux véhicules militaires israéliens, dont l'un deux transportait le chauffeur palestinien pour le mettre à l'abri. Nous parvînmes ainsi à Wadi al Nis, sous bonne escorte - et sous les huées des manifestants. Les villageois palestiniens saluèrent l'arrivée des observateurs internationaux comme une victoire, et certains d'entre eux, incrédules, dirent constater avec surprise que "c'était la première fois depuis qu'ils habitaient ici qu'ils voyaient les colons devoir se soumettre aux lois". Visiblement les gens d'ici commençaient à croire aux changements qui leur avaient été annoncés. Le plus étonnant, pour eux, était surtout le fait que l'armée israélienne ait contribué à faire respecter la loi en leur faveur. Dans la perspective de relations futures entre Israéliens et Palestiniens, et malgré sa portée limitée, ce détail, joint à d'autres détails, pouvait avoir une influence positive sur la perception mutuelle des deux peuples. Il revient à la vérité de souligner qu'en cette circonstance la coopération entre les officiers israéliens et les observateurs internationaux fut empreinte de cordialité et de compréhension; certains de nos interlocuteurs israéliens nous confiant combien ils craignaient le fanatisme de quelque "15%" de colons pour l'avenir du processus paix et d'Israël même.

Si nous nous sommes appesantis sur cet épisode, c'est qu'il est révélateur des hypothèques que font peser sur le processus de paix ces groupes de colons déterminés à ignorer les engagements de leur gouvernement et à s'opposer physiquement aux militaires chargés de faire respecter les décisions gouvernementales relatives à la création d'une entité palestinienne autonome. Se sentant investis d'une mission sacrée, ils se montrent résolus à ignorer les décisions de la communauté internationale qui n'iraient pas dans leur sens, et à considérer comme nuls les arrangements conclus avec elle par leur gouvernement.

L'épisode de Wadi al Nis, qui connut un nouveau rebondissement avec la venue, quelques heures plus tard, du chef de la mission européenne, fut toutefois le seul incident sérieux qui marqua le déroulement des opérations de contrôle électoral dans la circonscription de Bethléhem. A Hébron, la tension resta vive tout au long de la journée.

En ce qui concerne le déroulement des opérations de vote, aucune irrégularité grave ne fut constatée dans la circonscription de Bethléhem. Dans quelques bureaux, il fallut rectifier l'orientation de certains isoloirs et demander à quelques policiers de se poster hors du bureau de vote; il fut aussi, à de rares occasions, nécessaire de rappeler à un assesseur où à un président de bureau qu'il ne pouvait lui-même servir d'auxiliaire à un illettré ou à un handicapé, lesquels devaient, dans ces cas, se faire assister par un parent ou par un individu dûment autorisé. Ces entorses à la norme furent, selon toute vraisemblance, plus le fruit de l'ignorance que d'une intention délibérée d'influer sur le choix des électeurs.

En raison de la mobilisation et de la vigilance active de l'ensemble de la population, il eût été fort malaisé d'exercer une pression significative sur l'un ou l'autre électeur, le jour du scrutin. En effet, dans l'ensemble des bureaux de vote visités, se tenaient, en grand nombre, attentifs au moindre détail, des témoins représentant soit un parti, soit un candidat indépendant. Tout en saluant les observateurs, ils leur faisaient remarquer, avec fierté, la capacité du "peuple palestinien à assurer le déroulement correct des élections et à veiller à ce que les règles de la démocratie soient respectées". Toutefois, en d'autres endroits que la circonscription de Bethléhem certaines déficiences furent relevées: en certains endroits, en effet, des observateurs relevèrent la présence permanente de policiers armés dans les bureaux de votes; dans certains cas, encore, il fut constaté que des partisans de M. Arafat avaient rempli des bulletins à la place d'autres personnes; enfin, des observateurs japonais signalèrent quelques cas où un électeur avait voté deux fois. Néanmoins le plus grand nombre de plaintes déposées pour irrégularités concernèrent non pas tellement les opérations de vote elles-mêmes, mais plutôt les opérations ultérieures, dont le transfert des urnes.

A ce stade, il convient de rappeler à nouveau qu'en raison du nombre d'effectifs disponibles il ne fut pas possible aux observateurs internationaux d'être présents à tous les comptages, ni de suivre tous les transferts d'urnes du bureau de vote à la Commission Electorale du District. En fait, le comptage, qui se prolongea souvent fort tard dans la nuit, voire jusqu'au lendemain, put être contrôlé dans 265 bureaux de vote sur 1700. Toutefois, il convient de relever que, selon les renseignements fournis les jours suivants par de nombreux témoins palestiniens eux-mêmes, les témoins de partis et d'indépendants assistèrent jusqu'au bout au comptage dans les divers bureaux de vote à Gaza et en Cisjordanie.

A Jérusalem, toutefois, les conditions de vote semblent avoir été la cause d'un grand nombre d'abstentions selon les commentaires émis par divers observateurs, y compris les observateurs internationaux. Selon ces sources, les mesures de sécurité particulièrement sévères prises à proximité des bureaux de poste désignés pour recevoir les électeurs, eurent pour effet de dissuader une partie de l'électorat. Pour ceux des Jérusalémites obligés de voter hors de la ville, les conditions furent encore plus éprouvantes. En effet, bien que l'Autorité palestinienne ait conçu le projet de réserver des bus pour transporter les électeurs vers les bureaux de vote situés en dehors de la ville, les moyens de transport mobilisés se sont révélés insuffisants. Nombre de votants potentiels n'ont pu, ainsi, gagner les bureaux prévus; en outre, les difficultés créées par les gardes frontières aux barrages de contrôle ont eu pour effet de décourager une partie des électeurs restants.

Au total, toutefois, à l'exception du cas de Jérusalem, l'organisation générale des élections fut considérée comme plus que satisfaisante par l'ensemble des observateurs sur le terrain. Toutefois, si les élections présidentielles ne souffrirent aucune contestation, les critiques furent relativement sévères en ce qui concerne les élections législatives. A ce niveau, les opérations de transfert des urnes, des bureaux de votes aux Bureaux Electoraux de District, donnèrent lieu, comme notamment à Hébron, à des pertes d'urnes et de protocoles. Il put être constaté, à ce stade de l'opération électorale, une désorganisation évidente au niveau de l'acheminement, de la réception et de la mise en oeuvre des documents reçus. Ces insuffisances, dues surtout à l'inexpérience, souvent à une certaine désinvolture, furent souvent interprétées, à tort, comme des manipulations par les déçus des résultats électoraux. Des retards importants intervinrent ainsi dans la publication des résultats; tous ne furent donc pas dûs, loin s'en faut, à des problèmes de manipulations. Il n'en reste pas moins vrai que des plaintes portant sur la disparition d'urnes et de protocoles en provenance de Hébron et sur des manipulations frauduleuses dans 17 bureaux de vote de la circonscription de Ramallah donnèrent lieu à des recomptages au sein de la Commission Electorale Centrale, laquelle confirma les premiers résultats. Il fallut toutefois procéder, le 31 janvier, à de nouvelles élections dans deux bureaux de la circonscription de Gaza Nord, où des irrégularités flagrantes avaient été constatées.

Les résultats des élections ne réservèrent pas de grandes surprises. Aux présidentielles, M. Yasser Arafat l'emporta largement sur sa concurrente, Mme Samiha Khalil, avec 88,1% des suffrages exprimés. Les législatives apportèrent aux candidats favorables à M.

Arafat un pourcentage plus que confortable: selon les estimations de l'unité électorale européenne, le Fatah remporta 50 sièges, le FIDA 2 sièges, le Rassemblement démocratique national 1 siège qui va à M. Haydar `Abd al Shafi, le Parti du Peuple Palestinien 1 siège; 34 sièges allèrent à des indépendants. Les quotas réservés aux chrétiens suscitèrent un certain nombre de protestations, notamment à Jérusalem et à Ramallah où deux chrétiens furent élus au détriment de deux membres du Parti du Peuple Palestinien qui avaient obtenus un nombre de voix nettement supérieur.

Malgré d'incontestables déficiences, il ne fait pas de doute que ces élections reflétèrent correctement les choix de la population. Les résultats de la consultation du 20 janvier exprimaient, en effet, les opinions émises par la grande majorité des villageois et des citadins rencontrés au cours des diverses réunions organisées pendant la campagne électorale. Il fut tout à fait évident, ainsi, que, là où se présentait une forte personnalité en désaccord avec M. Arafat, celle-ci l'emporta sur tous les candidats du Fatah et sur les indépendants soutenus par les milieux officiels. Les circonscriptions de Bethléhem, de Tubas et de Gaza, entre autres, offrent un parfait exemple de ce phénomène. Le cas exemplaire est tout particulièrement celui de Bethléhem, où les candidats du Fatah furent laminés, et où il apparut que le grand vainqueur du scrutin, très critique à l'égard du président de l'Autorité palestinienne, l'aurait vraisemblablement emporté même sans l'apport des voix des membres de la tribu de Ta`mar dont il est issu. Dans ce cas précis, l'électeur avait, selon les nombreux témoignages recueillis, tenu à récompenser la qualité du travail social accompli par le candidat sur le terrain.

Au total, les enquêtes menées dans plusieurs villages de la circonscription de Bethléhem, durant les quatre jours qui suivirent les élections, ne laissaient aucun doute sur le fait que les populations locales avaient exprimé leur choix en toute liberté. Si l'on confronte ces expériences personnelles aux témoignages de divers observateurs, il est permis de conclure avec les responsables de l'unité électorale européenne que ces élections "pouvaient raisonnablement être considérées comme l'expression exacte de la volonté des électeurs". Elles constituent, en tout cas, un moment important dans la voie qui devrait mener à l'édification d'une société démocratique.

Les effets immédiats des résultats électoraux

C'est dans l'euphorie que Etats occidentaux et arabes accueillirent les résultats des élections, qui allaient dans la direction attendue. M. Arafat, qui devait prêter serment devant le Conseil élu le 12 février, était démocratiquement conforté dans son poste de président de l'Autonomie palestinienne, et il disposait au Conseil Palestinien d'une assemblée acquise aux accords d'Oslo.

Les résultats du scrutin pouvaient être considérés à bon droit comme un plébiscite en faveur de la poursuite du processus de paix et de la politique globale menée par M. Yasser Arafat.

Le nombre d'abstentionnistes s'était révélé beaucoup moins important que les formations d'opposition ne l'avaient espéré, puisque le nombre de votants avait atteint, selon les estimations de la Commission électorale centrale et l'Unité électorale européenne, un pourcentage de plus de 75% en Cisjordanie et de plus de 80% dans la bande de Gaza, avec toutefois les exceptions de Jérusalem, un peu plus de 40%, et de Hébron, plus de 66%, en raison de l'occupation israélienne.

Devant les résultats obtenus, l'Union Européenne pouvait se montrer pleinement satisfaite de la manière dont elle avait contribué à assurer la crédibilité des élections du 20 janvier.

D'une manière générale, même si sa démarche avait été critiquée par des tendances politiques opposées aux Accords d'Oslo, sa présence avait cependant été accueillie avec satisfaction par une majorité de la population, comme il avait été possible de le constater sur le terrain.

En Israël, toutefois, les opposants au processus de paix ne désarmaient pas, et, le 20 janvier, à 20 heures, au moment où le dépouillement des bulletins de vote commençait dans de nombreux bureaux palestiniens, 10.000 à 15.000 Israéliens manifestaient à Jérusalem pour affirmer leur volonté de récupérer tous les territoires concédés aux Palestiniens, et réaffirmaient leur foi en Eretz Israël[161].

---

[161] *The Jerusalem Post*, du 24 au 30 janvier 1996.

TABLEAU VI
Participation aux élections[162]

Circonscription	Nombre de votants	Pourcentage de participants
Bethléhem	41.465	75,21%
Djenine	60.919	75,32%
Hébron	88.364	66,40%
Jéricho	10.685	77,86%
Naplouse	87.005	76,76%
Qalqilya	19.724	70,94%
Ramallah	429	71,33%
Salfit	15.274	79,45%
Toubas	13.166	81,42%
Toulkarem	44.802	78,23%
Jérusalem	32.316	40,37%
Gaza-Nord	53.567	87,63%
Gaza-Ville	108.759	88,62%
Dayr al-Balah	45.156	80,61%
Khan Younis	63.649	88,85%
Rafah	38.824	88,16%
Total	780.079	75,86%

A l'issue du scrutin du 20 janvier, M. Arafat, à la tête d'un exécutif démocratiquement élu, devenait un partenaire tout à fait respectable pour ses sponsors américains et européens. Il leur restait maintenant à appuyer vigoureusement le processus en cours, pour éviter le développement de dérives autoritaires que pouvaient laisser craindre certains signes antérieurs. Il revenait surtout à Israël de ne pas multiplier des exigences, telles qu'elles ne laisseraient d'autre choix à M. Arafat que l'usage de la contrainte pour en imposer

---

[162] Source: Commission Electorale Centrale.

l'application à ses compatriotes, au risque de briser la dynamique démocratique.

Dans l'immédiat, M. Pérès pouvait considérer l'opération comme positive, dans la mesure où ses effets confortaient le chef du gouvernement israélien dans sa ligne politique au sujet de la recomposition politique du Moyen-Orient. Après le 20 janvier 1996, les négociations sur les questions en suspens pouvaient reprendre, dès le mois de mai, et la coopération avec M. Arafat devait, selon toute vraisemblance, connaître une période d'approfondissement significatif, même si un premier point de désaccord est apparu le 24 janvier à propos de la création d'un Etat palestinien[163].

Sur le front syrien, les choses se présentaient bien, puisque les négociations bilatérales reprirent le 24 janvier dans le Maryland, sous les auspices des Etats-Unis, et que devait y être abordée, entre autres, la question capitale de la répartition des eaux du Golan[164].

Dans ce climat propice, le président de l'Autonomie palestinienne fit connaître, sans tarder, son intention de provoquer, comme il s'y était engagé, la réunion du Conseil National Palestinien (CNP) en exil, conjointement avec le nouveau Conseil Palestinien élu, afin de faire procéder, pour le 20 avril 1996 au plus tard, à l'abrogation des articles de la Charte palestinienne appelant à la destruction de l'Etat d'Israël.

A l'occasion de la réunion des organes représentatifs du peuple palestinien resurgit la controverse à propos de l'importance respective du Conseil Palestinien élu et le CNP. Pour certains politiciens la prééminence devait revenir au Conseil Palestinien en sa qualité de corps représentatif élu, alors que le CNP n'est qu'une construction arbitraire reposant sur un système de quotas qui donne à chaque formation représentée à l'OLP un nombre de sièges proportionnel à son importance numérique. Le débat est actuellement loin d'être clos et nul ne sait si les élus au Conseil de l'Autonomie, membres de droit du CNP, s'y ajouteront ou non. Certains insistent, toutefois, sur le fait que l'existence du CNP continue à se justifier dans la mesure où il est le seul organe où peuvent être représentés les Palestiniens de l'extérieur, et qu'à ce titre il constitue un instrument de liaison

---

[163] *Le Monde*, 26 janvier 1996.
[164] *Le Monde*, 25 janvier 1966.

irremplaçable entre la diaspora et les Palestiniens de "l'intérieur".[165]

Pour l'heure, quel que soit l'état des discussions à propos de l'importance respective à accorder aux deux assemblées, le CNP restait le lieu où devait être nécessairement décidée l'abrogation des articles de la charte palestinienne relatifs à la destruction de l'Etat d'Israël.

Dans le climat de confiance qui présidait aux relations officielles entre l'Autorité palestinienne et le gouvernement d'Israël, le Comité interministériel de sécurité autorisa, le 19 janvier, l'entrée, dans les territoires de l'Autonomie, de la totalité des 500 membres composant le CNP[166].

Premier chef historique du "front du refus" à fouler le sol de l'Autonomie, M. Nayef Hawatmeh, président du FDLP, proclama d'entrée de jeu son intention de ne pas voter l'abrogation des articles litigieux de la Charte palestinienne. Le président du FPLP, M. Georges Habache, refusa, par contre, de se rendre dans les territoires de l'Autonomie avant qu'une solution n'ait été proposée pour résoudre le problème des réfugiés[167].

Dans un nouveau geste d'apaisement à l'égard des formations de l'opposition, M. Arafat autorisa le mouvement Hamas à ouvrir un bureau d'information à Gaza et à faire paraître un journal; en outre 15 membres du parti islamiste, détenus dans les prisons palestiniennes, furent relâchés[168]. Le Président de l'Autonomie était ainsi en bonne voie de gagner son pari d'amener par la négociation les responsables de l'opposition islamiste à composer avec lui et à s'engager, au moins provisoirement, à ne tenter aucune action de nature à porter atteinte au processus de paix. Le président de l'Autonomie semblait, ainsi, en mesure de contrôler la situation dans les territoires placés sous son autorité, et de se donner les moyens d'assurer la sécurité de l'Etat hébreu comme il y était contraint par les Accords d'Oslo.

De son côté, M. Shimon Pérès pouvait se targuer d'un certain nombre de succès diplomatiques. Les retombées des élections palestiniennes semblaient devoir lui donner raison et conforter sa position

---

[165] *Biladi, The Jerusalem Times*, January 19, 1996.
[166] *The Jerusalem Post*, op. cit.
[167] *Le Monde*, 28/29 janvier 1996; *International Herald Tribune*, January 22, 1996.
[168] *Le Monde*, 30 janvier 1996.

dans l'opinion publique. Sur le plan extérieur, Israël, depuis qu'il s'était engagé dans le processus de paix, bénéficiait, plus que jamais, de la sympathie des Etats-Unis, et des encouragements de la communauté internationale. Avec les Etats arabes, les relations ne cessaient de s'améliorer et l'on voyait se préciser des possibilités croissantes en matière d'échanges et de coopération économiques. Seule la Syrie continuait à poser problème, dans la mesure où, même si la volonté de continuer à négocier était évidente, les divergences - notamment sur le problème des mesures de sécurité exigées par Israël - restaient telles que la conclusion d'un accord ne pouvait être envisagé avant le mois d'octobre 1996, date prévue pour les élections législatives israéliennes. Le problème essentiel réside dans l'insurmontable méfiance que nourrissent les deux protagonistes l'un vis-à-vis de l'autre. Dans ces conditions, M. Pérès, se fiant aux sondages qui faisaient état d'une conjoncture favorable, décida d'avancer les élections législatives à la fin du mois de mai[169].

Toutefois, malgré des avancées significatives dans les relations israélo-palestiniennes, comme la publication de la déclaration de principes ouvrant la voie à une coopération entre la Jordanie, Israël et l'Autonomie palestinienne en matière de répartition des ressources en eau de la région, les motifs de tension ne manquaient pas. Les autorités israéliennes, en effet, continuaient à empiéter sur des portions de terres appartenant à l'Autonomie pour y effectuer des constructions sécuritaires; le cas exemplaire à cet égard est la construction d'un mur de protection autour du tombeau de Rachel à l'entrée de Bethléhem, qui réduisait de moitié la largeur de la route principale menant à la ville et provoquait d'invraisemblables embouteillages. En outre, les affirmations réitérées du gouvernement israélien qu'il n'était pas favorable à la création d'un Etat palestinien étaient là pour rappeler aux Palestiniens que l'essentiel était à venir, et ne serait abordé qu'à partir des négociations prévues par les Accords intérimaires pour la fin du mois de mai 1996. Toutefois, malgré l'existence d'indéniables facteurs de tensions, les perspectives offertes par la poursuite du processus de paix incitaient les parties concernées à envisager l'avenir avec un optimisme raisonnable.

---

[169] *Le Monde*, 13 février 1996; *International Herald Tribune*, February 16, 1996.

Le processus de paix à l'épreuve du terrorisme

Quatre attentats perpétrés en Israël aux mois de février et de mars, par des islamistes extrémistes, allaient aboutir à la mise en veilleuse durable du processus de paix. Le 25 février, deux attentats suicides, l'un à Jérusalem, l'autre à Ashkelon, revendiqués par les cellules Ayyash, nouvelle branche militaire du Hamas, font 27 morts et plus de 80 blessés[170]. Sévèrement critiqué, par une importante partie de l'opinion publique, qui incrimine son "laxisme" en matière de sécurité, le gouvernement Pérès fait procéder à un bouclage total de la bande de Gaza et de la Cisjordanie. Sommé par le gouvernement israélien de réagir vigoureusement contre le Hamas, M. Arafat fait immédiatement procéder à l'arrestation de quelques 200 militants de la formation islamiste; en outre, tous les Palestiniens possédant des armes sont invités à les remettre à la police sous peine d'encourir de lourdes peines d'emprisonnement. L'attentat est immédiatement condamné par l'Autorité palestinienne et la communauté internationale unanime. La Syrie, elle-même, tout en rendant l'occupation israélienne fondamentalement responsable de ces excès, condamne sans appel les auteurs de ces actes terroristes[171].

Malgré les mesures de sécurité mises en oeuvre par le gouvernement israélien, un nouvel attentat était commis, le 3 mars, dans un bus à Jérusalem; il fait cette fois 19 morts et plusieurs blessés. Le lendemain, en plein centre de Tel Aviv, une nouvelle explosion faisait 13 morts et 125 blessés.

Le même jour, plus de 10.000 Palestiniens manifestaient à Gaza pour réprouver les attentats terroristes et pour réaffirmer leur soutien inconditionnel au processus de paix.

A l'appel de la direction politique du Hamas, les brigades Ezzeddin Qassam remettent leurs armes aux autorités palestiniennes et déclarent cesser toute opération armée contre Israël[172].

Malgré les manifestations palestiniennes condamnant la violence, et les mesures énergiques prises par l'Autorité palestinienne,

---

[170] *International Herald Tribune*, February 29, 1996; *Le Monde*, 27 février 1996.
[171] idem.
[172] *International Herald Tribune*, March 6, 1996; *Biladi, The Jerusalem Times*, March 8, 1996.

qui, au 10 mars, avait fait arrêter quelque six cents activistes du Hamas, les conséquences de ces événements sont désastreuses pour les relations israélo-palestiniennes. Une majorité d'Israéliens perdit, alors, toute confiance dans le processus de paix. M. Arafat fut généralement accusé de duplicité; au mieux, il était considéré comme un partenaire peu fiable, incapable de remplir ses engagements jusqu'au bout.

Même des partisans convaincus de la paix furent ébranlés comme le note le Nouvel Observateur. Ainsi un militant de la paix n'hésite pas à proclamer qu'un "peuple qui envoie ses fils au suicide est un peuple maudit qui perd sa place dans la famille des hommes"; tandis qu'un autre déclare au journaliste qu' "avec des peuples qui se conduisent ainsi il n'y a pas de pourparlers car nous n'avons rien d'humain en commun."[173]

Quant à M. Pérès, le crédit très relatif que lui accordait une majorité d'Israéliens s'effrita rapidement, et, malgré les mesures draconiennes prises à l'égard des Palestiniens, ses chances de remporter les prochaines élections s'amenuisaient fortement, tant son image de politicien visionnaire irréaliste s'imposait à nouveau à l'homme de la rue.

Pour assurer sa survie politique et redonner confiance à ses compatriotes, M. Pérès utilisa les méthodes sécuritaires dont il avait toujours dénoncé le caractère illusoire avant les attentats. Il procéda ainsi à la destruction des maisons ayant abrité les terroristes ou leurs complices, et au bouclage des territoires; mesure dont les attentats du 3 et 4 mars avaient démontré les limites, puisqu'ils furent exécutés alors même que le bouclage n'avait jamais été, théoriquement, aussi hermétique.

L'intensité de l'émotion et de l'incrédulité populaire montrait combien la population israélienne s'était installée dans la croyance fallacieuse que, le processus de paix se poursuivant, le danger terroriste - surtout depuis les élections palestiniennes - s'éloignait d'autant. Sur ce plan, le gouvernement israélien, aveuglé peut-être par des considérations électoralistes, n'avait rien fait pour dissiper cette illusion.

Déjà au lendemain de l'assassinat de Yahya Ayyash, des officiers de la sécurité rencontrés à l'Office de Coordination de District

---

[173] *Le Nouvel Observateur*, 14 mars 1996.

de Bethléhem étaient persuadés que les activistes du Hamas se devaient de lancer, à un moment jugé propice, une opération terroriste spectaculaire pour venger leur compagnon d'armes. En outre, depuis les élections palestiniennes, dont les résultats se révélèrent décevant pour lui, le Hamas traversait une crise profonde; un nombre croissant de responsables politiques du mouvement islamiste composaient avec le président de l'Autonomie et l'on assistait à une marginalisation progressive des éléments les plus radicaux. Il était donc probable que ceux-ci devaient se sentir amenés à se manifester pour démontrer que rien ne pourrait être réglé sans leur assentiment. C'est sans doute là qu'il faut rechercher le sens de l'appel lancé le 29 février au gouvernement israélien, dans lequel les activistes se déclaraient disposés à mettre fin aux attentats, à la condition qu'Israël relâche les prisonniers du Hamas et mette un terme à la chasse aux islamistes. L'offre fut rejetée par le gouvernement israélien[174]. Trois jours plus tard, les opérations suicides reprenaient.

Dans la mesure où tous les responsables de la sécurité tenaient pour probable des actions terroristes de cette nature, il eût été sage de préparer la population à cette éventualité, et à la rendre consciente du fait que, si la sécurité réelle et définitive ne pouvait résulter que d'une solution politique, celle-ci n'existait encore qu'à l'état de perspective. Faute d'avoir eu ce réflexe d'élémentaire prudence, le Premier ministre israélien se trouvait acculé à mettre en oeuvre une politique répressive de nature à mettre en difficulté son partenaire palestinien et à compromettre l'ensemble du processus de paix, notamment en reportant le redéploiement de Hébron au lendemain des élections du 29 mai 1996. Sur ce plan, les activistes du Hamas avaient atteint une partie de leur objectif. Ils servaient dans le même temps les desseins des extrémistes israéliens.

Pour les Palestiniens, les campagnes terroristes qui frappèrent Israël eurent des retombées dramatiques. Soixante mille travailleurs itinérants, interdits de passage en Israël, perdirent du jour au lendemain leurs moyens de subsistance. Pour l'Autonomie palestinienne, le bouclage des territoires occasionnait une perte de revenus de 4 millions de dollars par jour. Avec l'aggravation de la précarité de leurs conditions d'existence, un nombre croissant de Palestiniens se prenait à considérer avec scepticisme les vertus annoncées du pro-

---

[174] *International Herald Tribune*, March 1, 1996.

cessus de paix. Pour M. Arafat, toutefois, il n'existait d'autre choix que de laisser passer la tempête et de faire progresser les rares espaces de négociations, où la discussion restait possible. C'est donc dans une atmosphère particulièrement pessimiste que le Parlement palestinien est inauguré à Gaza le 7 mars 1996.

Au plan international, on assista, parallèlement à la dégradation des relations israélo-palestiniennes, à l'accroissement de tensions régionales: le 4 mars, en écho aux attentats du Hamas, une salve de tirs du Hezbollah provoque la mort de 4 soldats israéliens; le 5 mars, Israël interrompait, malgré les efforts américains, les pourparlers avec la Syrie, jugée trop complaisante à l'égard des organisations terroristes[175].

La communauté internationale au secours du processus de paix

Les épreuves subies par l'Etat hébreu avaient ému la communauté internationale. C'est donc sans peine que les Etats-Unis purent la mobiliser pour soutenir la lutte qu'ils se préparaient à revitaliser contre le terrorisme international, et les Etats considérés, à l'instar de l'Iran, principale cible de Washington, comme des sanctuaires pour les organisations terroristes.

Le sommet international "des bâtisseurs de la paix", organisé à l'initiative des Etats-Unis, se réunit à Sharm al Shaykh le 13 mars 1996. Quelque 30 Etats, l'Union Européenne et les Nations unies s'y trouvèrent représentés[176].

Le sommet de Sharm al Shaykh, dont il ne sortit rien de concret, constitue la plus vaste manifestation de soutien international à Israël qu'a connue l'Etat hébreu depuis sa fondation. Il consacre, avec la démonstration d'une volonté de la communauté internationale de réagir contre le terrorisme, la fin de l'isolement d'Israël au Moyen-Orient. L'Etat hébreu siège, en effet, avec un rôle central, parmi 30 des principaux Etats du monde dont une douzaine d'Etats

---

[175] *International Herald Tribune*, March 5, 1996; *Biladi The Jerusalem Times*, March 8, 1996.
[176] *International Herald Tribune*, March 13 & 14, 1996.

arabes. Ce fait fut essentiellement le fruit de la politique de M. Shimon Pérès.

Commentant l'agitation diplomatique de Sharm al Shaykh, le professeur Shlomo Avineri, ancien directeur général du ministère des Affaires étrangères, estimait, avec raison, que dans le "nouveau contexte du Moyen-Orient... la ligne de fracture ne se trouve plus entre Arabes et Juifs, mais entre partisans de la stabilité et artisans de l'instabilité"[177]. Et, de fait, tous les Etats arabes présents au sommet se trouvent sur la même longueur d'onde que les Etats-Unis dans sa croisade antiterroriste, dans la mesure où ils ressentent le terrorisme islamiste comme une menace pour leur propre régime. Aussi le projet américano-israélien d'approfondir la coopération avec les services de renseignements des pays arabes "modérés" pouvait-il être favorablement accueilli par ces derniers. Il ne paraissait pas impossible d'assister alors à la formation d'une internationale anti terroriste rassemblant, autour des Etats-Unis, des Etats déterminés à éradiquer la menace d'un activisme islamiste déstabilisateur de l'ordre régional et international. Au travers de cette construction, les Etats-Unis, dont l'action au Moyen-Orient s'était révélée quelque peu désordonnée durant ces dernières années, pouvaient retrouver une certaine cohérence, en choisissant de mobiliser, sous leur égide, les Etats de la région autour d'un thème fédérateur.

Des divergences apparurent, toutefois, entre les Etats-Unis et les Etats arabes rassemblés à Sharm al Shaykh. Ces derniers voyaient en effet, avec une certaine irritation, l'ordre des priorités passer du thème de la paix à celui de la sécurité, et se montraient peu disposés à suivre cette orientation. Comme le soulignait le président Hosni Moubarak dans son allocution: "Notre priorité est le processus de paix, car si c'était uniquement le terrorisme, alors le sommet se serait tenu ailleurs...Nous avons à nous interroger sur la raison des attentats... Et à nous atteler à faire progresser le processus de paix..."[178]

D'autres points de divergence apparurent encore. Alors que les Etats-Unis avaient, de facto, fait de ce sommet une manifestation de soutien à Israël et à la politique de M. Pérès, les Arabes ne manquèrent pas de souligner que le processus de paix concernait tout autant

---

[177] *The Jerusalem Post*, March 13, 1996.
[178] *International Herald Tribune*, March 14, 1996.

l'avenir du peuple palestinien, et la solution à ses problèmes actuels. Les propos tenus, hors sommet, par le ministre égyptien de l'Information, selon lequel "Arafat n'est pas responsable de la sécurité d'Israël, il est responsable de la sécurité de son peuple dans son pays", reflétaient bien la pensée des chefs d'Etat arabes, qui estimaient injustifiées les punitions collectives infligées par l'Etat hébreu au peuple palestinien.

Sur ce thème, les Européens firent, à nouveau, apparaître leurs divergences d'avec les positions américaines, dans la mesure où, comme les Arabes, ils se montrèrent plus sensibles aux problèmes liés au processus de paix et au respect des droits du peuple palestinien. En outre, ils refusèrent, à la suite de ce sommet, comme auparavant, de suivre totalement Washington dans son souhait d'envisager des mesures contre l'Iran, accusé par les Etats-Unis, Israël et M. Arafat d'avoir sinon commandité, du moins appuyé les auteurs des attentats terroristes.

Toutefois, au-delà des divergences, le sommet fit apparaître une volonté commune des participants d'oeuvrer à la stabilité et à la paix au Moyen-Orient. Il visait aussi à apporter le soutien de la communauté internationale à la politique suivie par MM. Pérès et Arafat pour faire avancer le processus de paix. Un soutien international dont le premier avait bien besoin pour redorer son blason à la veille des élections législatives, et dont le second pouvait faire usage pour justifier sa politique répressive à l'égard de son opposition islamiste.

De Sharm al Shaykh aux élections israéliennes du 29 mai

Comme prévu, le sommet des "bâtisseurs de paix" ne fut suivi d'aucune mesure concrète au niveau de la communauté internationale. Les Etats-Unis, par contre, considérant M. Shimon Pérès comme le meilleur support de leur ligne politique au Moyen-Orient, multiplièrent les marques d'attention spectaculaires à son égard en vue de conforter sa position électorale. Ils débloquèrent, à cet effet, une aide de 100 millions de dollars destinée à l'acquisition, par Israël, d'équipements antiterroristes sophistiqués, comprenant des scanners de détection de bombe, des systèmes aux rayons X, des radars sensor et des robots manipulateurs de bombes[179].

Pendant ce temps, le processus de paix continuait à stagner: le bouclage des territoires de l'Autonomie était maintenu, entraînant une dégradation croissante des conditions de vie des populations; fin mars, le redéploiement israélien à Hébron était à nouveau reporté; la répression dirigée contre les militants islamistes se poursuivait.

La situation au plan régional connaissait une dégradation parallèle. Au mois d'avril, les affrontements chroniques entre armée israélienne et milices du Hezbollah prirent une ampleur particulière. Critiqué par l'opposition et les habitants des localités israéliennes victimes des tirs de roquettes pour son manque d'énergie, M. Pérès déclencha l'opération "raisins de la colère". L'action de l'armée israélienne se donnait pour but avoué d'assurer la sécurité à l'intérieur de ses frontières en mettant fin à l'activité des milices du Hezbollah. L'ampleur des opérations militaires, qui touchèrent même Beyrouth, s'explique par le fait qu'Israël tenait le gouvernement libanais pour responsable de l'insécurité qui régnait à ses frontières nord. Dans sa condamnation de l'action terroriste dirigée contre lui, l'Etat hébreu impliquait une fois de plus la Syrie considérée comme la puissance régionale dont dépendait, in fine, le calme dans le Sud-Liban.

L'opération "raisins de la colère" non seulement ne parvint pas à faire cesser les tirs de roquettes, mais encore provoqua une hécatombe de victimes civiles, avec comme point culminant le bombardement d'une base de l'ONU, qui fit plus de cent morts et blessés. Ces dérives contribuèrent à ternir à nouveau l'image de marque de l'Etat hébreu au plan international.

Pour sortir leur allié de l'impasse où il se trouvait engagé, les Etats-Unis dépêchèrent, au Moyen-Orient, le secrétaire d'Etat, Warren Christopher, qui, après une série de navettes entre Jérusalem, Damas et Beyrouth, et après avoir essuyé une spectaculaire rebuffade de la part du chef d'Etat syrien, parvint enfin à aboutir, le 26 avril, à la signature d'un accord qui n'avait d'autre résultat que de ramener les protagonistes au statu quo ante[180]. Les résultats de l'opération "raisins de la colère" démontraient ainsi une nouvelle fois les limites des bénéfices qu'il était possible d'obtenir par la seule

---

[179] *International Herald Tribune*, March 18, 1996.
[180] *International Herald Tribune*, April 27-28, 1996; *Le Monde*, 27 avril 1996.

utilisation de la force armée pour pacifier la région.

A l'occasion de cette crise, la France s'efforça de faire entendre la voix de l'Europe. Mais cette initiative, saluée avec reconnaissance par le monde arabe, fut fraîchement accueillie et ignorée par les Etats-Unis, déterminés à rester seuls décideurs sur le terrain réservé que constituait à leurs yeux le Moyen-Orient, où ils étaient, par ailleurs, de moins en moins considérés comme un intermédiaire impartial.

Pour M. Pérès, l'opération raisins de la colère, considérée au départ comme un moyen de donner de lui, au public israélien, l'image d'un chef de gouvernement capable de décisions radicales pour assurer la sécurité du pays, apparut à l'usage comme une opération contreproductive, à la fois sur le plan national et international.

Dans un contexte régional caractérisé par des facteurs de blocages et de tensions aiguës, deux faits positifs sont toutefois à relever. Le 18 avril, le Premier ministre israélien et le président de l'Autonomie palestinienne se rencontraient à Erez pour affirmer leur volonté de poursuivre le processus de paix et de reprendre, dès le 4 mai, les négociations pour le règlement définitif des problèmes en suspens. Enfin, le 24 avril, le CNP, réuni à Gaza, votait par 504 voix contre 54 l'abrogation des articles de la Charte palestinienne, qui recommandaient la destruction de l'Etat d'Israël[181]. Avec la suppression de ces dispositions était satisfaite la dernière exigence émise par le gouvernement israélien pour procéder au redéploiement des forces de défenses israéliennes à Hébron. Il n'a pas été achevé sous le gouvernement Pérès.

Conscients du fait que le processus de paix est bloqué à tous les niveaux, et que M. Pérès se trouve dans l'impossibilité, pour des raisons électorales, de faire la moindre concession pour le relancer avant les élections, les responsables américains et palestiniens n'avaient d'autre ressource que de patienter jusqu'au 29 mai. Dans un dernier geste de soutien au Premier ministre israélien, le président Clinton invita M. Pérès à Washington, où il fut procédé à la signature d'un accord de coopération en matière de défense antimissiles balistiques. A cette occasion, la Maison Blanche réaffirma son indéfectible attachement à la défense d'Israël et sa totale confiance dans le gouvernement israélien pour mener à son terme le processus de

---

[181] *International Herald Tribune*, April 25, 1996; *Le Monde*, 25 avril 1996.

paix. Dans un geste d'apaisement à l'égard des Palestiniens, le président Clinton reçut, peu après, le président de l'Autonomie Palestinienne avec les honneurs dus à un chef d'Etat. Il s'agissait, en cette occasion, de saluer l'artisan de l'abrogation des articles de la charte palestinienne relatifs à la destruction de l'Etat d'Israël, et de conforter la position des partisans palestiniens de la poursuite du processus de paix.

CHAPITRE XI

LES RETOMBEES DES ELECTIONS ISRAELIENNES DU 29 MAI

Les élections législatives du 29 mai consacrèrent la défaite des partis qui avaient mis en oeuvre le processus de paix, et une montée significative des partis opposés à ce même processus. Le scrutin constituait, tout particulièrement, une défaite personnelle pour M. Pérès, puisque, pour la première fois dans l'histoire d'Israël, le Premier ministre était élu au suffrage universel.

M. Pérès, c'est un fait avéré, n'était pas une personnalité particulièrement appréciée par l'opinion publique israélienne. Il avait misé sur sa capacité à apporter la paix à Israël pour gagner l'estime de ses compatriotes. Les attentats de février et de mars, ainsi que les résultats peu convaincants de l'opération libanaise du mois d'avril l'avaient desservi et avaient sapé la confiance des Israéliens dans la solution politique qu'il préconisait pour régler globalement le conflit israélo-arabe.

Son challenger au poste de Premier ministre, M. Benyamin Netanyahou, avait misé avec succès sur les vieux réflexes sécuritaires à court terme, et sur la propension d'un grand nombre d'Israéliens à privilégier les démonstrations de force qui les rassurent sur leur capacité de faire face à l'adversité. Adversaire déclaré de la formule "les territoires contre la paix", il s'éloigne de toute perspective d'un règlement global stable des problèmes du Moyen-Orient.

A l'examen de ces dernières élections, Israël semblait se ressentir à nouveau comme une forteresse assiégée, ce que paraissait confirmer la progression des partis extrémistes, peu accessibles aux solutions de compromis.

Certes, dans le contexte international de l'époque, et compte tenu de la politique suivie par Washington au Moyen-Orient, M. Netanyahou ne pouvait renier, sans plus, les Accords d'Oslo, mais sa campagne électorale avait clairement indiqué qu'il n'accepterait jamais la création d'un Etat palestinien et qu'il entendait oeuvrer à ce que les accords intérimaires, réduits à un éventail de concessions minimalistes, deviennent des dispositions définitives; ce qui devait avoir pour conséquence de vider les Accords d'Oslo de leur sens. Il a ainsi annoncé, dès le départ, son intention de procéder à l'extension des implantations juives en Cisjordanie; toujours selon son programme, il était hors de question de restituer le Golan à la Syrie, à quelque condition que ce soit. Ce qui exclut toute perspective de règlement global du contentieux israélo-arabe dans un avenir prévisible.

L'ombre d'un doute

Passablement choqués par le résultat des élections israéliennes, les Etats-Unis et leurs principaux alliés arabes ont tenté, dans un premier temps, de minimiser la portée de l'événement sur la poursuite du processus de paix. Chacun a présenté M. Netanyahou comme un homme pragmatique, et a voulu voir dans les propositions les plus négatives de son programme à propos du processus de paix, de simples envolées électorales. Il fallut rapidement déchanter.

Au lendemain de sa victoire, M. Netanyahou proclama haut et fort sa volonté de poursuivre le processus de paix et d'oeuvrer à la normalisation des relations d'Israël avec ses voisins arabes, mais, précisait-il, dans des conditions qui garantissent prioritairement la sécurité de l'Etat hébreu. Ce discours rassura quelque peu les Etats-Unis et leurs alliés arabes, qui déclarèrent vouloir attendre de tester la politique du nouveau gouvernement israélien avant de prendre attitude.

Le 18 juin, l'exposé des premiers éléments du programme gouvernemental israélien était déjà de nature à refroidir passablement l'optimisme affiché par Washington, la Jordanie et l'Egypte. En effet, après avoir affirmé son intention de permettre aux Palestiniens de vivre librement sous un régime autonome, le nouveau gouvernement israélien se déclara irréductiblement opposé à la création d'un Etat palestinien, ainsi qu'à toute discussion sur la partition de Jérusalem. Dans la foulée, il proclama sa résolution de renforcer et d'étendre les implantations juives en Cisjordanie, à propos de laquelle il n'hésitait pas à affirmer dans l'une de ses allocutions que la constitution d'Eretz Israël est un devoir sacré pour le peuple juif, "cette terre", déclarait-il "appartient aux Juifs. Dieu la leur a donnée...". Le programme soumis à la Knesset précisait encore qu'Israël souhaitait renouer au plus tôt les négociations de paix avec la Syrie, mais qu'il ne peut être question pour Israël de renoncer à sa souveraineté sur le Golan[182]. Les lignes politiques ainsi énoncées seront qualifiées, par les interlocuteurs d'Israël, de politique des trois non, par allusion à la position arabe au lendemain de la guerre des six jours: non à un Etat palestinien, non à des négociations sur le statut de Jérusalem, non au retrait du Golan.

Revenant aux vieux slogans du Likoud, M. Netanyahou rejetait fermement le principe de "l'échange des territoires contre la paix" pour lui substituer celui de "l'échange de la paix contre la paix."

Lors de sa visite à Washington du 9 au 11 juillet 1996, M. Netanyahou a principalement appelé les Etats-Unis à accentuer la lutte contre le terrorisme et ses principaux sanctuaires: la Syrie et l'Iran. Sur ce plan il rejoint l'une des principales préoccupations de l'administration Clinton, et se positionne en allié stratégique de premier plan. A propos du processus de paix, les positions apparaissaient plus contradictoires. Le Premier ministre a campé sur ses positions, sans faire la moindre concession à ses hôtes américains, qui se sont montrés apparemment embarrassés, peu convaincus de pouvoir relancer les négociations de paix, mais sont restés sans réaction. Il est vrai qu'à quelques mois des présidentielles M. Clinton ne pouvait se permettre des réactions spectaculaires et risquer de s'aliéner l'électorat juif. Situation problématique qu'exploita le Premier ministre israélien pour créer des faits accomplis.

Une visite effectuée en Egypte le 19 juillet donnera lieu à des échanges apparemment cordiaux, où chacun, après avoir déclaré mieux percevoir les intentions de l'autre, s'engagea à faire progresser le processus de paix. Cette visite ne déboucha sur aucun engagement ferme, et ne modifiera en rien la ligne de conduite affichée par M. Netanyahou depuis son accession au pouvoir.

Aucune des quelques navettes américaines au Moyen-Orient, ni les conciliabules entre partenaires arabes, ni la diplomatie française, ni la visite de courtoisie de M. Netanyahou en Jordanie, ne seront de

---

[182] *International Herald Tribune*, June 19, 1996; *Le Monde*, 20 juin 1996.

nature à débloquer la situation. Même les pressantes injonctions lancées par les Etats-Unis au gouvernement israélien pour l'inviter à réactiver le processus de paix restèrent sans effet. Tout au plus, l'administration Clinton fut-elle en mesure, à force de pressions, de provoquer, le 4 septembre, entre MM. Netanyahou et Arafat, une rencontre de pure forme qui ne produisit aucun résultat concret.

Le processus de paix selon le gouvernement Netanyahou: le bâton sans la carotte

Dès le départ, le ton utilisé par le gouvernement Netanyahou, ne laissait guère d'illusions quant à l'évolution des relations israélo-palestiniennes.

La politique israélienne de bouclage systématique des territoires de l'Autonomie, avec de temps à autre un bref relâchement de la mesure, les projets d'expansion des implantations juives en Cisjordanie, à Gaza et dans le Golan, le retard mis à effectuer le redéploiement des forces israéliennes à Hébron, sont autant de faits qui contribuent à la stagnation du processus de paix, et vident les Accords d'Oslo de leur substance. Les palabres occasionnelles avec les palestiniens, auxquelles sacrifie de manière chronique le gouvernement de M. Netanyahou, apparaissent comme autant de manoeuvres dilatoires permettant de gagner du temps pour permettre à Israël de s'enraciner dans les territoires occupés. La stratégie de M. Netanyahou rappelle ainsi en tout point celle mise en oeuvre par l'ancien Premier ministre, M. Yitzhak Shamir, quelque 6 ans auparavant, durant les négociations bilatérales initiées par l'administration Bush.

Du côté palestinien, on assiste, au cours de la même période, à l'organisation sporadique, par l'Autorité palestinienne, de manifestations de protestation encadrées, pour tenter d'infléchir les positions radicales de l'équipe israélienne au pouvoir et éviter les explosions de violence incontrôlées. M. Arafat ne pouvait, en effet, laisser indéfiniment pourrir la situation sans réagir, dans la mesure où sa crédibilité se trouvait progressivement entamée tandis que se confirmait son impuissance à faire avancer le processus de paix. La perte de confiance de la population en sa capacité de réaliser les aspirations du peuple palestinien constituait un élément d'autant plus préoccupant que les fréquentes brutalités de ses services de sécurité ne contribuaient pas à servir la popularité de son régime. Aussi, le 28 août, au terme d'un discours prononcé devant le Conseil Palestinien réuni à Ramallah, appelait-il la population à une grève générale et à une marche sur Jérusalem pour célébrer la prière du vendredi à la mosquée d'Al Aqsa, afin de protester contre la politique du gouvernement israélien, et plus précisément de dénoncer la construction de nouveaux logements dans l'implantation de Kiryat Sefer et la démolition d'un centre de bienfaisance palestinien pour handicapés à Jérusalem-Est.

L'envoi d'émissaires de M. Netanyahou pour planifier de prochains contacts israélo-palestiniens contribuèrent à apaiser momentanément les tensions grandissantes dans les territoires de l'Autonomie économiquement asphyxiés par le bouclage israélien.

Il reste qu'en dépit de quelques mesures de pure forme prises par le gouvernement israélien, les tensions entre Palestiniens et Israéliens demeurent vives à propos des questions qui constituent le noyau sensible du processus de paix, à savoir: le règlement de la question de Hébron, le statut final de Jérusalem, l'extension des colonies de peuplement, les projets de construction de nouvelles implantations, et le refus permanent du gouvernement israélien de se conformer aux dispositions des Accords intérimaires.

Le règlement de la question de Hébron

En vertu des accords conclus entre l'OLP et le gouvernement travailliste, le redéploiement des forces israéliennes à Hébron devait être entamé au mois de mars 1966.

Les attentats terroristes de février et mars amenèrent le gouvernement israélien à postposer l'opération. Sous le gouvernement Netanyahou il fallut près de sept mois d'âpres négociations, et toute la persévérance du médiateur américain, Dennis Ross, pour que ce volet des Accords intérimaires fût exécuté, non sans qu'il y fût, toutefois, ajouté des clauses destinées à satisfaire les exigences israéliennes en matière de sécurité. Parmi ces ajouts épinglons, au passage, la constitution de zones tampons contrôlées par des patrouilles mixtes composées de soldats israéliens et de policiers palestiniens, que l'on devrait aussi retrouver dans les endroits qui surplombent l'enclave juive située au coeur de la cité.

Moyennant ces dispositions complémentaires, l'accord sur le redéploiement israélien à Hébron fut enfin signé le 15 janvier 1997. Il transférait à l'Autonomie palestinienne la gestion de 85% de la ville, tandis qu'Israël gardait le contrôle des 15% restant. La ville était ainsi divisée en deux zones: une zone, H-1, désignant la partie de la ville habitée par la majorité de la population palestinienne, une zone, H-2, désignant la partie habitée par les résidents israéliens, mais aussi par quelque 20.000 Palestiniens.

Dans le prolongement de la conclusion de l'accord de Hébron, le secrétaire d'Etat Warren Christopher, et son représentant, Dennis Ross, invitèrent Israéliens et Palestiniens à s'engager à faire progresser le processus de paix: Israël se voyait ainsi fixer la première semaine du mois de mars 1997 pour entamer la première des trois phases de son redéploiement, dont la phase finale devrait être abordée vers le milieu de l'année 1998; l'Etat hébreu était, en outre, appelé à mettre en application les termes de l'accord portant sur le libre passage entre la bande de Gaza et la Cisjordanie, ainsi que sur la mise en service de l'aéroport de Rafah et la construction du port de Gaza. De son côté, l'Autorité palestinienne s'engageait à finaliser les travaux de révision de sa Charte Nationale, à renforcer sa lutte contre le terrorisme, et à prévenir la violence. Les deux parties, répondant aux sollicitations de leur sponsor américain, convenaient, enfin, de reprendre les négociations sur le statut final des territoires occupés deux mois après l'entrée en vigueur du protocole de Hébron.

Malgré de sérieuses oppositions au sein de la majorité, l'accord de Hébron fut voté à la Knesset par 87 voix contre 17[183]. Selon des sources israéliennes dignes de foi, cette écrasante majorité résulterait de la pression exercée par une frange croissante de l'opinion publique de plus en plus favorable à la conclusion d'une paix stable avec les Palestiniens, en conformité avec les Accords d'Oslo.

Pour certains observateurs, le récent accord israélo-palestinien sur Hébron devait inciter à l'optimisme pour ce qui concerne la poursuite du processus de paix. Nous aurions tendance, quant à nous, même si l'événement a eu un caractère incontestablement positif, à minimiser la portée significative accordée par certains - Etats-

---

[183] *International Herald Tribune*, January 20, 1997.

Unis en tête - à ce dernier épisode du redéploiement des forces de sécurité israéliennes dans les territoires occupés. En effet, au terme de plusieurs mois de négociations laborieuses, marquées d'interruptions intensément dramatisées et de reprises non moins médiatisées, orchestrées par le représentant de la diplomatie américaine, M. Netanyahou a réussi à faire apparaître l'accord sur Hébron, comme une concession majeure et un énorme effort en faveur de la poursuite du processus de paix de la part d'Israël. En réalité, le Premier ministre israélien n'a fait qu'honorer l'un des engagements pris par le gouvernement israélien précédent; engagement qu'il n'était en aucun cas en mesure de renier, compte tenu, principalement, des attentes des Etats-Unis qui s'étaient directement impliqués dans les négociations. De surcroît, M. Netanyahou a arraché pour les implantations juives dans la région de Hébron le maximum de ce qui pouvait être obtenu, même si les plus extrémistes des colons ont crié à la trahison.

On pouvait croire, au lendemain de l'installation de l'Autorité palestinienne dans la ville, à la pacification des relations entre populations israélienne et palestinienne. Signe encourageant, le 3 février, la rue des Martyrs, bouclée par crainte d'une réaction palestinienne à la suite de la tuerie perpétrée par Baruch Goldstein, est partiellement rouverte à la circulation; mais le stationnement de véhicules palestiniens y reste momentanément interdit.

Le même mois, tandis que les colons reprennent leurs travaux d'extension de l'enclave israélienne au centre de la ville, le commandant israélien de la région ordonne l'arrêt de constructions palestiniennes, qui, dans la mesure où elles surplombent l'enclave, constitueraient une menace potentielle pour les quatre cents colons israéliens[184]. Cette démarche israélienne, repoussée par l'Autorité palestinienne qui s'appuie sur les dispositions du protocole d'accord, constitua l'amorce de nouvelles tensions, qui ne tardèrent pas à prendre un tour plus dramatique. D'autant plus que les colons de l'enclave hébronite constituent une faction radicale d'irréductibles partisans d'Eretz Israël, qui refusent de reconnaître la validité des Accords d'Oslo, tandis que les Palestiniens de Hébron supportent mal la persistance d'une occupation israélienne au centre ville, avec toutes les servitudes et les restrictions de la liberté de mouvements

---

[184] *Biladi, The Jerusalem Times*, February 7, 1997; information confirmée par des observateurs internationaux à Hébron.

qu'elle entraîne pour la partie arabe.

Le 7 avril, un colon, pour des raisons demeurées obscures, fait feu sur un jeune garçon et le tue. Le même jour, un passant est écrasé par un véhicule israélien. Le lendemain, des colons ouvrent le feu sur des Palestiniens faisant trois morts. Le 9 avril, les funérailles des victimes palestiniennes des affrontements de la veille dégénèrent en émeutes. Débordant les cordons de sécurité établis par la police palestinienne, la foule lance des pierres et autres projectiles en direction de l'enclave israélienne. Les forces de sécurité israéliennes et les colons ripostent en tirant sur les manifestants faisant quelque 150 blessés. Le développement de travaux d'extension dans l'implantation du centre ville et la construction de voies de communication destinées à la relier à l'implantation de Kiryat Arba sont à l'origine de manifestations de protestation sporadiques organisées par les Palestiniens décidés à s'opposer à la politique israélienne de colonisation des territoires occupés[185]. Les affrontements israélo-palestiniens à Hébron allaient constituer un point culminant entre le 1 et le 5 juillet, après que des colons eurent placardé des affiches représentant le prophète Muhammad sous les traits d'un porc coiffé d'un keffyeh palestinien, en train de rédiger le Coran.

En dépit de la condamnation de cet acte outrageant par le président Eizer Weizmann, le Premier ministre et le grand rabbin séfarade d'Israël, et malgré l'arrestation de l'auteur des caricatures, une majorité de Palestiniens considère l'incident comme un acte de provocation encouragé par M. Netanyahou, dans le but de susciter des réactions violentes de la part des Palestiniens et de justifier ainsi, à la fois, un durcissement, officiellement annoncé, de la répression des manifestations palestiniennes et un nouveau blocage du processus de paix initié à Oslo[186]. Que le déploiement, le 16 juillet, d'une force d'interposition de deux cents policiers palestiniens, suite à la menace israélienne de réoccuper la totalité de la ville de Hébron, ait eu pour résultat d'éviter de nouvelles manifestations, ne signifie nullement que les tensions se soient apaisées.

---

[185] idem.

[186] Ces interpétations émises par nos correspondants palestiniens et des observateurs internationaux doivent naturellement être prise avec réserve; elles sont néanmoins tenues pour vraissemblables par certains membres de mouvements pacifistes israéliens.

Quelles qu'aient été les motivations des poseurs d'affiches, leur action a suscité un mouvement d'indignation générale dans la communauté internationale, et a été fermement condamné par diverses autorités musulmanes ainsi que par le département d'Etat des Etats-Unis sortis de leur réserve pour l'occasion. Outre que ces dernières provocations contribuent à accroître la mauvaise humeur de Washington, elles ont aussi pour effet d'accentuer toujours plus la dégradation du processus de normalisation des relations israélo-arabes.

En ce qui concerne plus particulièrement la situation à Hébron, la cohabitation des Israéliens et des Palestiniens se révèle plus problématique que jamais, tandis que les problèmes essentiels, qui concernent le statut définitif des territoires conquis par Israël en 1967, et celui de Jérusalem, restent entièrement posés. Car, tandis qu'il focalisait pendant quelque sept mois l'attention de ses divers interlocuteurs sur la question de Hébron, M. Netanyahou poursuivait inexorablement le processus de judaïsation de Jérusalem-Est en violation flagrante de la lettre et de l'esprit des Accords Intérimaires, qui renvoyaient à la fin de l'année 1999 la fixation du statut définitif de Jérusalem.

Le combat pour Jérusalem

Dans le climat de frustration exacerbée et de colère contenue qui marquait la société palestinienne à mesure que se précisaient les intentions du gouvernement Netanyahou, le moindre incident pouvait conduire à un déchaînement de violence difficilement contrôlable. Le 25 septembre 1996, la décision à portée hautement symbolique du Premier ministre, d'autoriser l'ouverture d'un tunnel archéologique juif percé sous les murailles ouest de l'esplanade où se trouvent localisées les mosquées de `Omar et de Al Aqsa, est considérée comme une provocation par la population palestinienne musulmane, qui entame des manifestations de protestation à Jérusalem et en divers endroits de Cisjordanie. Les forces de sécurité tentèrent de disperser les manifestations avec une extrême brutalité et allèrent jusqu'à tirer à balles réelles sur les manifestants. Les Palestiniens, de leur côté, affrontèrent les forces de l'ordre par des jets de pierres. Les combats, qui ont duré trois jours, firent 68 morts et plusieurs centaines de blessés parmi les Palestiniens; les forces de sécurité israéliennes, quant à elles, comptaient 15 morts[187]. Par leur intensité, les affrontements entre Palestiniens et forces israéliennes rappelaient les moments les plus durs de l'intifada. Fait aggravant, policiers palestiniens et forces de l'ordre israéliennes échangèrent des coups de feu, lorsque ces dernières pénétrèrent dans les zones de l'Autonomie pour appréhender les lanceurs de pierres. Le 27, même, des hélicoptères furent utilisés contre les tireurs palestiniens. En certains endroits, comme à Bethléhem, toutefois, la police palestinienne, bien contrôlée par ses officiers, contribua à contenir les foules de manifestants pour éviter de nouvelles effusions de sang.

En dépit des remous provoqués, dans le monde, par les tragiques événements des 25, 26 et 27 septembre, et les critiques dont son gouvernement avait fait l'objet de la part de plusieurs Etats et organisations internationales, M. Netanyahou, intransigeant, refusa tout net de fermer le tunnel le temps d'une négociation destinée à calmer le jeu. Plus même, il fit renforcer, dès le 29 septembre, le cordon de blindés postés aux alentours des zones de l'Autonomie.

Devant la gravité de la situation, le président Clinton invita les parties en litige et les parrains des accords d'Oslo à se rendre à Washington pour y tenir une réunion destinée à mettre un terme à la violence et de relancer les négociations israélo-palestiniennes.

En l'absence d'un ordre du jour précis et d'engagements fermes de M. Netanyahou de fermer provisoirement le tunnel litigieux et de remplir la totalité des obligations contractées par le précédent gouvernement israélien dans les Accords intérimaires, le président Moubarak, contrairement au Roi Husseyn, déclina l'invitation de M. Clinton, estimant que le sommet prévu ne pourrait donner aucun résultat concret.

Placée sous le patronage du président des Etats-Unis, à l'initiative duquel s'était rallié le roi Husseyn, la rencontre entre MM. Netanyahou et Arafat se résuma à un dialogue de sourds, qui se traîna pendant deux jours. Au terme de leurs conversations, les négociateurs se retirèrent sans avoir pris d'autre engagement que celui de reprendre les discussions dans les jours suivants.

Pour nombre d'observateurs israéliens et palestiniens, M. Netanyahou sortit du conciliabule de Washington renforcé dans ses

---

[187] *International Herald Tribune*, September 26 & 27, 1996; *Le Monde*, 26 et 27 septembre 1996.

positions, tandis que M. Arafat fit figure de vaincu aux yeux d'une importante partie de son opinion publique.

En dépit de ces impressions négatives, la population palestinienne continua, dans sa grande majorité, à rester sourde aux appels à la violence lancés par les radicaux du Hamas. Toutefois, si, dans l'immédiat, de nouveaux déferlements de violence massifs furent évités, les relations israélo-palestiniennes se détériorèrent inexorablement en raison de la poursuite du processus de colonisation par le gouvernement israélien.

Ainsi, à Jérusalem-Est, dans le quartier de Silwan, par décision de la Haute Cour, des familles palestiniennes furent contraintes de remettre leurs maisons à la disposition de l'organisation sioniste Keren Kayemet, qui poursuit, par grignotages progressifs, la judaïsation de la ville. La colonisation larvée de Jérusalem-Est est évoquée par le journal israélien Haaretz, qui signale qu'au début de l'année 1996 une maison y a été achetée par une société appartenant à un juif européen, dont la famille a émigré aux Etats-Unis; en attendant son occupation par des locataires juifs, le nouveau propriétaire fait garder l'immeuble par des gardes. Les transactions immobilières, dans cette partie de la ville, signale le quotidien, remontent à 6 ans, lorsqu'un investisseur israélien fit l'acquisition de la maison de Saint Jean appartenant à l'église grecque orthodoxe. Depuis lors, précise le journal, on peut estimer à un millier le nombre de colons juifs installés dans le vieux Jérusalem, en dehors des limites du quartier juif[188].

Le 31 janvier 1997, dans le but d'affirmer la présence palestinienne et musulmane à Jérusalem, près de deux cent mille fidèles venus des territoires, répondant à l'appel lancé par leurs chefs de file, ont afflué, en cette période de ramadan, sur le site de la mosquée Al Aqsa pour la prière du vendredi.

A la fin du mois de février, M. Arafat rencontrait le roi Hassan II du Maroc, président du Comité pour Jérusalem, fondé pour prévenir les tentatives israéliennes de changer le caractère arabe de Jérusalem-Est. Les deux hommes se sont montrés profondément préoccupés par la situation créée par la politique d'expansion du gouvernement Netanyahou et la dépossession continue des terres appartenant à des Palestiniens.

---

[188] *Haaretz*, 26 décembre 1996.

Cette inquiétude, ressentie par ailleurs par l'ensemble des Etats arabes et du monde musulman, se révèle de plus en plus fondée à mesure que se multiplient les faits accomplis posés par Israël sur le terrain.

L'Etat hébreu poursuit méthodiquement une politique d'extension cohérente des implantations ceinturant Jérusalem, de manière à isoler totalement Jérusalem-Est de la Cisjordanie et à en clôturer les entrées actuelles. C'est ainsi, dans le cadre de l'extension de l'implantation de Ma'ale Adoumin visant à la relier à Jérusalem par un réseau de nouvelles unités d'habitations et de routes, que doit être comprise l'expulsion brutale, entre décembre 1996 et mars 1997 des bédouins Djahalîn des terres qu'ils occupaient à l'Est de Jérusalem depuis leur éviction du Néguev en 1950. C'est encore dans le même esprit qu'a été entreprise la mise en oeuvre du projet d'implantation de Har Homa (Djebel Abou Ghneym, pour les Palestiniens) face à Bethléhem; démarche à l'origine de nouvelles tensions majeures entre Palestiniens et Israéliens.

Annoncée en février 1997, la construction de 6.500 logements a débuté le 18 mars. Cette décision, condamnée par la communauté internationale, à l'exception des Etats-Unis, qui, à deux reprises, ont mis leur veto à des résolutions du Conseil de sécurité condamnant les entreprises expansionnistes d'Israël, a provoqué de nouvelles explosions de violence en chaîne qui ont fait huit morts et quelque neuf cents blessés parmi les Palestiniens, tandis que les Israéliens dénombraient trois morts et soixante-sept blessés.

Pour apaiser les critiques qu'avait suscitées la décision de son gouvernement d'entamer les travaux de Har Homa, M. Netanyahou s'efforça de faire apparaître ce projet comme une réponse à une crise de logement qui sévissait à Jérusalem et évoqua l'intention de son gouvernement de favoriser la construction de 3.000 logements pour des Palestiniens.

Le problème en l'occurrence est que la construction des logements prévus pour les Israéliens fait partie d'un projet planifié et financé par le gouvernement, qui offre ces habitations à des prix dérisoires et fait bénéficier ses habitants de 7% de réduction d'impôts sur les revenus. A l'inverse, la construction d'habitations pour les Palestiniens reste considérée comme une initiative privée soumise à des exigences et des tracasseries administratives rendant extrêmement problématique l'obtention d'un permis de bâtir.

Sur le terrain, la résistance à l'implantation de Har Homa s'organisait. Contrastant avec les réactions violentes qui se sont fait jour un peu partout en Cisjordanie et à Gaza, un campement de tentes, abritant un groupe de manifestants pacifistes, animé notamment par le député de Bethléhem, Salah Ta`mari, était érigé sur le Djebel Dîk, en zone C, face à l'endroit où les bulldozers israéliens, protégés par l'armée, avaient commencé à effectuer les travaux de nivellement et de déracinement des pins de la colline.

Outre les diverses manifestations développées sur le terrain, en Cisjordanie et à Gaza, des initiatives pratiques se font jour dans le monde arabe pour réagir aux manoeuvres expansionnistes du gouvernement israélien. C'est ainsi qu'un groupe d'hommes d'affaires palestiniens et jordaniens s'est réuni à Amman, le 5 avril, à l'instigation de M. Abd al Madjid Shoman, président de la Banque Arabe, pour décider de la création d'un fonds arabe destiné à permettre aux Palestiniens de protéger leurs propriétés contre des tentatives d'appropriation de leurs biens par des acquéreurs israéliens, et d'une manière générale de permettre l'achat, par des Palestiniens, de toute portion de terre palestinienne convoitée par des colons israéliens. A l'issue de cette réunion, les participants ont décidé de créer une société de Holding dénommée Fonds d'Investissement Conjoint pour Jérusalem, ayant pour objet la promotion de l'investissement dans le domaine de l'immobilier, dans le financement de projets industriels et dans la mise en place d'un service juridique destiné à assurer la protection et la défense de propriétaires de Jérusalem-Est soumis à la pression d'acquéreurs israéliens[189].

La mise en oeuvre de stratégies concrètes par les Palestiniens et leurs alliés arabes s'avère d'autant plus urgente qu'en l'absence de pressions effectives exercées par la communauté internationale, le gouvernement israélien poursuit sans désemparer ses initiatives destinées à modifier les données démographiques à Jérusalem avant la phase finale des discussions sur le statut des territoires occupés. A cet effet, contrairement à la pratique habituelle qui permettait à un Jérusalémite arabe séjournant provisoirement à l'extérieur d'Israël de conserver son statut de résident à la condition de faire renouveler sa carte d'identité chaque année, la municipalité de Jérusalem, considé-

---

[189] *Biladi, The Jerusalem Times,* April 11, 1997.

rant toute absence provisoire comme définitive, a décidé de retirer leur carte d'identité de résident à quelque vingt mille Jérusalémites palestiniens "absentéistes". Un nombre non négligeable d'entre eux possédant des biens immobiliers à Jérusalem, ces propriétés pourraient tomber sous le coup de la réglementation relative aux propriétés appartenant à des propriétaires absentéistes.

On peut aussi considérer comme un signe de la volonté israélienne de couper Jérusalem du reste de la Cisjordanie dans l'interdiction faite, cette année, aux Palestiniens chrétiens venus de Ramallah et de Bethléhem d'entrer à Jérusalem pour célébrer Pâques.

Cette politique d'extension progressive de la présence israélienne observée à Jérusalem est menée avec constance dans l'ensemble des territoires occupés.

Le processus de dépossession dans les territoires occupés

D'une manière générale, le gouvernement Netanyahou poursuit une politique d'extension accélérée des implantations israéliennes en Cisjordanie, et procède à cet effet à la confiscation de terres cultivées et à des expulsions de populations en cascade.

Entre les mois de novembre 1996 et de mai 1997, plusieurs centaines de dounoum[190] ont été saisis dans les régions de Ramallah, Qalqilya, Toulkarem, Bethléhem et Hébron. D'importantes surfaces de terres agricoles, de vignes et de plantations d'oliviers ont ainsi été nivelées pour permettre la construction de nouveaux logements pour les colons et de routes de contournement. A plusieurs reprises, l'armée israélienne est intervenue contre des groupes de manifestants palestiniens - en plusieurs occasions appuyés par des mouvements israéliens opposés à la politique expansionniste du gouvernement Netanyahou - qui tentaient d'arrêter l'avance des bulldozers.

Dans la vallée du Jourdain, le gouvernement israélien accélère l'édification définitive de sa zone de sécurité, de manière à créer, là aussi, un fait accompli avant l'ouverture des négociations sur le statut final des territoires occupés.

---

[190] 1 dounoum équivaut plus ou moins à 900 m^2; la portée de cette mesure varie selon les régions au Moyen-Orient.

Au mois de février 1997, dans le cadre d'une politique visant, selon toute vraisemblance, à vider la frontière israélo-palestinienne nord de toute présence palestinienne, deux villages se sont vus menacés de démolition.

Au mois de mars, dans le centre et le sud de la vallée du Jourdain, les propriétaires de troupeaux ont reçu l'ordre de vider les lieux, ces terres étant destinées à recevoir des extensions d'implantations existantes. Au mois d'avril, l'ordre d'évacuation touchait 500 familles de bergers localisées entre les pentes des montagnes de Naplouse et la vallée du Jourdain.

La campagne de dépossession menée à l'encontre de la population palestinienne frappe tout particulièrement les bédouins qui font l'objet de mesures d'expulsions sur l'ensemble du territoire de Cisjordanie. Outre les tribus de Djahalîn et de Sawahrah, dans les environs de Jérusalem, ce sont à leur tour les bédouins de Ta`amreh et de Rashaydah dans le sud de la région de Bethléhem qui ont été invités à ne plus mener paître leurs troupeaux sur les terres désormais livrées aux travaux d'extension des implantations israéliennes voisines; en outre, les bédouins de Rashaydah récemment sédentarisés ont vu leurs tracteurs saisis par les forces de l'ordre israéliennes[191].

L'Autorité palestinienne: un pouvoir aléatoire

Face à la multiplication de décisions unilatérales, en contradiction avec les Accords d'Oslo, posées par le gouvernement israélien, M. Arafat ne cesse de lancer des appels pressants à la communauté internationale et aux principaux sponsors du processus de paix. En l'absence de mesures de pression de la part de ceux-ci, l'Autorité palestinienne subit de plein fouet les effets d'un rapport de force totalement déséquilibré, et assiste impuissante à l'érosion de ses perspectives d'avenir.

Dans une tentative désespérée d'impliquer la communauté internationale dans sa lutte pour enrayer le développement illégal des implantations israéliennes, le président de l'Autorité palestinienne

---

[191] *Biladi, The Jerusalem Times*, April 25, 1997; information confirmée par des observateurs internationaux.

convoqua, le 15 mars, à Gaza, une conférence internationale, qui confirma le caractère illégal du projet de construction sur le Djebel Abou Ghneym.

Fait paradoxal - et combien significatif pour l'ordre international en vigueur - les Palestiniens, soutenus par la communauté internationale, moins la superpuissance du moment, subissent, continuellement et sans recours, les coups de force de la puissance régionale dominante.

Malgré un soutien financier important de la part de ses bailleurs de fonds, parmi lesquels l'Union Européenne occupe la première place, la situation sur le terrain réduit considérablement les perspectives de développement de l'Autonomie palestinienne.

En novembre 1996, 34 Etats donateurs et 12 institutions financières avaient convenu d'accorder à l'Autorité palestinienne un don de 845 millions de dollars destiné à alimenter le budget 1997.

A cette occasion, le président de la Banque Mondiale soulignait les dommages causés à l'économie palestinienne par le bouclage des territoires de l'Autonomie. Il évaluait à 7 millions de dollars les pertes journalières résultant de cet état de choses, qui avait fait chuter de 50% la production; dans le même temps le chômage atteignait 63% de la population à Gaza et 45% en Cisjordanie.

De son côté, l'Union Européenne, qui s'était engagée à soutenir les dépenses courantes de l'Autorité palestinienne jusqu'à ce que ses revenus deviennent réguliers, ne constatait aucune amélioration de sa situation financière au mois de mars 1997. Cet état de choses était attribué à l'incapacité de l'Autorité palestinienne à contrôler ses dépenses; celle-ci était, en outre, mise en cause pour avoir laissé se développer trop rapidement ses services administratifs et les effectifs de sa force de police. Toutefois, la raison principale de l'état de délabrement des finances de l'Autorité palestinienne était attribuée au bouclage des territoires, qui entraînait une limitation considérable de ses revenus. Ainsi, le bouclage des territoires à la suite de l'attentat suicide à Tel-Aviv du 25 mars, prolongé jusqu'au 30 avril, privait cinquante mille Palestiniens travaillant en Israël de tout revenu, faisait perdre au commerce d'exportation de fleurs 300.000 dollars, tandis que, faute de pouvoir être distribués sur les marchés israéliens et palestiniens, les produits agricoles pourrissaient sur place[192].

---

[192] *Biladi, The Jerusalem Times*, April 4, 1997.

D'une manière générale, en raison des fréquents bouclages, des fonds initialement dégagés pour des investissements doivent être utilisés pour pallier les pénuries créées par les mesures punitives israéliennes. En outre, l'absence de continuité territoriale et la parcellisation des territoires de l'Autonomie en enclaves isolées les unes des autres, en attendant la mise en application des redéploiements prévus par les Accords d'Oslo, freinent l'édification des infrastructures de base projetées par les pays donateurs pour doter l'entité palestinienne des instruments nécessaires à son développement.

En outre, Israël continue à invoquer des impératifs sécuritaires pour freiner l'édification et le fonctionnement d'un certain nombre d'instruments nécessaires au développement économique de l'Autonomie palestinienne. Ainsi, avant d'autoriser l'ouverture de l'aéroport de Gaza au trafic, Israël exige, entre autres, que lui soient abandonnés le droit d'autoriser l'atterrissage ou le décollage des avions, le contrôle de tout ce qui est chargé ou déchargé, le droit de maintenir en permanence un personnel de sécurité israélien au sol. De surcroît, la construction du port de Gaza, prévue par les Accords d'Oslo, est retardée par Israël, bien que la France et les Pays-Bas aient déjà débloqué 25 millions de dollars pour les travaux préliminaires. Enfin le libre passage entre Gaza et la Cisjordanie, lui aussi prévu par les Accords d'Oslo, reste à ce jours plus qu'aléatoire.

Depuis l'ouverture des travaux destinés à mettre en oeuvre le projet de Har homa, le président de l'Autorité palestinienne a refusé, à plusieurs reprises, de rencontrer M. Netanyahou, subordonnant la reprise des contacts avec ce dernier à l'arrêt des travaux israéliens sur le Djebel Abou Ghneym.

Le processus de paix se trouve ainsi engagé actuellement dans une impasse totale.

En dépit des difficultés que connaît le processus de paix, M. Arafat poursuit ses efforts en vue d'amener l'opposition - Hamas, FPLP, FDLP - à participer aux discussions sur la poursuite du processus de paix et à la formation politique de l'entité palestinienne. Une avancée spectaculaire dans cette voie a été réalisée le 27 février 1997, par la tenue, à Naplouse, d'une "Conférence sur le dialogue national" où se sont trouvés rassemblés 104 notables, représentants officiels de l'Autorité, de membres du Conseil législatif, de chefs de file de divers courants politiques, des éditeurs de la presse écrite, des industriels, et les présidents des universités.

Toutefois, l'atmosphère générale de pénurie, d'instabilité et de crises permanentes dans laquelle évolue la société palestinienne n'est guère favorable à la progression de la démocratie. Selon les observateurs en place, les députés exercent généralement leurs fonctions avec sérieux au sein du Conseil législatif palestinien, mais, dans le contexte des relations israélo-palestiniennes depuis l'avènement du gouvernement Netanyahou, le président de l'Autorité palestinienne est amené à prendre la plupart des décisions importantes dans l'urgence, sans consultations. Sa stature, au niveau international, le fait aussi apparaître, dans le contexte palestinien, comme le personnage incontournable, seul susceptible de maintenir l'appui de la communauté internationale à la cause palestinienne. Il exerce donc un pouvoir de fait étendu, dont il n'a pas à rendre compte en raison de l'état de crise qui règne dans l'Autonomie. Les tendances autoritaires du président de l'Autorité s'en trouvent ainsi confortées.

Si un certain nombre de réalisations positives, au niveau notamment de l'aménagement du territoire, sont à mettre au crédit des services de l'Autorité palestinienne, il ne manque toutefois pas de zones d'ombre. A plus d'une reprise, des organisations palestiniennes et étrangères de défense des droits de l'homme ont dénoncé les arrestations arbitraires ainsi que les abus de pouvoir et les brutalités de la police et des services de sécurité palestiniens. Deux faits illustrent, en outre, les dérives en cours d'organismes officiels: au mois de février, une enquête était ordonnée par le président de l'Autorité palestinienne pour déterminer les causes du décès d'un détenu qui aurait été torturé durant sa détention préventive; au mois de mai, un audit réclamé par M. Arafat établissait que 326 millions de dollars avaient été détournés de leur affectation originelle par des membres de l'administration et des cabinets ministériels. Enfin, on peut considérer comme un fait particulièrement inquiétant pour la liberté de l'information l'arrestation, le 20 mai, de M. Daoud Kouttab, célèbre journaliste palestinien qui s'était signalé par ses reportages sur les débats du Conseil législatif, généralement critique à l'égard de la gestion du pouvoir exécutif et de la corruption des élites dirigeantes[193].

De toute évidence, la démocratie palestinienne balbutiante, me-

---

[193] *Biladi, The Jerusalem Times*, May 23, 1997; *Le Monde*, 23 mai 1997.

nacée de l'intérieur par la corruption et l'arbitraire, court le danger, à mesure que se prolonge l'impossibilité où se trouve la société palestinienne de fonctionner normalement, de faire l'objet d'une mise entre parenthèses justifiée par la nécessité de mettre en place un pouvoir fort, capable de prendre des décisions rapides pour faire face à des situations qui menaceraient la survie de l'Autonomie palestinienne.

Les finalités de la politique palestinienne du gouvernement Netanyahou

Le gouvernement Netanyahou a naturellement une responsabilité écrasante dans la fragilisation du processus démocratique dans l'Autonomie palestinienne. Mais cette évolution n'est pas de nature à préoccuper le Premier ministre israélien, qui pourrait plutôt y trouver avantage, dans la mesure où une entité palestinienne autocratique pourrait susciter moins de sympathie parmi les membres de la communauté internationale; dans cette hypothèse, un pouvoir autoritaire fragilisé pourrait apparaître comme un partenaire plus manipulable pour Israël. En tout état de cause, l'avenir de la démocratie palestinienne n'est pas le problème de l'actuel gouvernement israélien. Pour l'heure, la préoccupation majeure du Premier ministre, bravant la désapprobation de la communauté internationale, est d'assurer la poursuite de la politique d'occupation du terrain par voie de faits accomplis, avec l'assurance de pouvoir bénéficier, en cas de besoin, du soutien résigné de l'administration Clinton.

Dans la foulée de la signature des accords sur le statut de Hébron, le gouvernement Netanyahou s'était engagé à aborder la deuxième phase de redéploiement six mois après son redéploiement dans la cité des patriarches, et à entamer la troisième phase six mois plus tard. Au terme de cette période, la quasi-totalité des zones B et C devait passer sous contrôle de l'Autorité palestinienne. Peu après, revenant sur ces engagements, le gouvernement israélien réduisait l'étendue de la deuxième phase du redéploiement à 2% ou 3% au lieu des 10% initialement prévus. Au mois de mars, sans doute pour apaiser l'irritation de la communauté internationale et calmer les tensions entre Israël et l'Autorité palestinienne suite à la mise en oeuvre du projet de Har Homa, le gouvernement israélien annonçait un redéploiement sur 8% du territoire B.

Confronté à la volonté manifeste des autorités israéliennes d'éroder, de manière continue, la teneur des engagements pris par le gouvernement précédent dans le cadre des Accords d'Oslo, les Palestiniens éprouvent d'autant plus d'inquiétude quant à leur avenir, que le projet, rendu public, d'un groupe de travail réunissant des représentants du Likoud et du Parti travailliste, pourrait faire craindre un rapprochement des positions des deux formations sur le problème palestinien.

Le document, désigné comme le "document Eitan-Beilin" du nom des chefs de file des deux formations, vise à définir un consensus national avant l'ouverture des prochaines négociations israélo-palestiniennes sur le statut final de la Cisjordanie et de Gaza. Sa réaction fait apparaître, un certain nombre de convergences entre les négociateurs. Il serait ainsi clairement exclu de revenir aux frontières d'avant 1967 et d'accepter un retour des réfugiés palestiniens en Israël. Sur ce point, le document admet leur installation dans les territoires de l'Autonomie et propose même la création d'un organisme international, avec la participation d'Israël, dont le but serait d'initier et de financer des projets de "réhabilitation et de compensation" en faveur des réfugiés palestiniens là où ils se trouvent. Parmi les autres points de convergence que révèle le projet, figurent l'annexion de la plupart des implantations à Israël, l'indivisibilité de Jérusalem, capitale éternelle de l'Etat hébreu, l'interdiction pour l'entité palestinienne de disposer d'une armée et de conclure des accords internationaux jugés menaçants pour Israël. Travaillistes et membres du Likoud divergent toutefois sur le statut final à octroyer à l'Autonomie palestinienne: pour M. Beiliń, il pourrait s'agir d'un Etat; pour M. Eitan, il ne peut être question que de l'octroi d'une large autonomie[194].

Le document a été sèchement rejeté par M. Ehoud Barak, concurrent de M. Beilin pour l'accession à la présidence du Parti travailliste, ainsi que par une importante partie du Likoud, mais il indique néanmoins qu'une partie au moins du Parti travailliste pourrait

---

[194] *Biladi, The Jerusalem Times,* January 31, 1997.

adhérer à une vision minimaliste de l'application des Accords d'Oslo, dans la perspective d'une reprise du processus de paix.

La coalition au pouvoir, quant à elle, reste globalement constante dans ses choix. Ainsi, certaines fluctuations de la politique palestinienne du gouvernement Netanyahou, faite d'engagements minimaux aussitôt remis en question, n'occultent en aucune façon l'évidente cohérence de cette politique au niveau des finalités. Celles-ci sont aujourd'hui explicitées plus précisément encore dans le plan de sécurité mis au point par les services israéliens compétents, selon lesquels Israël doit pouvoir conserver 45% à 50% de la Cisjordanie pour s'assurer un espace de sécurité suffisant. Au terme de ce plan, Israël devrait maintenir sous sa souveraineté la vallée du Jourdain, les implantations juives reliées à Israël par des voies de communication placées sous contrôle des forces de sécurité israéliennes. La mise en oeuvre de ce plan réduirait le territoire de l'Autonomie palestinienne à quelques enclaves coupées les unes des autres par des colonies et de voies de communication exclusivement israéliennes.

Dans le souci, peut-être, de calmer les tensions israélo-palestiniennes qui atteignaient une intensité critique, ou, comme le soupçonnent de nombreux observateurs, pour se soustraire aux obligations imposées par les Accords intérimaires, M. Netanyahou proposait au mois d'avril l'ouverture immédiate de négociations sur le statut définitif de la Cisjordanie et de Gaza. Réticents, les Palestiniens, en réponse à cette invite, proposent plutôt d'entamer parallèlement les discussions sur les Accords intérimaires et le statut définitif.

Dans le même temps où il émettait des propositions apparemment favorables à un règlement rapide du contentieux israélo-palestinien, M. Netanyahou continue inexorablement à réaliser les diverses phases du projet territorial cher à la droite nationaliste. Toutefois, s'il doit incontestablement son accession au pouvoir à cette clientèle électorale, il doit aussi sa position actuelle à un électorat fluctuant, qui, déçu par les performances de M. Pérès sur le plan sécuritaire, avait élu M. Netanyahou dans l'espoir qu'il leur apporte la paix dans la sécurité. Ces électeurs constatent aujourd'hui que la démarche du chef de gouvernement vise essentiellement à réaliser le grand dessein des partisans d'Eretz Israël. Dans ce but, il met en oeuvre les moyens qu'il juge nécessaires pour contraindre les Palestiniens à reconnaître le fait accompli, non pour faire la paix avec eux.

Une partie croissante de l'opinion publique constate avec consternation, même si elle n'a pas à craindre une défection de la protection américaine, l'isolement international croissant dans lequel s'enferme Israël, en raison des coups portés au processus de paix par sa politique expansionniste. Cette perte de crédit de l'Etat hébreu auprès de la communauté internationale est d'autant plus durement ressentie par de nombreux Israéliens qu'elle n'a même pas pour contrepartie l'assurance d'une sécurité absolue, puisque le 25 mars, en plein coeur de Tel Aviv, un nouvel attentat suicide faisait trois morts et plusieurs blessés, alors même que le gouvernement avait imposé des mesures sécuritaires draconiennes. La démonstration était ainsi faite qu'aucune disposition sécuritaire fondée sur l'utilisation de la force et du bouclage territorial n'était en mesure de prévenir totalement les opérations terroristes.

L'idée d'une sécurité fondée ultimement sur une solution politique appuyée par la communauté internationale commence à faire à nouveau son chemin dans l'opinion publique. Une fois encore, en l'espace de quelque six ans, le camp de la paix négociée avec les Palestiniens voit régulièrement grossir ses rangs.

La désaffection d'une partie croissante d'Israéliens à l'égard de M. Netanyahou et de son gouvernement se trouve renforcée par les retombées économiques de sa politique palestinienne. Depuis son arrivée au pouvoir, les investissements étrangers ont diminué en raison de l'inquiétude que suscitent les tensions régionales et la possibilité d'une relance du boycott arabe. Le déficit commercial atteint 10,7 milliards de dollars contre 9,8 milliards en 1995, le déficit budgétaire s'élève à 14,4 milliards de shekels, l'inflation est de 10,5% contre 8,1% en 1995, tandis que les recettes touristiques chutaient de 20% et que le chômage augmentait de 8,4 % et frappait 7,3% de la population active[195].

Rien de fondamentalement surprenant dès lors si, même après l'attentat meurtrier du 25 mars, 55% de personnes sondées se déclaraient favorables à l'application des Accords d'Oslo, contre 37% qui y étaient opposés; en outre, un autre sondage révélait que, pour la

---

[195] Amnon Kapeliouk, *Le Monde Diplomatique*, mai 1997.

première fois, une majorité de l'opinion publique se déclarait favorable à la "création d'un Etat palestinien à condition qu'elle amène une paix juste entre Israël et la Palestine", tandis que 44,2 % se disent toujours opposés à une telle éventualité[196].

Rien n'indique toutefois que le Premier ministre entende revenir sur sa démarche expansionniste; et rien, par ailleurs, n'indique que la mouvance populaire favorable à la paix soit devenue majoritaire. A cet égard, il convient de mesurer l'impact qu'aura sur l'opinion publique l'attentat du 29 juillet qui fit 13 morts et quelque 157 blessés à Jérusalem.

Il n'en reste pas moins qu'un mouvement de rejet de la politique de M. Netanyahou se développe dans la population, dont l'état d'esprit pourrait être exploité par le Parti travailliste, qui, après avoir accepté le principe de la création d'un Etat palestinien lors de son congrès du mai, vient d'élire, le 13 juin, M. Ehoud Barak à sa tête[197].

Pour l'heure toutefois, M. Netanyahou demeure le chef du gouvernement israélien et les prochaines élections sont encore lointaines. Il n'en reste pas moins que sa position s'est trouvée, une fois de plus en quelques semaines, ébranlée par la publication, dans le quotidien Haaretz, d'un rapport rédigé par des enquêteurs du département d'Etat, appuyé sur des relevés de satellites d'observation, qui révèle que 26% des logements construits à l'intention des colons israéliens dans les territoires occupés restent vides. Les détails fournis par le rapport américain sont particulièrement accablants: sur le Golan, 28% des logements construits dans les implantations seraient inhabités; dans les implantations de la bande de Gaza, ce pourcentage atteindrait 56%. L'hypothèse la plus couramment avancée est que la construction de ce surplus de logements viserait à créer des faits accomplis, qui permettraient à Israël de mettre la main sur un maximum de terres palestiniennes avant l'ouverture des négociations sur le statut final des territoires occupés. M. Netanyahou et ses partisans démentent ces interprétations et veulent voir dans cette fuite une manoeuvre américaine destinée à déstabiliser le gouvernement israélien[198].

---

[196] idem.
[197] *Le Monde*, 15 mai et 4 juin 1997.
[198] *Le Monde*, 23 mai 1997.

Rien n'indique toutefois que le Premier ministre israélien envisage une révision de sa politique palestinienne, ni de sa ligne de conduite à propos du problème du Golan et des négociations de paix avec la Syrie. A cet égard, il est significatif que la Knesset ait pris l'initiative de voter, le 23 juillet, une loi destinée à réduire les possibilités d'évacuer le Golan; à l'issue de ce vote, M. Netanyahou tint à préciser que son gouvernement restait favorable à l'ouverture de négociations de paix avec la Syrie, mais que celle-ci devait comprendre que "le Golan est indispensable pour Israël".[199]

Tout au plus, pressé par une opinion publique émue par les pertes humaines qu'occasionnent l'occupation du Sud-Liban et les fréquents accrochages avec les milices islamistes, a-t-il tenté de négocier un désengagement israélien avec le gouvernement libanais. L'absurdité de cette démarche, qui visait à régler le problème du Sud-Liban indépendamment du problème du Golan, est évidente, tant il est vrai que la Syrie détient l'une des clés qui, avec la résolution satisfaisante du problème palestinien, sont seules susceptibles d'ouvrir la voie à une pacification effective des relations israélo-arabes et à l'avènement d'un ordre régional stable au Moyen-Orient. Le problème, en l'occurrence, est que M. Netanyahou semble moins que jamais décidé à poser les gestes de nature à déboucher sur de telles issues. A moins d'y être contraint par une pression extérieure impérative. Ainsi convient-il peut-être d'attribuer à une prise en compte de l'exaspération croissante des Etats-Unis l'opposition du Premier ministre à la décision du maire de Jérusalem faire procéder à la construction d'un nouveau quartier juif à Jérusalem-Est.

---

[199] *Le Monde*, 25 juillet 1997.

CHAPITRE XII

L'IMPUISSANCE DES SPONSORS DU PROCESSUS DE PAIX

Le parcours d'un "honnête intermédiaire" face aux aléas du processus de paix

Dès la première rencontre entre MM. Netanyahou et Clinton, le comportement déterminé et satisfait du premier contrastait avec l'attitude hésitante et morose du second. A cette occasion, on pouvait ressentir de manière presque physique qui des deux jouait le rôle du meneur de jeu. Cette première impression s'est trouvée confirmée lors de toutes les rencontres ultérieures entre les deux hommes.

Lors de ses visites aux Etats-Unis, chaque conférence de presse, chaque exposé présenté devant le Congrès ou face à des associations juives a été pour le Premier ministre israélien l'occasion d'asséner à son public les credo intangibles de sa politique palestinienne: non à toute discussion sur le statut de Jérusalem, non à un Etat palestinien, non au retour des réfugiés sur base de la résolution 194 du Conseil de sécurité, affirmation du droit d'Israël à poursuivre la colonisation en Cisjordanie et à Gaza. Lors de sa visite à Washington, le 7 avril, M. Netanyahou s'est même permis de snober ouvertement, sans rien lui concéder, son hôte qui l'invitait, sur un ton fort modéré, de poser un geste de nature à maintenir le processus de paix sur les rails.

A chaque manifestation de l'intransigeance de M. Netanyahou répondait un discours lénifiant de la Maison Blanche, qui ne pouvait que réaffirmer mollement sa volonté de continuer à oeuvrer à la poursuite du processus de paix et à assumer le rôle "d'honnête intermédiaire" entre Palestiniens et Israéliens.

Ces déclarations, qui se voulaient rassurantes, ne trompaient pas grand monde. Dès le mois de septembre 1996, à l'occasion de la crise provoquée par l'ouverture du tunnel archéologique à Jérusalem, les sceptiques voyaient leurs craintes confirmées.

Le président des Etats-Unis, dans l'incapacité de poser le moindre geste significatif à quelque deux mois des élections présidentielles, évita, tout en critiquant implicitement la décision israélienne d'ouvrir le tunnel, de prendre parti. Il se contenta pour l'essentiel de presser instamment les responsables palestiniens et israéliens de résoudre leurs différends par la négociation[200]. Un appel similaire fut lancé par l'Union Européenne, qui se démarquait une fois de plus des Etats-Unis sur la question palestinienne par les critiques explicites qu'elle adressa au gouvernement israélien, instamment invité, une fois encore, à relancer le processus de paix.

Pour amener les parties en présence à régler le problème créé par l'ouverture du tunnel archéologique de Jérusalem et tenter de reprendre le contrôle de la situation, le président Clinton prit l'initiative de convoquer, à Washington, MM. Netanyahou et Arafat, ainsi que les parrains arabes du processus de paix, le roi Husseyn de Jordanie et le Président Moubarak. Non seulement la tenue de ce sommet n'eut aucun effet sur le règlement de ce litige, ni sur la relance du processus de paix, mais encore M. Clinton vit sa crédibilité, comme sponsor du processus de paix, ouvertement mise en doute par M. Moubarak qui déclina l'invitation. L'absence de pressions exercées par les Etats-Unis sur Israël pour l'amener à se conformer aux dispositions des Accords d'Oslo amena les Etats arabes à mettre en doute l'impartialité de la Maison Blanche, et plaça, une fois de plus, les régimes alliés de Washington dans une position inconfortable vis-à-vis de leur opinion publique.

"Le président Clinton et son entourage semblent identifier, avec ferveur, les intérêts américains à ceux d'Israël... Le style idéologique inhabituellement combatif de l'entourage de M. Clinton concernant des cas comme ceux des Etats scélérats et du terrorisme semble bien destiné à se gagner les faveurs de l'électorat national, et reflète peut-être aussi un désir de revanche contre l'Iran révolutionnaire...Les spécialistes gouvernementaux des questions régionales sentent qu'il n'est pas prêté beaucoup d'attention à leurs opinions, et que la qualité des comptes-rendus diplomatiques n'est plus aussi bonne qu'au temps où les arabisants du département d'Etat... étaient tenus en plus

---

[200] *International Herald Tribune*, September 26-27, 1966; *Le Monde*, 26 septembre 1997.

haute estime qu'aujourd'hui. La communauté universitaire américaine a relativement peu d'impact sur les décisions prises aux plus hauts niveaux. En général, l'accès effectif auprès des décideurs est limité à ceux qui ont une vue israélo-centrée."[201]

Les prédispositions pro-israéliennes de la Maison Blanche sont notoires, et l'arrivée à la tête du département d'Etat de Mme Madeleine Albright n'a fait que renforcer cette tendance, qui a, par ailleurs, trouvé, dans un passé récent, au moins deux occasions significatives de s'exprimer avec force: au mois de novembre 1996, les Etats-Unis, seuls avec Israël, votaient contre une motion des Nations unies reconnaissant le droit des Palestiniens à l'autodétermination, adoptée par 138 voix, contre deux et onze abstentions; au mois de mars 1997, les Etats-Unis mettaient leur veto à une résolution du Conseil de sécurité condamnant la mise en oeuvre du projet israélien de Har Homa.

Cette attitude, jugée contraire à la préservation des intérêts américains dans la région, était sévèrement condamnée par l'ancien secrétaire d'Etat, James Baker qui s'est déclaré "déçu que le gouvernement soit capable d'utiliser son veto contre des résolutions du Conseil de sécurité après avoir dit s'opposer aux activités de colonisation... S'il n'y a pas d'excuses, ajoutait-il, pour les bombes, il n'y a pas non plus d'excuses pour les bulldozers"[202].

Contrairement à M. Warren Christopher qui avait oeuvré à maintenir une dynamique de la paix globale au Moyen-Orient, Mme Albright semble moins préoccupée de ménager les Etats arabes alliés et de maintenir ouvertes les possibilités de réactiver les négociations israélo-syriennes. Son souci majeur semble être, d'une part, d'éviter les accrochages majeurs sur le front syro-libanais et une reprise de l'intifada; d'autre part, de ne pas mettre M. Netanyahou en difficulté dans sa tentative de concilier, à la fois, les exigences de l'aile radicale de sa coalition et le maintien en vie d'une apparence de processus de paix. Pour l'essentiel, la politique moyen-orientale du nouveau chef de la diplomatie américaine se fonde sur l'alliance privilégiée des Etats-Unis avec Israël.

D'aucuns avaient pu espérer que M. Clinton, débarrassé de ses

---

[201] HUDSON, Michael C., "To play the Hegemon: Fifty Years of US Policy towards the Middle East", in *The Middle East Journal*, vol. 50, n° 3, Summer 1996.
[202] *Le Monde*, 4 avril 1997.

préoccupations électorales, et n'ayant plus à ménager son électorat juif, aurait pu, en exerçant les pressions appropriées sur le gouvernement israélien, inaugurer une politique plus musclée pour remettre le processus de paix sur les rails.

Il a bien fallu constater à l'usage que ces espoirs étaient vains et que l'administration Clinton ne modifierait en rien sa politique de soutien à Israël. Tout se passe, en fait, comme si le président des Etats-Unis préparait la future campagne présidentielle du vice-président, et veillait, dès à présent, à lui ménager les faveurs des groupes de pression juifs. Récemment, devant un public nombreux réunis par le Comité des Affaires publiques israélo-américain (AIPAC), l'un des lobbies pro-israéliens les plus puissants des Etats-Unis, le vice-président, Al Gore, affirmait que "les Israéliens n'avaient jamais eu un meilleur ami à la Maison Blanche que M. Clinton."[203]

Il est vrai que le lobby pro-israélien reste une force politique avec laquelle il faut compter. Ainsi, un jour après la prestation de M. Gore, plus de 40 sénateurs et 90 parlementaires assistaient à un dîner offert par l'AIPAC. Au Capitole même, un lobby pro-israélien particulièrement actif s'efforce régulièrement d'affaiblir les relations américano-arabes, en dénonçant, entre autres, "les campagnes de terreur des Arabes visant à abattre Israël", ou en invitant le Sénat à couper toutes les aides non humanitaires aux Palestiniens; Ce dernier plan aurait, même, les faveurs de M. Benjamin Gilman, président de la Commission des Affaires étrangères de la Chambre. Indice significatif de la puissance du lobby pro-israélien au Congrès, au cours des trois dernières années, le Bureau palestinien, à Washington, fut temporairement fermé car les congressistes pro-israéliens avaient pu retarder de six mois le vote nécessaire à son maintien aux Etats-Unis[204].

Le 10 juin, fait éminemment significatif, la Chambre des représentants adoptait une résolution qui reconnaissait Jérusalem comme capitale indivisible d'Israël et allouait 10 millions de dollars pour y transférer l'ambassade des Etats-Unis. Cette résolution a été sévèrement critiquée par le département d'Etat, le secrétaire général de l'Autorité palestinienne et le secrétaire adjoint de la Ligue arabe

---

[203] *The Economist*, May 18, 1997.
[204] idem.

pour les affaires palestiniennes[205].

Toutefois, en dépit d'un environnement politique largement favorable à Israël, l'obstination de M. Netanyahou à refuser de poser le moindre geste de nature à faciliter la tâche de l'équipe Clinton, en lui permettant de retrouver un minimum de crédibilité comme "honnête intermédiaire", semble finir par agacer progressivement les décideurs politiques américains. Le président Clinton faisait ainsi savoir le 16 mai qu'il n'avait pas l'intention de s'engager plus avant dans le processus de paix, tant que le gouvernement israélien ne précisait pas ce qu'il entendait faire pour relancer la négociation. Cette décision était répercutée par Mme Albright auprès du ministre des Affaires étrangères israélien, à peu près dans les mêmes termes qu'avait utilisés, en son temps, M. James Baker s'adressant à M. Shamir: "vous connaissez mon téléphone, lorsque vous serez prêt appelez-moi". Sans en venir explicitement à la politique de fermeté menée, en son temps, par M. Baker à l'égard du gouvernement Shamir, on prête au département d'Etat un projet de diminution des dons financiers américains à l'Etat hébreu, d'un montant de 50 millions de dollars[206]. Même si cette diminution ne devait jamais entrer en vigueur, la crainte que pourrait susciter cette mesure dans l'opinion publique israélienne quant à la remise en question de la protection américaine pourrait avoir, sur le choix de l'électeur, un effet analogue à celui obtenu en 1992 par les pressions de James Baker sur le gouvernement Shamir. Les travaillistes du reste ne s'y sont pas trompés lorsqu'ils invoquent l'éventualité de la diminution de l'aide américaine pour dénoncer la politique du gouvernement Netanyahou.

En attendant que ce projet de diminution se concrétise, et sans préjuger des motivations qui le commandent, l'administration Clinton se cantonne concrètement dans une attitude passive, qui, aux yeux de certains observateurs, serait de nature à favoriser l'entrée en scène de l'Union Européenne.

---

[205] *Le Monde*, 14 juin 1997.
[206] *Le Monde*, 22 mai 1997.

L'Union Européenne, bailleur de fonds effectif, décideur potentiel?

Financièrement impliquée dans l'édification des infrastructures économiques et institutionnelles palestiniennes, l'Union Européenne n'a cessé de déplorer le refus opposé par les Etats-Unis et Israël à sa participation à la prise de décisions politiques concernant le processus de paix. Cette absence européenne était aussi amèrement regrettée par les Palestiniens qui invitaient instamment l'Europe à assumer une responsabilité politique dans la mise en oeuvre du processus de paix, dans la mesure où sa position en faveur du droit à l'autodétermination du peuple palestinien et de l'application stricte des Accords d'Oslo I et II était de nature à compenser l'engagement pro-israélien des Etats-Unis.

La crise ouverte par l'ouverture, à Jérusalem, du tunnel archéologique longeant l'esplanade des mosquées de `Omar et de Al Aqsa fut une nouvelle occasion pour l'Union Européenne d'affirmer sa différence par rapport aux Etats-Unis.

Dans un communiqué conjoint, sévère à l'égard d'Israël désigné comme responsable des affrontements, les chefs d'Etat allemand, français et britannique invitaient instamment Israël à fermer le tunnel à l'origine des récents débordements de violence, et de respecter les engagements prévus par les Accords intérimaires. En outre, l'Union Européenne rappelait opportunément que Jérusalem-Est, la Cisjordanie et la bande de Gaza étaient, au regard du droit international, des territoires occupés et non des parties de l'Etat d'Israël[207]. Avant de se rendre aux Etats-Unis, M. Arafat fut ainsi invité à rencontrer, à Luxembourg, la troïka européenne chargée de lui préciser la position européenne sur les manquements d'Israël à ses engagements dans le processus de paix, et sur les récents événements qui avaient ensanglanté la région.

Toutefois, si l'Europe ne cesse de revendiquer une participation à l'élaboration du processus de paix et à sa mise en oeuvre sur le terrain, force est de constater l'incapacité permanente des membres de l'Union à s'accorder sur les actes concrets à poser. Ce handicap

---

[207] Cf. la Déclaration de l'Union Européenne sur le processus de paix au Moyen-Orient, PRES/96/253, 1 octobre 1996.

fut à nouveau mis en évidence lorsque les initiatives prises par la France, lors du voyage du président Chirac en Israël, en octobre 1996, furent critiquées par ses partenaires européens, en particulier l'Allemagne et les Pays-Bas, qui jugent excessives les prises de position françaises et se montrent soucieux de ne pas gêner l'action des Etats-Unis dans le cadre du processus de paix.

Incapable de répondre aux sollicitations palestiniennes et de s'imposer comme décideurs sur la scène politique, l'Union Européenne n'en continue pas moins à apparaître comme l'indispensable bailleur de fond pour empêcher le naufrage des infrastructures palestiniennes. Elle débloqua ainsi coup sur coup, entre septembre et octobre 1996, une aide de 20 MECUS pour couvrir le déficit budgétaire de l'Autorité palestinienne, et une somme de 1,65 MECUS au titre de l'aide humanitaire[208].

Au mois de novembre, l'Union Européenne décidait de poser un nouveau geste indicatif de sa volonté d'affirmer son rôle politique au Moyen-Orient. Le 25 novembre, dans le cadre de la PESC, elle crée le poste d'envoyé spécial permanent de l'Union Européenne au Proche-Orient, et le confie à M. Miguel Angel Moratinos, dont la mission sera de maintenir le contact avec tous les acteurs du processus de paix, de suivre le déroulement des négociations et de répondre à toute demande qui ferait appel aux bons offices de l'Union[209]. La teneur de cette mission était confirmée lors de la réunion du Conseil européen de Dublin les 13 et 14 décembre 1996.

Sitôt entré en fonction M. Moratinos effectua une première tournée au Caire, à Tel-Aviv, Damas, Amman, Beyrouth et Gaza pour y préciser la portée de son mandat. Dans la foulée de cette démarche il rencontra le médiateur américain, Dennis Ross, avec lequel il collabora lors de la finalisation des négociations sur le statut de Hébron. Il convenait, à cette occasion, de convaincre les Etats-Unis, que l'action de l'Europe ne visait pas à lui faire concurrence, mais à jouer un rôle politique à la mesure de son implication financière dans le processus de paix.

La volonté européenne d'être prise en compte dans le processus de règlement des problèmes en suspens au Moyen-Orient conduit M. Moratinos à faire la navette entre Tel-Aviv et Damas dans le but de

---

[208] IP/96/904.
[209] Décision 96/676/PESC, 25 novembre 1996.

contribuer à une reprise des négociations de paix entre Israël et la Syrie.

Les initiatives diplomatiques européennes, si elles se heurtent à une réticence certaine du côté israélien, rencontrent, au contraire, les faveurs des Palestiniens, qui exprimaient, néanmoins, à plusieurs reprises, leur souhait de voir les Européens dépasser le stade des condamnations verbales de la politique d'Israël, pour utiliser les moyens dont ils disposent pour exercer des pressions concrètes sur l'Etat hébreu et l'amener à se conformer aux dispositions des Accords intérimaires.

Dans l'incapacité de répondre positivement à ce genre de sollicitations, l'Union Européenne continuait néanmoins à poser les jalons de son insertion politique au Moyen-Orient, par le biais de la mise en oeuvre de son projet de partenariat euro-méditerranéen, en signant avec l'Autorité palestinienne un accord d'association euro-méditerranéen intérimaire. "La structure et le contenu de cet Accord intérimaire - paraphé le 10 décembre dernier - suivent ceux des autres accords euro-méditerranéens; des dispositions spéciales sont toutefois établies pour tenir compte du statut spécial de l'OLP. Dans ce sens, l'Accord prévoit que le 4 mai 1999, au plus tard, débuteront les négociations préparatoires à la conclusion d'un accord d'association euro-méditerranéen pour remplacer l'Accord intérimaire." [210] Par cette démarche, l'Union Européenne posait un acte politique lourd de signification, dans la mesure où elle équivalait à reconnaître à l'entité palestinienne un statut d'Etat. Le gouvernement israélien ne s'y est pas trompé, qui dénonçait vigoureusement l'accord d'association, estimant qu'il pourrait avoir un effet négatif sur les discussions ultérieures concernant le statut définitif des territoires palestiniens[211].

Toujours à la fin du mois de février, l'Union Européenne posait un acte non moins significatif sur le plan politique en recevant conjointement, et sur un pied d'égalité, à Strasbourg, une délégation de la Knesset et une délégation du Conseil législatif palestinien, toutes deux pilotées par l'envoyé spécial, M. Moratinos. Au cours de ce séjour, les deux délégations ont assuré leurs interlocuteurs européens de leur volonté de poursuivre le processus de paix jusqu'à son

---

[210] *Documents d'Actualité Internationale*, n° 7, 1er avril 1997, p. 261.
[211] *Agence Europe*, n° 6922, 26 février 1997.

terme, tandis que M. Moratinos, tout en reprécisant la position européenne sur le contentieux israélo-palestinien, réaffirmait, de son côté, le souhait de l'Europe de jouer un rôle politique actif dans l'élaboration d'une solution définitive pour le problème palestinien[212].

Les diverses prises de position de l'Union Européenne, critiques à l'égard du gouvernement israélien et favorables à la reconnaissance du droit des Palestiniens à l'autodétermination, la faisaient apparaître, aux yeux des Palestiniens et du monde arabe, comme un contrepoids positif aux Etats-Unis, disqualifiés aux yeux de leurs alliés arabes, en raison de leur parti pris résolument pro-israélien. La confiance placée par le monde arabe dans les possibilités de l'Union Européenne à rééquilibrer le débat fut réaffirmée avec force lors de la Conférence Euro-Arabe pour la coopération au processus de paix, organisée à Dubay du 3 au 5 avril. Toutefois, l'optimisme des Arabes fut quelque peu ébranlé, lorsqu'au cours de la deuxième moitié du même mois la tendance, au sein de l'Union Européenne, favorable à l'observance d'une certaine réserve de manière à ne pas gêner les Etats-Unis dans la conduite du processus de paix, paraissait influer sur les dernières prises de position européennes.

Ces derniers développements, et l'existence de positions fondamentalement divergentes sur l'attitude à adopter face aux Etats-Unis qu'ils révèlent, sont symptomatiques de l'incapacité de l'Europe de parler d'une seule voix. Aujourd'hui comme hier, l'Union Européenne n'a, politiquement, d'union que le nom - plus une certaine conception économique commune - et apparaît invariablement, dans la moindre situation de crise où s'imposent des choix décisifs, comme un conglomérat d'Etats aux visions particulières qu'il faut, à chaque fois, s'efforcer de concilier, avec pour résultat l'adoption de positions minimales, peu susceptibles d'imposer l'Europe sur la scène internationale comme décideur politique. Aussi, si d'aucuns ont cru pouvoir pronostiquer une entrée en scène possible de l'Europe au Moyen-Orient, comme acteur politique à titre principal, suite à la lassitude manifestée récemment par les Etats-Unis, ce pourrait bien n'être qu'à titre de puissance auxiliaire, autorisée à jouer dans la cour des grands en raison de son alignement sur les positions de Washington.

---

[212] *Biladi, The Jerusalem Times*, February 28, 1997.

L'évolution, apparemment en cours, ces dernières semaines, semble marquer le recul des postions françaises et des plus engagés des supporters de la cause palestinienne au sein de l'Union Européenne. Ces développements ne manquent pas d'inquiéter les responsables arabes, qui craignent de plus en plus de se retrouver privés de tout soutien extérieur significatif, face à l'intransigeance d'un gouvernement israélien, soutenu par les Etats-Unis. A cet égard, l'initiative prise par les Européens de réunir MM. Arafat et Levy à Bruxelles, le 22 juillet, est indicative de ce que peut offrir l'Europe. Certes, les deux hommes se sont parlé, et il fut même question de réactiver le travail des commissions, mais, à l'issue des entretiens, M. Levy se fit un devoir de réaffirmer le droit d'Israël à poursuivre la colonisation dans les territoires occupés, ce qui rend, par avance, illusoire toute perspective de relance effective du processus de paix, en l'absence de fortes pressions extérieures sur le gouvernement israélien.

La conviction que le monde arabe ne pourra espérer une solution satisfaisante au contentieux qui l'oppose à Israël qu'en rassemblant ses forces s'impose de plus en plus, y compris aux alliés les plus proches de Washington et du monde occidental. Le rapprochement des Etats arabes, au-delà de leurs divergences et de leurs rivalités habituelles, était d'ailleurs apparu comme une nécessité, dès les premiers signes de dysfonctionnement dans la progression du processus de paix.

De la normalisation à l'affrontement

Le sommet de Sharm al-Shaykh avait déjà fait apparaître quelques failles dans le consensus qui avait, jusqu'à une période récente, caractérisé l'appréciation des priorités du processus de paix par les Arabes et les Etats-Unis. Depuis, les divergences entre Washington et les Etats arabes n'allaient cesser de s'approfondir, entraînant, par contrecoup, une réactivation des concertations interarabes.

Dès le 3 juin 1996, MM. Moubarak et Assad se rencontraient pour faire le point sur l'élément nouveau que constituait l'arrivée au pouvoir du Likoud et de ses alliés. Le 5 juin, une nouvelle réunion de concertation réunissait cette fois les présidents Moubarak, Arafat et le roi Husseyn de Jordanie. Le 6 juin, enfin un nouveau mini-sommet réunit les présidents Moubarak, Assad et le roi Fahd. La reconstitution, étape par étape, d'un front arabe pour réclamer le respect, par le nouveau gouvernement israélien, des engagements pris par Israël dans le cadre du processus de paix était à la mesure des inquiétudes nourries par les Etats arabes, mais dénotait aussi leur détermination à reconstituer leurs forces pour ne pas se laisser imposer des solutions qui leur seraient par trop défavorables. Les communiqués publiés à l'issue de ces rencontres témoignaient aussi d'un engagement ferme à soutenir les revendications du peuple palestinien et ses droits à l'autodétermination.

A mesure que se précisait le refus du gouvernement Netanyahou de se conformer à l'esprit des Accords d'Oslo et aux engagements pris par le gouvernement précédent dans ce cadre, les Arabes ont été conduits à reconstituer de nouveaux liens de solidarité, qui se concrétisèrent graduellement à mesure que se multipliaient les réunions de concertation entre chefs d'Etat. Cette évolution au niveau des relations inter-arabes se trouvait, de surcroît, confortée par l'attitude des Etats-Unis. En effet, malgré sa mauvaise humeur affichée, l'administration Clinton se montrait peu disposée à remettre fondamentalement en question son soutien à l'Etat hébreu.

Dans ce contexte, le sommet arabe du Caire des 21 au 23 juin apparaît comme l'un des éléments les plus révélateurs de l'évolution du climat politique qui marque le Moyen-Orient au cours de ces dernières années. Le communiqué final de ce conclave réaffirmait ainsi, sans la moindre ambiguïté, le soutien apporté par les Etats arabes aux revendications du peuple palestinien, et leur refus d'accepter d'autre solution au contentieux israélo-arabe, que celle fondée sur le principe de "l'échange des territoires contre la paix". Israël était ainsi invité à respecter les engagements pris par le gouvernement Pérès et à évacuer les territoires arabes occupés. A défaut, les Etats arabes se déclaraient prêts à reconsidérer les relations nouées avec Israël depuis la mise en oeuvre du processus de paix[213].

La dégradation des relations israélo-arabes fut dramatiquement accentuée lors des affrontements sanglants qui opposèrent les Palestiniens aux troupes israéliennes, à la suite de l'ouverture du tunnel archéologique sous les murs de l'esplanade des mosquées Al Aqsa et de `Omar. A cette occasion, les Etats arabes condamnèrent sans mé-

---

[213] *International Herald Tribune*, June 25, 1996; *Le Monde*, 25 juin 1996.

nagement les "provocations" de M. Netanyahou, accusé de torpiller le processus de paix. Certains chefs d'Etat n'hésitèrent pas, par ailleurs, à préconiser des actions diplomatiques destinées à isoler l'Etat hébreu dans la région. Réunis précipitamment au Caire, le 26 septembre, les membres de la Ligue arabe évoquèrent la possibilité de remettre en question le processus de normalisation de leurs relations avec Israël, si le gouvernement de M. Netanyahou continuait à freiner la mise en oeuvre des Accords d'Oslo[214].

Il est clair, à partir de là, qu'en l'absence d'une modification sensible de la ligne de conduite du gouvernement israélien, on ne pouvait qu'assister à une détérioration continue des relations israélo-arabes. A cet égard, le déroulement de la troisième conférence économique régionale, où se trouvaient rassemblés au Caire, du 12 au 14 novembre, 76 Etats et plus de 4.000 participants, dont quelque 1.500 chefs d'entreprise, apparaît comme un révélateur de l'état d'esprit qui prévaut aujourd'hui au Moyen-Orient. Les deux premières conférences économiques régionales, respectivement organisées à Casablanca et à Amman, avaient eu, parmi les objectifs essentiels de la rencontre, pour objet de préparer l'intégration d'Israël dans la vie économique du Moyen-Orient. A l'issue de la conférence du Caire, significativement boudée par la Chambre de commerce égyptienne et les hommes d'affaires palestiniens, l'accent a été mis sur la coopération interarabe, et Israël, discrètement représenté par le ministre des Affaires étrangères, s'est trouvé ostensiblement marginalisé. Dans la logique de cette évolution, les Etats arabes, excédés par les rebuffades continuelles infligées par le gouvernement Netanyahou, décidaient, au mois d'avril 1997, de remettre en question le processus de normalisation israélo-arabe et d'envisager un retour au boycott économique de l'Etat hébreu.

Il n'empêche que les parrains arabes du processus de paix continuent à multiplier les efforts pour lui redonner vie. Le 28 mai, après deux visites préparatoires de M. Oussama al-Baz, conseiller personnel à la présidence, en Israël, le président Moubarak, agissant au nom des Palestiniens, rencontrait M. Netanyahou à Sharm al-Shaykh, pour tenter de renouer le dialogue entre Israël et l'Autorité palestinienne. En raison de l'intransigeance manifestée par M. Ne-

---

[214] *International Herald Tribune*, September 27, 1996.

tanyahou à propos de la poursuite des travaux de Har Homa et de la colonisation en général, le sommet s'est terminé sur un échec.

Les efforts déployés par l'Egypte en vue de relancer le processus de paix s'avèrent d'autant plus vains que les affrontements entre Palestiniens d'une part, colons et forces de l'ordre israéliennes d'autre part, sont devenus quasi quotidiens à Hébron depuis le mois de juin, et se multiplient en d'autres points des territoires occupés où les Palestiniens victimes de la répression dirigée contre les manifestations d'opposition à l'extension des implantations israéliennes se comptent par dizaines.

Dans cette atmosphère de crise israélo-palestinienne permanente, l'épisode de la pose, à Hébron, d'affiches représentant le prophète Muhammad sous les traits d'un cochon, ainsi que la publication, dans la revue Galileo, d'une représentation de la Vierge Marie sous les traits d'une vache constituent autant d'actes de provocation qui empoisonnent toujours plus les rapports, non plus seulement entre Israéliens et Arabes, mais aussi entre juifs, musulmans et chrétiens, et génèrent, combinés aux autres facteurs de tension, des effets triplement négatifs sur la stabilité au Moyen-Orient:
- les relations israélo-arabes n'ont cessé de se dégrader, tandis que l'hostilité du monde musulman à l'égard de l'Etat hébreu se trouvait confortée par les récents incidents à Hébron;
- de nouvelles divisions menacent le monde arabe, où une majorité de chefs d'Etat regroupés autour de l'Arabie Saoudite et de la Syrie envisage de boycotter la quatrième Conférence économique pour le Moyen-Orient et l'Afrique du Nord, programmée, au Qatar, pour le mois de novembre 1997[215], mettant ainsi dans l'embarras l'Egypte et la Jordanie, attachées en dépit de tout à leur rôle de parrains du processus de paix;
- l'état des relations israélo-arabes est une source d'altération sensible des relations entre les Etats-Unis et leurs principaux alliés arabes, dont l'Arabie Saoudite et l'Egypte, qui leur reprochent leur partialité dans le traitement des problèmes du Moyen-Orient.

Quoi qu'il en soit, le système sécuritaire régional projeté, en son temps, pour le Moyen-Orient par l'administration Bush, et fondé sur le respect d'équilibres fondamentaux entre les différents partenaires, ainsi que les espoirs nés de l'ouverture de pourparlers israé-

---

[215] *Le Monde*, 6-7 juillet 1997.

lo-arabes, n'est plus aujourd'hui qu'un lointain souvenir. Nous en revenons, aujourd'hui, au Moyen-Orient, à la quasi-reconstitution d'une ligne de confrontation israélo-arabe rappelant celle des années 70.

CONCLUSION

Le traitement du contentieux israélo-arabe, et, plus particulièrement, du problème israélo-palestinien, apparaît singulièrement révélateur de l'état actuel de l'ordre international. Par son seul veto, la superpuissance du moment a été en mesure de bloquer totalement des résolutions votées par l'ensemble de la communauté internationale, et de permettre à un Etat en contravention avec le droit international de se soustraire impunément à ses obligations. On en arrive à connaître ainsi une situation plus dérangeante encore que celle qui prévalait du temps de la guerre froide, dans la mesure où seule l'une des parties en cause subit, sans contrepartie possible, les inconvénients des capacités de blocage dont dispose la seule superpuissance existante.

Dans ce contexte, la perspective de voir se développer aujourd'hui un processus de paix susceptible de mener à une pacification des relations israélo-palestiniennes, passage obligé vers un règlement global du contentieux israélo-arabe, semble bien improbable.

Les éléments de blocage à l'instauration d'un règlement du problème palestinien ne viennent pas actuellement des Palestiniens. La majorité d'entre eux a clairement exprimé son choix en faveur de la paix et l'Autorité palestinienne a, dans la mesure de ses moyens, fait la preuve de sa volonté d'éradiquer les factions terroristes.

Depuis la signature des Accords d'Oslo II, à Washington, le 29 septembre 1995, la population palestinienne, dans son ensemble, n'a cessé d'affirmer son désir de bâtir un Etat démocratique dans les territoires de l'Autonomie. Il a, pour réaliser ce voeu, fait la preuve de sa maturité politique, et possède, pour promouvoir son développement économique et social, les ressources humaines nécessaires. Il reste, pour qu'un Etat démocratique voie le jour en Cisjordanie et à Gaza, que le pouvoir en place ne soit pas amené, dans le souci d'assurer sa survie, à consentir à Israël des concessions impopulaires telles qu'il soit amené à renforcer le caractère autocratique du régime pour amener son peuple à se plier à ses décisions. En outre, la société palestinienne, placée dans un état de crise et d'exception permanent, n'a pas la possibilité de produire les repères qui permettent l'identification des articulations essentielles au fonctionnement d'une démocratie. La menace toujours présente d'une intervention militaire israélienne dans les territoires de l'Autonomie entretient un climat d'insécurité permanent favorisant la continuité d'une vision de l'exercice du pouvoir, qui confondrait la fonction de dirigeant d'une entité politique avec celle d'un chef de guerre.

Dans les conditions actuelles, la survie d'une démocratie, dans une future entité palestinienne autonome, susceptible de devenir un modèle politique pour le Moyen-Orient, dépend essentiellement des pressions que les grandes puissances voudront exercer pour faire aboutir le processus de paix, et de l'ampleur de l'assistance économique qu'elles consentiront pour assurer le développement économique de l'Autonomie palestinienne.

Il est aujourd'hui évident que le régime d'autonomie accordé aux Palestiniens, s'il s'arrêtait à la simple application des Accords intérimaires, comme le souhaite le gouvernement Netnyahou, n'est pas de nature à engendrer des progrès significatifs au niveau de l'existence quotidienne des habitants de Gaza et de Cisjordanie. Le développement économique et social des territoires de l'Autonomie passe nécessairement par la poursuite des négociations israélo-palestinienne et l'obtention, par les Palestiniens, d'une pleine souveraineté sur un territoire continu en Cisjordanie, où ils seraient habilités à utiliser les ressources naturelles disponibles dans la région en fonction de leurs besoins.

Le blocage actuel du processus de paix, qui maintient la population palestinienne dans un état de dépendance et de pénurie de plus en plus éprouvant, favorise l'accroissement du nombre de sceptiques et peut contribuer à fortifier, à terme, le camp des adversaires des Accords d'Oslo.

Cette évolution de l'opinion publique palestinienne apparaît d'autant moins improbable que le grignotage de terres palestiniennes, suite à l'extension des colonies israéliennes, se poursuit inexorablement, en contradiction flagrante avec la lettre et l'esprit des Accords d'Oslo.

La situation politique en Cisjordanie et à Gaza reste donc marquée par une instabilité fondamentale, due à l'absence de solutions concrètes de nature à résoudre les problèmes de fond.

L'histoire des relations internationales nous apprend que seules des négociations engagées entre des Etats - ou groupes d'Etats - disposant d'une relative parité de forces pouvaient déboucher sur des traités suffisamment équilibrés pour générer une stabilité relativement durable de l'ordre régional et international. A l'inverse, des accords conclus entre Etats dont la disproportion des forces était trop accentuée ont invariablement engendré des dispositions déséquilibrées qui ont entretenu les frustrations et cristallisé les tendances irrédentistes chez les peuples contraints de se soumettre à la loi du plus fort. Ces peuples ont invariablement été attentifs à la moindre faille du système international pour tenter d'obtenir - souvent par le recours à la violence - la révision ou l'abrogation des traités défavorables qui leur ont été imposés. L'entre-deux guerres mondiales offre un exemple caractéristique de ce type de situation.

Dans le cas des négociations israélo-palestiniennes, le rapport des forces en présence est à ce point déséquilibré que seule une pression extérieure exercée sur la partie la plus forte est de nature à produire un accord suffisamment équilibré pour assurer sa pérennité.

Mais de quelle grande puissance peut venir la pression susceptible de sauver le processus de paix du naufrage?

L'Union Européenne joue d'ores et déjà un rôle primordial dans le domaine de l'assistance économique. Sur le plan politique, toutefois, son importance reste dérisoire. Comme acteur politique sur la scène internationale, l'Union Européenne a surtout accumulé les contre-performances. En Bosnie, elle se montra incapable de gérer une crise majeure dans son propre espace géographique et culturel, et il fallut attendre l'intervention des Etats-Unis pour arrêter le massacre. Mieux encore, l'encre des signatures apposées au bas des documents consacrant l'avènement d'un partenariat euro-méditerranéen était à peine sèche qu'il fallut à nouveau recourir à l'arbitrage des Etats-Unis pour apaiser de nouvelles tensions gréco-turques nées à propos d'îlots perdus dans la mer Egée. Faut-il enfin rappeler l'incapacité de l'Europe à répondre positivement, d'une seule voix, à l'appel pressant des Palestiniens, qui sollicitaient d'elle un appui effectif dans les négociations programmées avec Israël, sous l'égide partiale de Washington.

Faute d'un projet politique européen cohérent à l'échelle mondiale, l'Union Européenne ne pourra jamais se poser en gestionnaire crédible de l'ordre international. Elle est condamnée, dans son état actuel, à ne rester qu'une association de pays industrialisés, capable, au mieux, de prendre des sanctions économiques limitées à l'encontre d'Etats bafouant les droits de l'homme, mais impuissante à imposer des solutions politiques pour les faire respecter.

Les récentes divergences entre les Français, partisans d'une plus grande implication de l'Europe dans les affaires du Moyen-Orient, et les Allemands et Britanniques, soucieux de ne pas contrarier les initiatives américaines dans la région, témoignent à suffisance de l'incapacité de l'Europe à proposer un règlement global au problème israélo-arabe.

L'Union Européenne, à moins d'un événement imprévisible, est ainsi condamnée à rester, pour longtemps encore, un simple appoint à la mise en oeuvre d'un ordre international programmé à Washington. Toutefois, dans l'hypothèse où l'Europe serait en mesure, dans un proche avenir, de reprendre pied, en qualité de décideur, au Moyen-Orient, il serait absurde qu'elle s'y présente en adversaire des Etats-Unis, plutôt qu'en partenaire responsable aux prises de décisions dans la recherche d'une solution satisfaisante pour toutes les parties.

En attendant ce jour encore improbable dans le contexte actuel, seuls les Etats-Unis possèdent, pour l'heure, la capacité d'exercer les pressions appropriées pour imposer un règlement global au contentieux israélo-arabe. Encore faut-il que les solutions retenues soient de nature à assurer une pacification en profondeur de la région. Il convient, à cet égard, de garder présent à l'esprit que toute solution qui ne prendrait pas en compte l'intérêt général de toutes les populations de la région est, par essence, un acte précaire. Si l'on examine, de ce point de vue, la politique de l'administration Bush et celle de l'équipe du Président Clinton, force est de constater que la seconde constitue, du point de vue de la réflexion géopolitique, une régression par rapport à la première.

En effet, la politique de l'administration Bush en matière de constitution d'un système sécuritaire régional était cohérente quant à la définition de ses finalités géostratégiques, de ses constructions géopolitiques et de ses instruments. Le système d'alliance qu'elle avait projeté réunissait potentiellement trois conditions essentielles pour fonctionner:

- un danger identifié, commun à l'ensemble des partenaires à l'alliance;
- un objectif commun: assurer la stabilité de la région;
- la capacité théorique de mobiliser des forces armées au service de la défense de la stabilité régionale.

Même l'obstacle fondamental à la réalisation de ce système sécuritaire - le contentieux israélo-arabe - était dûment identifié et avait déterminé la mise en oeuvre d'une politique définie, respectueuse des grands équilibres à préserver. La sécurité collective régionale reposait, en effet, sur l'équilibre des intérêts particuliers à prendre en compte et sur la responsabilité collective pour les protéger.

Dans ce cadre, le processus de paix israélo-palestinien était logiquement instrumentalisé aux fins de servir la préservation des intérêts vitaux des Etats-Unis, mais il avait l'avantage d'être intégré dans un système cohérent, soucieux de maintenir un certain équilibre entre tous les Etats de la région de manière à susciter leur collaboration.

Rien de tel dans la politique développée par l'administration Clinton au Moyen-Orient. Il s'agit toujours, bien sûr, d'y créer une situation favorable à la préservation des intérêts vitaux des Etats-Unis. Mais la démarche adoptée pour atteindre cet objectif apparaît brouillonne, confuse, influencée par des considérations électorales qui déterminent les décisions politiques, et marquée par un parti pris pro-israélien qui incline l'équipe du président Clinton à subir les décisions du gouvernement Netanyahou. La politique de résolution et de prévention des conflits développée par l'administration Bush a fait place, depuis l'avènement de M. Clinton à la Maison Blanche, à une gestion approximative des crises et des conflits en cours.

La création d'un espace de stabilité et de paix au Moyen-Orient peut être, à bon droit, considérée comme un test pour évaluer la capacité des Etats-Unis à exercer le rôle de gestionnaire de l'ordre international. Et le test n'apparaît guère probant dans la mesure où des impératifs de politique intérieure et des apriorismes affectifs font passer à l'arrière plan les données géopolitiques et même celles du droit international concernant, entre autres, la condamnation d'acquisitions territoriales réalisées par l'utilisation de la force armée.

Certes, les Etats-Unis constituent l'unique superpuissance du moment, et sont, dès lors, amenés à exercer un leadership incontesté dans l'ordre mondial actuel. Ils ne sont toutefois pas en mesure d'imposer, en solitaire, à l'ensemble de la planète, les directives conformes à leur vision d'un ordre mondial fondé sur le respect du droit international. Dans le contexte actuel, seul un étroit partenariat avec l'Union Européenne, puissance économique de premier plan et ensemble de démocraties libérales partageant avec les Etats-Unis des valeurs fondamentales communes, peut conduire à l'instauration d'un ordre international conforme à cette approche, respectueux des droits de l'homme, générateur de démocratie et de prospérité partagée. Déjà, dans une région considérée par Washington comme une chasse gardée, la mise en oeuvre d'un processus de paix israélo-palestinien n'apparaît réalisable que grâce à l'assistance économique massive consentie par l'Europe. Associer celle-ci, avec ses analyses politiques propres, à l'élaboration du processus de paix au Moyen-Orient, et lui passer le relais lorsque la Maison Blanche et son administration se trouvent confrontées à des blocages internes, pour aboutir à des solutions équilibrées, respectueuses des réalités géopolitiques, constituerait sans conteste l'une des approches les plus réalistes pour aboutir à un règlement durable du contentieux israélo-arabe, ainsi qu'à l'instauration d'un ordre régional stable.

Nous sommes bien évidemment fort loin du compte à ce jour. La paix au Moyen-Orient est surtout devenue un élément de prestige pour les Etats-Unis et leur président; pour le reste, l'administration Clinton se contente de gérer l'événement et fonde sa stratégie sécuritaire sur l'alliance privilégiée avec Israël, tout en offrant sa protection militaire à ses alliés arabes contre un ennemi commun. Dans le contexte actuel, la collaboration des Etats-Unis et des Etats arabes amis apparaît comme une alliance morose entre partenaires condamnés à s'épauler sous la pression des circonstances du moment, et, notamment, face à la menace des mouvements islamistes soutenus par l'Iran.

Pour l'heure, on ne peut que constater l'impossibilité où se trouvent les Etats-Unis de mettre sur pied un quelconque système sécuritaire dynamique intégrant Israël. L'enlisement des négociations israélo-palestiniennes bloque la normalisation des relations d'Israël avec les Etats arabes fragilisés par leur impuissance à faire prévaloir un règlement équitable du problème palestinien, et par les tensions internes auxquelles ils sont confrontés. Seule une relance du processus de paix serait de nature à apporter un début de stabilité au Moyen-Orient, dans la mesure où la conclusion d'une paix équitable pour toutes les parties pourrait conduire les peuples de la région à coopérer en vue d'assurer leur développement économique et résoudre leurs problèmes sociaux.

Une telle perspective nécessite toutefois un engagement des Etats-Unis à exercer sur Israël les pressions qui s'imposent. L'aide considérable qu'ils fournissent à l'Etat hébreu leur en donne les moyens, mais il est fort douteux que l'administration Clinton s'engage sur cette voie. Il était permis d'espérer, au terme des dernières élections présidentielles, que le président Clinton, libre de toute contrainte électorale durant son deuxième mandat, se décide à vouloir entrer dans l'histoire comme l'homme qui a réussi à imposer un règlement global au contentieux israélo-arabe. Ce n'est pas la direction que semble prendre le département d'Etat, actuellement dirigé par Mme Madeleine Albright, réputée favorable à Israël. Toutefois, dans l'hypothèse où la nouvelle administration américaine, pressée de mener une politique plus conforme à la préservation de ses intérêts réels au Moyen-Orient, manifesterait, dans les mois à venir, une détermination comparable à celle dont fit preuve l'administration Bush, et conditionnerait la poursuite de son aide à l'Etat hébreu à la réactivation du processus de paix, il est douteux qu'elle puisse aboutir à un résultat convaincant tant que le gouvernement Netanyahou sera en place.

L'actuel Premier ministre, quelle que serait par ailleurs sa propension à consentir les gestes nécessaires pour faire aboutir le processus de paix, est lié par la coalition gouvernementale qu'il a formée et par les assurances qu'il a données à son électorat, tant dans ses harangues électorales que dans les discours prononcés après sa victoire électorale. Tout au plus peut-il réduire, si les pressions américaines s'avéraient par trop fortes, l'extension des implantations juives à Gaza et en Cisjordanie, contribuer, conjointement avec l'Autorité palestinienne, à éviter des débordements de violence et des actes de provocation par trop perturbants à Hébron et à Jérusalem, et reprendre le cours des discussions sur le statut définitif de l'entité palestinienne autonome, des territoires occupés et l'avenir des réfugiés, en faisant traîner les choses comme le fit en son temps M. Shamir.

Sur le front syro-libanais, M. Netanyahou peut être amené à reprendre, sous la contrainte américaine, les discussions avec les gouvernements libanais et syrien, mais il ne pourra poser les seuls actes susceptibles d'aboutir à la conclusion d'une paix durable dans la région, à savoir: le retrait du Sud-Liban, l'évacuation totale du Golan et le démantèlement des implantations juives qui s'y sont installées, concessions inimaginables pour les formations qui soutiennent l'actuel gouvernement.

L'instauration d'une paix israélo-arabe dépend, in fine, de la volonté politique que manifestera le peuple israélien lui-même. C'est par son vote qu'a été installée au pouvoir l'une des coalitions les plus irréductiblement opposée à l'autodétermination du peuple palestinien et à l'évacuation des territoires occupés. Seul un retournement de l'opinion publique peut conduire à la mise en place d'un nouveau gouvernement dominé par le camp de la paix. A partir du mois de novembre 1996, celui-ci a repris, en plusieurs occasions, possession de la rue et semble, comme en 1992, voir augmenter ses effectifs. Comme en 1991-1992, des pressions américaines de nature à faire craindre une remise en question de la protection inconditionnelle des Etats-Unis pourrait faire basculer les hésitants et favoriser l'avènement d'un gouvernement favorable à l'aboutissement du processus de paix enclenché avec les Accords d'Oslo.

Mais la mise en place de ces changements prendra du temps et, en attendant, de nouveaux affrontements sanglants, tant sur le front palestinien que syro-libanais, peuvent contribuer à renforcer les partis de l'intransigeance et à rendre plus difficiles de futures négociations entre les parties en conflit.

Dans l'hypothèse probable où Israël se retrouverait, au terme de prochaines élections, gouverné par une équipe favorable à une reprise des négociations de paix sur base du principe de l'échange des territoires occupés contre la paix, rien ne serait pour autant assuré. Dans ce cas, aussi, les Etats-Unis, en raison de la disproportion des forces en présence, auront à peser dans les discussions pour les faire aboutir à des solutions équilibrées, garantes d'une stabilisation durable qui passe obligatoirement par un retrait total des Israéliens du Sud-Liban, du Golan, et, par-dessus tout, par la reconnaissance du droit des Palestiniens à créer un Etat souverain à Gaza et sur la totalité du territoire de Cisjordanie. Si l'administration Clinton, fidèle à sa ligne de conduite pro-israélienne, manquait à ses devoirs d'intermédiaire impartial, et permettait aux Israéliens d'aller en deçà des concessions minimum énoncées ci-dessus, le danger serait grand de voir le processus de paix déboucher sur une paix purement formelle. Une telle paix serait nécessairement aléatoire car elle serait imposée aux populations arabes en fonction d'un rapport de force inégal. Ce serait là une paix des Etats et non une paix des peuples. Ne pouvant réaliser la pacification des esprits, elle entretiendrait les frustrations et les rancoeurs qui constituent le terreau sur lequel s'épanouiraient tous les irrédentismes et les terrorismes futurs.

Dans ce jeu improbable, riche en incertitudes, l'Europe, défendant d'une seule voix des solutions spécifiques, pourrait sans doute constituer, face aux Etats-Unis, un élément d'équilibre dans de futures négociations sur la paix au Moyen-Orient. Mais, de toute évidence, le consensus qui était déjà éminemment problématique à 12 est devenu hautement improbable à 15.

Si, dans la meilleure des hypothèses, un accord de paix devait être conclu, qui réunisse toutes les conditions formelles nécessaires pour assurer la normalisation des relations entre les Etats et les peuples de la région, la stabilisation à long terme ne pourrait être assurée, au moins au niveau des relations israélo-palestiniennes, qu'à la condition d'instaurer, pendant une période indéterminée, un contrôle international strict sur la mise en oeuvre des accords de paix, et, peut-être, prévoir la présence, sur le terrain, d'une force d'interposition et d'observateurs internationaux destinés à prévenir les effets négatifs d'éventuels actes terroristes perpétrés par les adversaires de la paix.

Ces éléments de stabilisation une fois réunis, la stabilité de la région sera essentiellement fonction de la gestion des affaires internes et régionales des gouvernants locaux, et de la conduite de l'ordre international par les acteurs internationaux. Ce qui, à la lumière des expériences récentes, n'incite, en soi, qu'à un optimisme modéré.

Rixensart, le 5 août 1997.

ANNEXES

Signature de l'Accord d'association intérimaire entre l'UE et l'OLP

Au cours d'une cérémonie qui s'est tenue à Bruxelles, le 24 février 1997, l'Accord d'association euro-méditerranéen intérimaire relatif aux échanges commerciaux et à la coopération entre la Communauté Européenne, d'une part, et l'Organisation de libération de la Palestine (OLP) agissant pour e compte de l'Autorité Palestinienne de la Cisjordanie et de la Bande de Gaza, d'autre part, a été signé,

pour les Communautés européennes par:
M. Hans Van Mierlo   Vice-Premier ministre et ministre des Affaires étrangères du Royaume des Pays-Bas, Président en exercice du Conseil
M. Manuel Marin   Vice-Président de la Commission

pour l'OLP par:
M. Yasser Arafat   Président de l'Autorité palestinienne

A cette occasion, des allocutions ont été prononcées par le Président du Conseil, le Président de la Commission européenne, M. Jacques Santer, ainsi que par le président Arafat, assistaient à la cérémonie des ministres des Affaires étrangères des Etats membres et M. Nabil Shaat, ministre de la Coopération internationale et de la planification de l'Autorité palestinienne.

L'Union européenne et l'OLP ont également adopté une déclaration conjointe sur le dialogue politique (cf. Annexe).

A l'occasion de la signature, le Président du Conseil s'est félicité

A l'occasion de la signature, le Président du Conseil s'est félicité au nom du Conseil de la signature de l'Accord d'association euro-méditerranéen intérimaire relatif aux échanges et à la coopération entre la Communauté Européenne, d'une part, et l'OLP pour le compte de l'Autorité palestinienne, d'autre part.

Le Conseil voit dans cet Accord un moyen important de promouvoir le développement économique palestinien, conformément aux dispositions de l'accord intérimaire conclu entre Israël et l'OLP le 28 septembre 1995, y compris le Protocole de Paris sur les relations économiques, et sans préjudice de l'issue des négociations sur le statut définitif.

Cet Accord constitue un élément essentiel du Partenariat euro-méditerranéen et le Conseil espère qu'il sera mis en oeuvre rapidement.

La structure et le contenu de cet Accord intérimaire - paraphé le 10 décembre dernier - suivent ceux des autres accords euro-méditerranéens; des dispositions spéciales sont toutefois établies pour tenir compte du statut spécial de l'OLP. Dans ce sens l'Accord prévoit que le 4 mai 1999 au plus tard débuteront les négociations préparatoires à la conclusion d'un accord d'association euro-méditerranéen pour remplacer l'Accord intérimaire.

Plus particulièrement, le présent Accord intérimaire vise les objectifs suivants:
- la réalisation d'un cadre approprié pour un dialogue global entre les parties, permettant l'instauration de relations étroites entre elles;
- la création des conditions d'une libéralisation progressive des échanges;
- la promotion, par le dialogue et la coopération, des relations économiques et sociales équilibrées entre les parties;
- la contribution au développement social et économique de la Cisjordanie et de la bande de Gaza;
- l'encouragement de la coopération régionale afin de consolider la coexistence pacifique et la stabilité politique et économique;
- la promotion de la coopération dans d'autres domaines d'intérêt mutuel.

L'Accord prévoit qu'entre la Communauté et l'Autorité palestinienne une zone de libre-échange soit établie progressivement, sur une période de transition ne s'étendant pas au-delà du 31 décembre 2010. Cette libéralisation complétera et formalisera le régime commercial déjà existant sous forme de concessions autonomes octroyées par la Communauté dans le passé dans les secteurs agricole et industriel. Les parties de l'Accord procéderont à un réexamen du régime concernant les produits agricoles dans deux ans, à partir du 1er janvier 1999.

L'accord prévoit une coopération dans toute une série de domaines: circulation des capitaux, concurrence, propriété intellectuelle, marchés publics, promotion des investissements, transports, télécommunications, technologies d'information, énergie, coopération scientifique et technologique, environnement, tourisme, audio-visuel, culture, information, communication et développement social.

Un comité mixte pour le commerce et la coopération entre la Communauté Européenne et l'Autorité palestinienne sera institué.

En ce qui concerne la coopération financière, un programme d'ensemble sera élaboré par les deux parties à l'Accord.

L'Accord établit que toutes les dispositions y contenues se fondent sur le respect des principes démocratiques et des droits fondamentaux de l'Homme, qui constitue un élément essentiel de celui-ci.

Comme dans les autres accords euro-méditerranéens, il est prévu que, si une partie considère que l'autre n'a pas rempli l'une des obligations que lui impose l'Accord, elle peut prendre des mesures appropriées.

Annexe
Déclaration conjointe de l'Union
européenne et de l'Organisation
de libération de la Palestine
sur le dialogue politique

1. L'Union européenne et l'OLP instaurent par la présente déclaration un dialogue politique régulier entre elles, dans le cadre de la politique de l'Union européenne, dans laquelle l'autodétermination du peuple palestinien, avec tout ce que cela implique, constitue un principe fondamental.

2. Le dialogue politique est destiné en particulier à:
a) faciliter le renforcement des relations par une meilleure compréhension mutuelle et par une coordination régulière concernant des questions d'intérêt commun, et en particulier des questions pouvant avoir des incidences importantes sur l'une ou l'autre des parties;
b) permettre aux participants du dialogue de prendre en considération leurs positions et leurs intérêts respectifs;
c) accroître la stabilité et la sécurité régionales, notamment en ce qui concerne le processus de paix au Moyen-Orient et le partenariat euro-méditerranéen. Le dialogue contribuer à la stabilité, à la sécurité et à la prospérité du Bassin méditerranéen et favorisera un climat de compréhension et de tolérance entre les peuples, les cultures et les religions;
d) permettre un large échange d'informations.
3. Le dialogue politique portera sur toutes les questions d'intérêt commun, en particulier sur les conditions nécessaires pour assurer la paix, la sécurité, le développement de la région, la démocratie et le respect des droits de l'Homme dans le Bassin méditerranéen. Il servira de base aux initiatives à prendre et de cadre aux efforts visant à développer la coopération dans l'ensemble de la région.
4. Le dialogue politique:
a) se déroulera au niveau ministériel ou au niveau équivalent;
b) se déroulera au niveau des hauts fonctionnaires représentants l'OLP, d'une part, la présidence du Conseil de l'Union européenne et la Commission, d'autre part;
c) tirera pleinement parti de tous les moyens de communication appropriés (notamment briefings réguliers, consultations à l'occasion des réunions internationales et autres contacts);
d) fournira régulièrement à l'OLP des informations sur des questions relatives à la politique étrangère et de sécurité commune, et à l'UE des informations sur des questions touchant à sa politique;
e) le cas échéant, s'effectuera par tout autre moyen pouvant contribuer utilement à consolider le dialogue et à en accroître l'efficacité.
5. Les participants au dialogue invitent le Parlement européen et le Conseil Palestinien à instaurer un dialogue politique.

LE MOYEN-ORIENT POLITIQUE

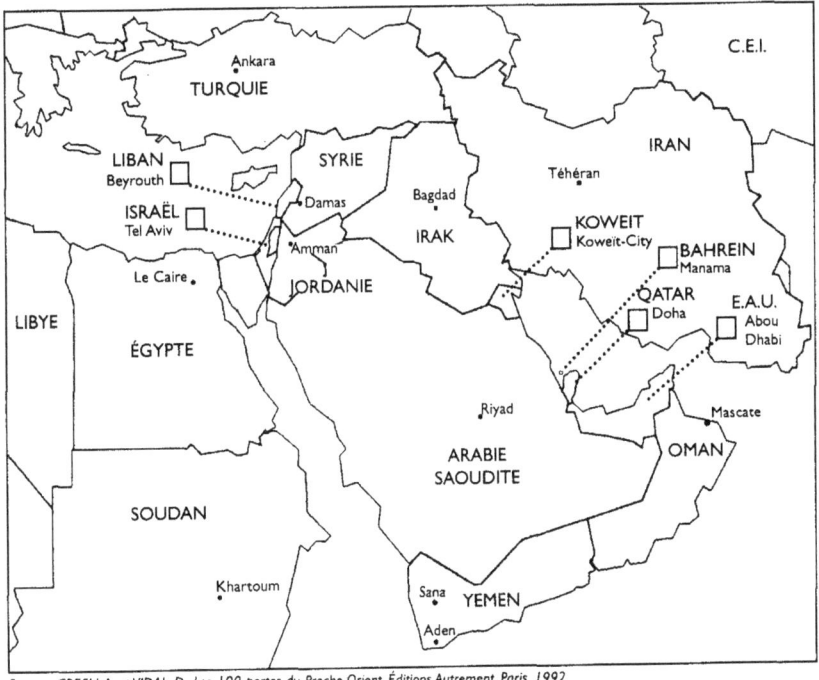

Source : GRESH, A. et VIDAL, D., Les 100 portes du Proche-Orient, Éditions Autrement, Paris, 1992

Source: GILBERT, Martin, Atlas of the Arab-Israeli Conflict, J. M. Dent, London, 1993

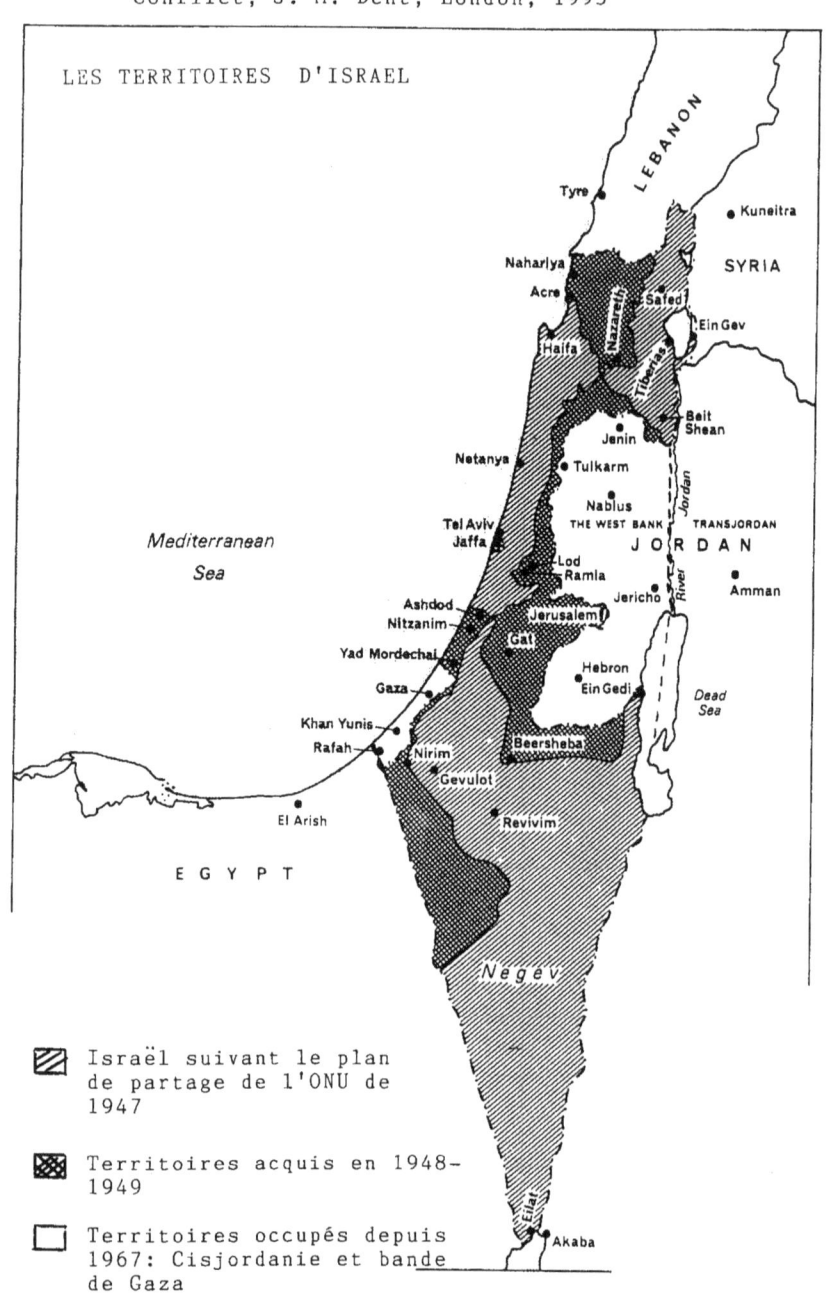

Source: Almanach PASSIA, Jérusalem, 1996

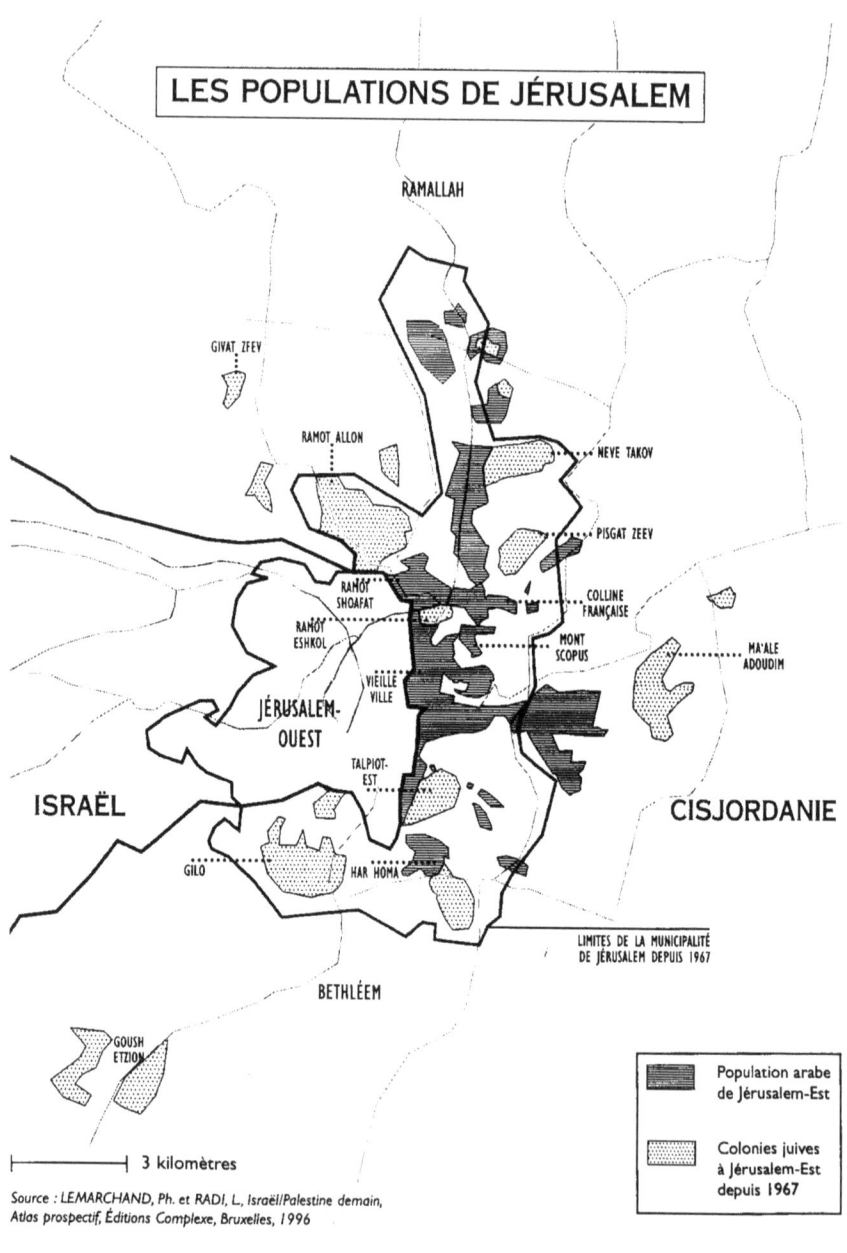

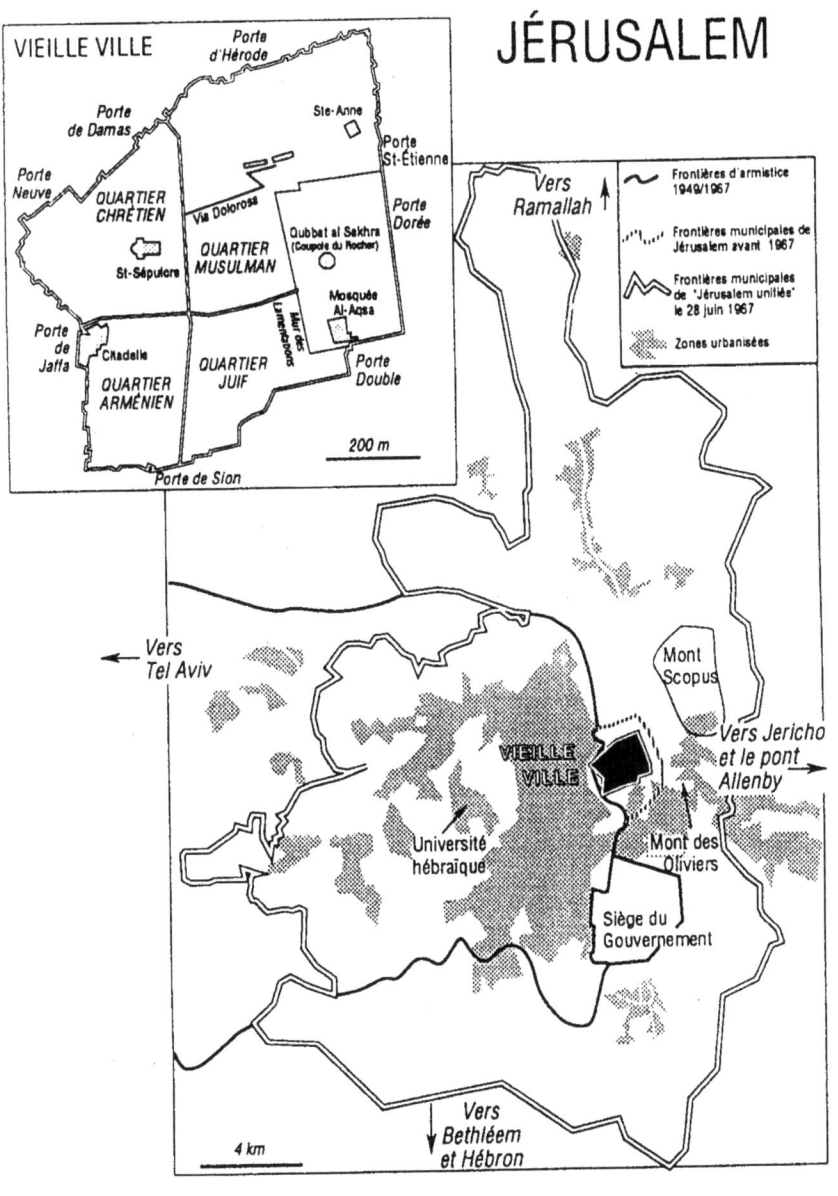

Source: Les 100 portes du Proche-Orient; Editions Autrement, Paris, 1992

CARTE FOURNIE PAR L'UNITE ELECTORALE EUROPEENNE

Wâdî al-Nîs

route de Tqou'a

Efrat

Route Bethléhem-Hébron
Bloc de Goush
Etzion

278

BIBLIOGRAPHIE

ARENS, M., *Broken Convenant: American Foreign Policy and the Crisis between the U.S. and Israel*, Simon and Schuster, New York, 1995.

BADIE, B.et M.-C. SMOUTS, *L'international sans territoire*, L'Harmattan, Paris, 1996.

BARON, X., *Proche-Orient, du refus à la paix. Les documents de référence*, Hachette, Paris, 1994.

BOUSTANI, R. et Ph. FARGUES, *Atlas du Monde Arabe*, Bordas, Paris, 1990.

BURGAT, Fr., *L'islamisme en face*, La Découverte, Paris 1995.

CARRE, O., *L'Orient arabe aujourd'hui*, Editions Complexe, Bruxelles, 1991.

DIECKHOFF, A., *Israël: la quête de la paix*, Pouvoirs, n° 72, 1995.

GERGES, F., *The Superpowers and the Middle East Regional and International Politics*, Westview Press, Boulder, 1994.

GORNY, J., *The State of Israel in Jewish Public Thought*, Macmillan, Hampshire, 1994.

HUDSON, Michael C., dir., *The Palestinians: New Directions*, Center for Contemporary Arab Studies, Georgetown University, Washington D.C., 1990.

HUNTER, Shireen, *Iran and the World, Continuity in a Revolutionary Decade*, Indiana University Press, Bloomington, 1990.

ISMAEL, T. and J. ISMAEL, *The Gulf War and the New World Order*, University Press of California, Gainsville, 1994.

KARSH, E. (éd.), *Peace in the Middle East: the Challenge for Israel*, Frank Cass, Essex, 1994.

KIPPER, J. & H. SAUNDERS, *The Middle East in Global Perspective*, Westview Press, London and Boulder, 1991.

KONOPNICKI, M. et S. PETERMANN, *Le processus de paix au Moyen-Orient*, Que Sais-je? PUF, Paris, 1995.

LEMARCHAND, Ph. (éd.), *Atlas géopolitique du Moyen-Orient et du monde arabe*, Editions Complexe, Bruxelles, 1993.

LEMARCHAND, Ph. et L. RADI, *Israël-Palestine demain*, Editions Complexe, Bruxelles, 1996.

Le nouvel espace économique européen, étude, Le Club de Bruxelles, 1996.

MARR, Ph. and W. LEWIS, *Riding the Tiger, The Middle East Challenge After the Cold War*. Westview Press, Boulder, 1993.

MARANTZ, P., *The Decline of the Soviet Union and the Transformation of the Middle East*, Boulder, Westview Press, New York, 1994.

ORR, A., *Israel: Politics, Myths and Identity Crises*, Pluto Press, London, 1994.

PERES, S., *Le temps de la paix*, Ed. Odile Jacob, Paris, 1993.

QUANDT, W., *Peace Process: American Diplomacy and the Arab-Israeli Conflict since 1967*, Brooking Institution & University of California Press, Washington, D.C., 1993.

ROBINS, Ph., *Turkey and the Middle East*, Printer Publishers, RIIA, London, 1991.

SAID, Edward W., *Peace & its discontend*, Vintage, London, 1995.

SALAME, Gh., *Proche-Orient - Les exigences de la paix*, Complexe, Bruxelles, 1994.

SLUGLETT, P. & M. FAROUK-SLUGLETT ed., *The Tuttle Guide to the Middle East*, Boston, 1992.

SMITH, C., *Palestine and the Arab-Israeli Conflict*, St Martin's Press, New York, 1996.

THE MIDDLE EAST, 8th Edition, Congressional Quarterly, Inc., Washington D.C., 1995.

USHER, Gr., *Palestine in Crisis*, Pluto Press, London, 1995.

WOOTTEN, James P., *Hamas: The Organisation, Goals, and Tactics of a Militant Palestinian Organisation*, CRS Report for Congress, Washington DC 1993.

Articles de revues.

AWWAD, E., "La paix israélo-jordanienne et le conflit au Proche-Orient", dans *Défense nationale*, n° 4, avril 1995.

BESCHORNER, N., "Le rôle de l'eau dans la politique régionale de la Turquie", dans *Monde Arabe: Maghreb-Machrek*, n°138, octobre-décembre, 1992.

HALE, W., "Turkey's Time: Turkey, the Middle East and the Gulf Crisis", in *International Affairs*, n° 4, 1992.

HUDSON, Michael, "To Play the Hegemon: Fifty Years of US Policy Towards the Middle East", in *The Middle East Journal*, Washington, Summer 1996, vol. 50, n° 3.

LESSER, I., "Turkey and the West after the Gulf War", in *The International Spectator*, Roma, January-March 1992.

MAC KENZIE, R., "A Bomb for the Ayatollahs", in *The Middle East*, London, October 1992.

REICH, B., "De Bush à Clinton", dans *Les Cahiers de l'Orient*, n° 29, 1993.

Revue d'Etudes palestiniennes, n° 51, printemps 1994.

Quotidiens

Al Hayat, le 15 septembre 1993.

Le Monde

International Herald Tribune

The New York Times, September 26, 1995.

Hebdomadaires

Biladi, The Jerusalem Times.

Palestine Report, Jerusalem Media & Communication Center, vol. 1, n° 30, December 29, 1995.

Palestine Report, Jerusalem Media & Communication Center, vol. 1, n° 32, 5 janvier 1996.

The Jerusalem Post, sélection hebdomadaire.

Mensuel

Le Monde Diplomatique.

TABLE DES MATIERES

PREFACE 9

AVANT-PROPOS 19

PREMIERE PARTIE
LA FIN DE LA GUERRE FROIDE ET LA REDEFINITION DU PAYSAGE GEOPOLITIQUE AU MOYEN-ORIENT

CHAPITRE I
REDEFINITION DES STRATEGIES AMERICAINES POUR LA GESTION D'UN NOUVEL ORDRE INTERNATIONAL
.... 23

CHAPITRE II
ETAT DES RELATIONS ENTRE ETATS DU MOYEN-ORIENT

Les relations inter-arabes 35
La Turquie et le Moyen-Orient après la
guerre froide 41
L'Iran, facteur de tensions au
Moyen-Orient 49
Israël et sa place dans un système
sécuritaire régional 55

DEUXIEME PARTIE
LA MISE EN OEUVRE D'UN PROCESSUS DE PAIX AU MOYEN-ORIENT

CHAPITRE III
LES ETATS-UNIS FACE AU PROBLEME DE LA STABILISATION POLITIQUE AU MOYEN-ORIENT

Les Etats-Unis et l'édification d'un nouvel
ordre régional 61

Israël face aux impératifs d'une paix au
Moyen-Orient..66
Les Etats arabes et l'impasse du conflit
israélo-arabe..74
Le parcours hasardeux de la résistance
palestinienne 79

CHAPITRE IV
DE LA CONFERENCE DE MADRID
AUX ACCORDS D'OSLO

L'administration Bush face à l'intransigeance
du gouvernement Shamir...91
Evolution politique israélienne entre 1990
et 1992..95
De l'avènement du gouvernement travailliste
aux Accords d'Oslo..100
La Cisjordanie et la bande de Gaza dans la perspective
des Accords d'Oslo..106
Le rôle de l'Europe dans le processus de paix
israélo-palestinien..112
Les retombées des Accords d'Oslo sur les
relations israélo-arabes..118
Du sommet économique de Casablanca..118
...à la normalisation extensive des relations
israélo-arabes...119
Les territoires occupés à l'heure d'Oslo..123

TROISIEME PARTIE
DES ACCORDS D'OSLO II AUX ELECTIONS
PALESTINIENNES

CHAPITRE V
OSLO II ET SES RETOMBEES

Le contenu des Accords intérimaires...136
Les réactions à ces accords 144

Les Palestiniens à l'heure des Accords
intérimaires 147
Préparation des élections palestiniennes et retour
de l'Union Européenne sur la scène du Moyen-Orient 151

CHAPITRE VI
LA CISJORDANIE A L'HEURE DU REDEPLOIEMENT ISRAELIEN

La passation des pouvoirs dans les cités de
Cisjordanie 165
Politique sécuritaire israélienne et crédibilité du
processus de paix. 170
Le difficile apprentissage de la coexistence
pacifique 173

CHAPITRE VII
PERCEPTIONS ISRAELIENNES ET PALESTINIENNES DU PROCESSUS DE PAIX

Réserves israéliennes à l'égard du processus
de paix 175
Des implantations juives dans les territoires occupés
comme obstacle majeur au processus de paix 177
Attentes palestiniennes 186

CHAPITRE VIII
VERS LES PREMIERES ELECTIONS PALESTINIENNES AUTONOMES

Incidents de parcours et dérives de l'Autorité
palestinienne 195
La campagne électorale et les credo palestiniens 198

CHAPITRE IX
LES RELATIONS ISRAELO-ARABES DANS LE PROLONGEMENT D'OSLO II

.... 205

QUATRIEME PARTIE
DE L'EUPHORIE AU DESENCHANTEMENT

CHAPITRE X
DES ELECTIONS PALESTINIENNES DU 20 JANVIER AUX ELECTIONS ISRAELIENNES DU 29 MAI 1996

Les élections palestiniennes du 20 janvier 1996 213
Les effets immédiats des résultats électoraux 220
Le processus de paix à l'épreuve du terrorisme 225
La communauté internationale au secours du
processus de paix 228
De Sharm al Shaykh aux élections israéliennes
du 29 mai 230

CHAPITRE XI
LES RETOMBEES DES ELECTIONS ISRAELIENNES DU 29 MAI

L'ombre d'un doute 236
Le processus de paix selon le gouvernement
Netanyahou: le bâton sans la carotte 238
Le règlement de la question de Hébron 239
Le combat pour Jérusalem 243
Le processus de dépossession dans les territoires occupés 248
L'Autorité palestinienne: un pouvoir aléatoire 249
Les finalités de la politique palestinienne du
gouvernement Netanyahou 253

CHAPITRE XII
L'IMPUISSANCE DES SPONSORS DU PROCESSUS DE PAIX

Le parcours d'un "honnête intermédiaire" face aux
aléas du processus de paix 259
L'Union Européenne, bailleur de fonds effectif,
décideur potentiel ? 264
De la normalisation à l'affrontement 268

CONCLUSION 273

ANNEXES 283

BIBLIOGRAPHIE 295

TABLE DES MATIERES 299